Steffen de Cassandro

Wie man die Welt verändert, oder Nicci macht es besser

Erzählung

videel

Nachdruck oder Vervielfältigungen, auch auszugsweise, bedürfen der schriftlichen Zustimmung des Verlags.

ISBN 3-89906-197-7

© 2002 by Verlag videel OHG, Niebüll

http://www.videel.de

Alle Rechte liegen beim Autor

Gesamtherstellung: videel, Niebüll

Umschlaggestaltung: Steffen de Cassandro, Köthen
Seitenlayout: Michael Böhme, Neukirchen

Inhalt

Erstes Kapitel
Nicci - Gedanken unter grünen Haaren 7
Zweites Kapitel
Eine wirkliche Omi, ein Kater mit komischem Namen, Glaubensfragen, Niccis Droge, der tollste Brief und einen Mord 17
Drittes Kapitel
Ein Traum, Sandra, zwei neue Freundinnen, der merkwürdige Herr Homann, und eine Wirklichkeit 41
Viertes Kapitel
Eine weltverändernde Grillparty und die aberwitzige Geschichte von der alten Krähe und vom Doktor Tiertod 64
Fünftes Kapitel
Von Stärken, Schwächen, zwei Tratschweibern, einem roten Elefanten, einem Pornoheft, einem Fischbrötchen und dem ulkigsten Traum der Welt! 87
Sechstes Kapitel
"Der Atem einer Nacht" und sein Zauber, Blaulicht und Finsternis, die heller wird 118
Siebentes Kapitel
Niccis neue Welt 138
Achtes Kapitel
Das zweite Leben eines Tisches, wie man Post-Probleme löst, der verschneite Badesee und Nicci, die Retterin 152
Neuntes Kapitel
Wahlkämpfer 162
Zehntes Kapitel
Eine schmerzhafte Schienenwanderung, ein romantisches Gewitter und eine Geisterfahrt nach Hause 175
Elftes Kapitel
Der Schatz und neue Chancen 192
Zwölftes Kapitel
Eine fliegende Windmühle, ein Gedanke zu wenig, ein lieber, alter Professor und das vorläufig endgültige, relativ absolute Ende. 207
Nachwort 228

Vielen herzlichen Dank möchte ich an dieser Stelle allen sagen,
die durch ihre Worte und Taten bisher mitwirkten
an dem, was Nicci heute ist.

Insbesondere gilt dieser Dank
Carsten Raabe für die Erschaffung von Niccis Portrait
in Airbrush-Technik,
Hannelore fürs Fehler finden,
JR. für die kreative Schöpfung von Niccis Homepage
www.nicci-ratte.de
Albi vom Laden Neun/Zehn für technische Hilfe bei
der Herstellung erster Textexemplare,
und **Wölfi** fürs Kopieren und Kaffee kochen sowie Glühweintassen
und Weingläser abwaschen.

Nicht zuletzt gilt dieser Dank jedoch auch den „Versuchskaninchen"
**Kerstin, Frank, Michaela, Mirja, Willibald, Simone, Hans,
Petra, Ralf, Eleonore, Birgit, Hans-Jürgen, Siegfried, Ute,
Wencke, Regina, Viola, Ulrike, Anke und allen anderen,**
die durch ihre kritischen Urteile maßgeblich dazu beitrugen,
dass dies Werk heute in dieser Form allen interessierten Menschenwesen zugänglich ist!

"**Ach ja, heute is' aber auch wieder gar nix los!**" Es langweilte sich etwas. Gerade eben - nach der Zeiteinteilung irgendwelcher unbedeutenden, sich jedoch für intelligent haltenden Lebewesen waren so etwa vierzehn Milliarden Jahre vergangen - hatte es wieder mal einen Urknall fabriziert, nach welchem nun alles hektisch auseinander flog. Die Zeit war noch lange nicht reif dafür, alles wieder in einer Endsingularität zusammenfallen, alles wieder enden zu lassen, und so gab es im Augenblick relativ wenig zu tun für ein höheres und relativ allmächtiges Wesen, wie es eines war.

Irgendwo prallten gerade zwei Spiralnebel aufeinander und hatten ziemlich viel Stress, bis sie sich endlich zu einem einzigen, ganz neuen Nebel formieren konnten. Ein paar schwarze Löcher machten sich einen Spaß daraus, Sterne und ganze Stücke von Galaxien zu verschlukken, ehe letzten Endes auch sie vergehen würden, und an allen Ecken und Enden entstanden neue Sterne. Um manche von ihnen kreisten bald schon Planeten, und sogar einige BFOs flogen bereits herum! Natürlich hießen die alle anders; keines hieß wirklich BFO. Aber das höhere Wesen fand es am besten, sie einfach BFOs - Bekannte Fliegende Objekte - zu nennen. Denn es kannte sie alle, und so unterschiedlich sie waren; überall war es schon mal mitgeflogen!

Auch sonst gingen - vor allem auf manchen der Planeten - mitunter gar seltsame und interessante Dinge vor sich. Und da das höhere Wesen sowieso über alle Zeit verfügte, die es nur irgend gab, und weil es im Moment auch nichts Wichtiges zu tun hatte, beschloss es, sich wieder einmal anzusehen, was da irgendwo in des Universums kleinster Ecke so vor sich ging. Das hatte es schon öfter getan, und es war immer wieder faszinierend.

So hatte das Wesen schon erlebt, wie man es als Gott verehrte; und das nicht nur einmal! Stets fand es das besonders ulkig, und es lachte immer sehr über die wichtigtuerische Ernsthaftigkeit, mit der die betreffenden niederen Wesen dabei ausnahmslos zu Werke gingen. Dennoch versuchte es, alles, aber auch wirklich alles, zu verstehen. So war es längst auch schon einmal Frau und Mann und sogar beides zugleich gewesen, aber das war ihm dann schnell zu stressig geworden. Und daher beschloss es meist recht bald, einfach wieder nur zu sein; da war man nicht so abgelenkt von den wirklich wichtigen Dingen.

So beschränkte sich auch in diesem Augenblick seine Aufgabe allein aufs Beobachten, und es schloss einmal mehr - eigentlich nur so zum Spaß - seine Augen, steckte einfach seinen Finger irgendwo in das Netz der Zeit und tauchte an dieser Stelle in sie hinein...

Erstes Kapitel

Nicci - Gedanken unter grünen Haaren

"Ist denn niemand hier, der endlich mal diesen verdammten Spiegel putzt?" Nicci war wütend! Bestimmt schon seit zehn Minuten beschäftigte sie sich ziemlich erfolglos mit dem Versuch, ihr Äußeres so zu gestalten, dass ihr eigenes Spiegelbild ihr zusagte. Doch im abendlichen Halbdunkel dieses muffigen, stromlosen Großstadtabbruchhauses gab der halb blinde, staubbedeckte Spiegel nur bestenfalls schemenhaft das wieder, was sich ihm da gerade darbot und sich selbst zu beäugen suchte.

Dabei war dieses Etwas auf seine sehr eigenwillige, ja fast skurrile Art schon wieder attraktiv. Mit ihren beinahe fünfundzwanzig Lebensjahren sah Nicci um einiges jünger aus. Erst neulich hatte sie sich schier totlachen wollen, als eine dienstbeflissene Spielothekenaufsicht ihr mit schriller Stimme die Mitteilung gemacht hatte: "Aber hier dürfen Sie erst ab achtzehn spielen!" Prustend war sie wieder auf die Straße gestürmt und hatte sich aus einem Automaten erst mal einen Cappuccino gezogen, um sich wieder einzukriegen. Aber das hatte tierisch lange gedauert! Und immer noch musste sie jedes Mal wieder darüber lachen, wenn ihr diese Geschichte einfiel.

Abgesehen von ihren wachen, doch immer auch irgendwie melancholisch dreinschauenden braunen Augen sah Nicci mit ihrer knabenhaften und zierlichen Figur beinahe wirklich noch wie ein Teenager aus. Auch ihre Kleidung, überhaupt ihr ganzes Aussehen vermochte wie ein perfekter Tarnschild das zu verbergen, was tief in ihrer Seele war. Am liebsten trug sie alte, ausrangierte Armeeklamotten. Etwas anderes besaß sie gar nicht. Ihre zierlichen Füße steckten nackt in grobsohligen Turnschuhen, und sie trug eine Flecktarnhose, die durch einen ebenso breiten wie betagten braunen Ledergürtel zusammengehalten wurde. Und da sie sich heute "für gut" zurechtmachte, prangte in dessen Mitte eine große Schnalle aus richtigem Silber, die aussah wie eine Fledermaus! Diese Schnalle liebte sie, denn sie war ein Geschenk eines Freundes, den es nicht mehr gab. Sie legte sie auch nur manchmal an, wenn es ihr danach war; ansonsten steckte die Schnalle ganz tief in einer ihrer vielen Hosentaschen. Und so sehr sie ab und zu auch unter Geldnot litt und sogar hungern musste; von diesem wertvollen Stück würde sie sich nicht trennen. Niemals!

Ähnlich war es auch mit ihrem zweiten Schmuckstück, einem ledernen Halsband. Zwar hatte es eigentlich keinen materiellen Wert, doch auch dieses Halsband barg Erinnerungen; sehr liebevolle Erinnerungen. Dieses Stück trug sie immer, legte es niemals ab; nicht in der Bibliothek, nicht, wenn sie sich wusch, auch bei keinem noch so wichtigen oder gar offiziellen Anlass. Auch stand es ihr einfach gut; zähnchenförmige Zacken aus Leder waren an seiner Unterseite mit silbernen Nieten befestigt, und zur Mitte hin wurden diese Zacken immer größer. In der Mitte selbst befand sich eine lederne Schlaufe, die einen großen, silbernen Ring festhielt. Das Ganze schmiegte sich recht eng an ihren schmalen Hals, und manche Leute hatten das Teil sogar schon für ein profanes Hundehalsband gehalten! Aber derlei läppische Kommentare von Unwissenden berührten Nicci nicht.

Ihr drittes, ihr letztes Schmuckstück hatte Nicci selbst angefertigt. Leicht, luftig und farbenfroh baumelte es an ihrem linken Ohr. Einige bunte Vogelfedern, die sie auf der Straße gefunden hatte, steckten in einer kleinen Holzkugel, die wiederum mit einem zierlichen Ring am Ohrläppchen befestigt war. Sie musste es des Öfteren reparieren, weil es so filigran war, dass es sich manchmal selbst zerlegte; und weil Nicci mit allem, was sie besaß - auch mit sich selbst - niemals sonderlich vorsichtig umging.

Das Oberteil ihres "Kostüms" hatte Nicci gerade frisch gewaschen, und dabei hatten sich an den "kreativ veränderten Stellen" wieder einmal neue Fransen gebildet. Um sich ein "hochmodisches" Top zu basteln, hatte sie nämlich die Ärmel von ihrem Fleckenhemd abgerissen und eine Handbreit über ihrem Bauchnabel die Schere angesetzt. So was Bauchfreies hatte sie schon immer haben wollen, und obwohl es nun nicht mehr verbarg, wie selten sie ausreichend zu Essen hatte, fand sie es nun chic. Im Herbst würde sich dann schon wieder etwas Warmes finden lassen, und zur Not hatte sie ja auch noch die alte Feldjacke in ihrem Rucksack.

Noch immer beguckte Nicci sich im Spiegel und schnitt Grimassen; streckte sich selbst die Zunge heraus, zog mit den Fingern die Haut unter ihren Augen nach unten und sagte ganz laut: "Bääh!". Sie bemerkte kaum, wie blass sie wieder war - es war ihr egal. Schminke hasste sie sowieso. Ihre einmalige und im Übrigen natürliche Haarfarbe ließ ohnehin fast alles andere an Äußerlichkeiten in den Hintergrund treten; als Nicci noch ein kleines Kind war, waren ihre Haare eines Tages - grün geworden! Es war ein einmaliges Grün; es war durchdringend, beinahe aufdringlich. Und wenn Nicci des Nachts an einer Leuchtreklame mit Schwarzlicht vorbeiging, dann leuchteten ihre Haare sogar im Dunkeln!

Niemand wusste bis heute genau, wieso Niccis Haare grün geworden waren. Professoren hatten nur einmal sorgenvoll vermutet, das könnte ja mit dem Gen-Food und der erhöhten radioaktiven Strahlung hier nach dem Satellitenabsturz..., und wer weiß, was da bei ihr noch alles... Und dann war Nicci einfach nicht mehr hingegangen. Es war schon schlimm genug, dass sie büßen musste für die Dummheiten anderer, und dann wollte sie nicht auch noch dran erinnert werden. Nur soviel wusste sie; es war nicht mehr zu ändern. Sie würde damit leben müssen.

Nun war es auch so, dass man in einer so großen Stadt, wie Kethlon eine war, selbst mit grünen Haaren nicht so sehr auffiel. Doch zur "Tarnung" hatte sich Nicci kurzerhand eine Frisur verpasst, die ihr die Tür zu jeder Underground-Party öffnen konnte. Im Nacken und an den Seiten raspelkurz geschnitten, hatte sie ihre Haare dort mit einer selbstgemixten Farbe knallrot gefärbt. Nur oben hatte sie sie wachsen lassen - und dies auf eine Art und Weise, die den Anschein erweckte, als hätte ein Fuchs ihr seinen Schwanz mitten über den Kopf gelegt und ließe ihn in ihre Stirn baumeln. Und dieses fluffig-flauschige Etwas leuchtete in seinem echten, hellen Maigrün!

Niemand, der Nicci auf der Straße sah, würde auch nur im Entferntesten vermuten, dass sie eine der begabtesten Psychologiestudentinnen in der Universität dieser gewaltigen, molochigen Stadt sein könnte. Sie war geradezu irrsinnig intelligent; ein allerdings etwas betagter Computer hatte einmal nach einem Test nur den lapidaren Kommentar übrig gehabt, dass IQ mit einem Wert von über einhundertdreißig nicht genau bestimmbar seien, der ihre über einhundertfünfzig läge und daher nicht mal eine annähernde Schätzung möglich sei.

Dass Nicci trotzdem unter so miserablen Bedingungen leben musste, lag einfach daran, dass sie eine schwere Allergie gegen jegliche Art von konservativen Verhaltensregeln hatte! Sie war froh, kein Mann zu sein. Denn auch nur mit einer Krawatte herumlaufen zu müssen, hätte sie nicht nur als äußerst dämlich empfunden, sondern sie lehnte es auch aus "gesundheitlichen Gründen" strikt ab. Brav in Kostüm oder Kleidchen zu Bewerbungsgesprächen zu erscheinen, war ihr allerdings ebenso zuwider, genauso war sie schon aus Prinzip dagegen, Auto zu fahren. Und so hatte sich bisher niemand gefunden, der all dies toleriert und Nicci einen festen Job gegeben hätte.

Schließlich, und das wusste sie auch; Nicci war stinkfaul! Sie konnte für Dinge, die sie berührten - und das waren nicht wenige - sehr engagiert eintreten, und das tat sie auch. Doch sich selbst vergewaltigen, nur um Geld zu verdienen; sich gar unterordnen deswegen - nein! Das war gegen ihre Natur. So nahm sie es in Kauf, "Wohlstandsmüll" zu sein, und sie begnügte sich mit dem Wenigen, das ihr Menschen gaben, denen sie auf den Straßen begegnete. Meistens waren es ältere Leute, die sie ansprach. Doch nicht etwa Geldes wegen, nein; Nicci war beileibe keine Schnorrerin, dafür war sie viel zu stolz! Sie wollte nicht betteln und erwartete auch nicht, dass ihr jemand half. Doch spürte sie es einfach, wenn jemand anders Hilfe gebrauchen konnte; sei es beim Einsteigen in irgendein Verkehrsmittel, beim Tragen von schweren Taschen oder sonst irgendwelchen Dingen, die sich manchmal auch als richtig harte und langwierigere Arbeiten entpuppten. Solche Menschen sprach sie an, und dann half sie. Immer.

Obwohl sie nie etwas für ihre Hilfe verlangte, bekam Nicci dennoch öfter etwas zugesteckt. Manche Menschen wurden zwar durch ihre Erscheinung so erschreckt, dass sie weggingen, wenn Nicci auf sie zukam. Doch gab es auch welche, die sie schon länger kannten und sich freuten, wenn sie ihrer ansichtig wurden. Nur, wenn es mal gar nicht anders ging, scheute Nicci auch den Gang zum Sozialamt nicht, wo sie die karge Unterstützung dann jedoch auch ohne eine Spur von Gewissensbissen in Empfang nehmen konnte. "Schließlich muss ich ja in einer Gesellschaft leben, in der das Zusammenraffen von Geld als ein höchstes Ziel gilt! Wie, ist ganz egal!", murmelte sie dann stets grimmig; ohne Zynismus konnte man einfach nicht sein, wie sie fand!

Was die Menschen um sie herum so taten, das interessierte Nicci am allermeisten. Einzelne Schicksale, aber auch die Gesellschaft als Ganzes, sah sie sich an und dachte darüber nach - das konnte sie einfach nicht abstellen, obwohl sie deshalb oft traurig und hoffnungslos wurde. Denn immer wieder sah sie mit an, wie Menschen um sie herum zerbrachen, weil ihnen das letzte bisschen Freiheit genommen wurde. Stets wunderte sich Nicci darüber, wie wenige nur - abgesehen von ihr - offenbar durchschauten, warum das so war. Zunehmend perfekt gelang es den Kreaturen in den Machtzentren der Wirtschaft - Menschen mochte sie diese Individuen nicht nennen - andere Wesen auszubeuten! Und das auf eine zunehmend perfide Art; eben so, dass kaum noch jemand es bemerkte. Es war "nun eben einmal so", wie sie allzu oft zu hören bekam, und dann platzte Nicci beinahe jedes Mal vor Wut! "Nichts ist einfach so, wie es ist; gar nichts!", schrie sie dann oft ihrem Gegenüber ins Gesicht und ließ es einfach stehen.

Die Gesellschaft um sie herum hatte schon vor langer, langer Zeit angefangen, in winzigen Dosen immer unmenschlicher zu werden. Und jetzt, da war es wirklich schon arg schlimm! Zwar waren Dinge wie Gerechtigkeit, Freiheit und Einigkeit nach wie vor Begriffe, derer man sich in dieser Gesellschaft gemeinhin brüstete; doch eigentlich waren diese Worte inzwischen nur noch leere Hülsen ohne Leben, Inhalt, Sinn... Das empfand Nicci überdeutlich, und manchmal verfluchte sie ihren Verstand, der sie immer wieder zwang, die Augen und ihren Geist offen zu halten. Um nicht zu sehr leiden zu müssen, hatte Nicci bald einen starken Hang zu sarkastischem Pessimismus entwickelt. "Rechte und Freiheiten sind gut und schön. Aber warum soll ich sie bezahlen? Soll ich der Kohle nachjagen, bloß damit ich mir einen Luxus leisten kann, der allen Menschen zusteht - vollkommen gratis und umsonst? Nee, da mach ich nicht mit!" Und so war sie bereit, auf all das zu verzichten, was die eigentlichen Werte ihrer Gesellschaft bestimmte.

So unterschied sich Niccis Lebensweise recht krass von den Leben der meisten anderen Menschen um sie herum. Und sie schaffte es tatsächlich, sich ziemlich unabhängig von materiellem Kram zu machen, indem sie ihre Ansprüche auf ein lebensnotwendiges Minimum reduzierte und Statusdenken verspottete. So hatte sie sich bisher ihre Unabhängigkeit bewahrt und konnte sich in diesem bescheidenen Rahmen ein kreatives Leben leisten. Sie konnte nachdenken, lernen oder auch faulenzen, sooft und wann immer sie wollte; konnte sich aus Konkurrenzkämpfen gleich welcher Art weitgehend heraushalten und bewahrte sich so ihre Freiräume, ihre Freiheit.

Inzwischen, wie so oft gefangen in solchen Gedanken, stand Nicci noch immer vor dem Spiegel. Und weil niemand da war, an dem sie sich austoben konnte, fing sie plötzlich an, mit ihrem eigenen Spiegelbild zu diskutieren. Finster und kämpferisch schaute sie drein und zog die Augenbrauen zusammen: "Warum sind die Leute so blind? Weil sie Existenzsorgen haben! Und warum haben sie die? Weil die Herren Sklavenhalter-Wirtschaftsobermuftis das so wollen! Wer über seine Sorgen grübelt, hat natürlich keine Zeit mehr zum Denken! Zermürben sollen wir uns im alltäglichen Kampf um Luxus, Status und Ansehen; bloß ja nicht über das Leben um uns herum und die eigentlich wichtigen Dinge nachdenken! Wozu auch? Wir könnten ja schließlich unbequem werden! Und je mehr wir verblöden, desto pflegeleichter sind wir", und leise dachte sie sich, wie gut es doch sei, keinen Fernseher zu besitzen. Denn auch die Fernsehmacher spielten mit; billiges Gedödel und Schwachsinn gab es umsonst zwischen mannigfaltigen Produktinformationsunterbrechungen - für die richtigen Infos und gar anspruchsvolle Unterhaltung zum Mitdenken hingegen wurde man satt zur Kasse gebeten!

Wütend sah Nicci sich um nach einem Gegenstand, an dem sie ihre Wut auslassen konnte, aber außer dem Spiegel war da nichts. "Oh nein, meinen Spiegel mache ich mir wegen euch nicht kaputt!", fauchte sie und hieb dafür mit ihrer kleinen Faust mit aller Kraft so gegen die gammelige Wand, dass es stiebte! Aufjaulend vor Schmerz setzte sie sich auf den Fußboden, sah dann wieder in den verstaubten Spiegel und stand zähneknirschend wieder auf: "Angst! Angst wollen die uns machen! Nackte Angst", knurrte sie, als sie sich mit den Händen den Staub von ihrem Hinterteil klopfte. "Man redet den Menschen ein, dass sie Dinge brauchen, die eigentlich überflüssig sind - klar, außer natürlich für die, die sich dumm und dämlich daran verdienen. Damit haben die meisten dann satt zu tun und haben pausenlos Angst, sie schaffen es nicht und werden von den anderen ausgelacht. Und der Rest von uns wird laufend damit bombardiert, wie schlecht es doch überall ist, und wie gut wir es als Sklaven in diesem Lande doch eigentlich haben!

Immerhin hätten ja viele doch Arbeit, so sagt man uns; und sogar mitunter mehr als zwölf Stunden am Tag, von denen jede Zweite auch noch bestimmt üppige fünf EURO einbringe! Brutto, versteht sich! Natürlich könne man dafür doch schließlich auch umsonst stundenlang fahren und Überstunden schrubben! Und sollte einmal ein solcher Bürgersklave nicht mehr gewillt sein, für dieses fette Entgelt zu arbeiten, dann foltern sie ihn nicht mal! Ja, ja, so lieb sind diese Verbrecher! Man weist den Unzufriedenen nur ganz subtil darauf hin, dass die Zahl der Sklaven, über die man noch verfügt, ziemlich unbegrenzt ist! Und ich, ich sollte mich doch mit Millionen anderer Menschen in diesem Land lieber im Ertragen von Lektionen täglicher Erniedrigung üben, weil ich mich - da mit Hirn im Schädel und ein paar Ansprüchen - wenn überhaupt, noch billiger verkaufen darf! Aber ich scheiß euch was, und wenn ich dran kaputt..." Den Rest des Satzes schluckte Nicci herunter, denn sie wollte sich heute nicht bemitleiden und gar noch anfangen zu heulen!

Nein, sie zwang sich ein Grinsen ab und stand bald feixend vor ihrem eigenen Spiegelbild stramm, mit auf dem Rücken verschränkten Armen: "Das Leben ist nicht dazu da, um nur fürs Überleben zu schuften! Sogar dieser Sklavenhalterstaat hat sich selbst im Laufe der Zeit zum Sklaven gemacht; zum Sklaven der großen Wirtschaftsobermotze! Demokratie? Vom Volke aus? Pah! Das Geld hat die Macht übernommen; für Geld geschieht alles! Zu gerne und allzu freiwillig wirft man alles denen in den Rachen, die eh schon im Überfluss besitzen; alles Recht und jede Freiheit wird nach und nach verhökert! Für das Volk? Lügen für das Volk! Damit es stillhält! Und daran", Nicci schüttelte sich aus in einem hoffnungslosen Heiterkeitsausbruch, "werden sie eines Tages allesamt ersticken! Muss nur aufpassen, dass ich nicht eines Tages auch so werde." Und Nicci passte auf, jeden Tag. Sie schaffte es bislang noch immer, ihr Leben wirklich frei zu gestalten, ohne andere Wesen dabei in Abhängigkeiten zu zwingen.

Auf einmal hatte Nicci keine Lust mehr, noch mal wegzugehen und draußen rumzustreunen. "Schlafen ist das beste Mittel gegen trübe Gedanken", dachte sie sich und gähnte ungeniert ihr staubiges Spiegelbild an. Dann drehte sie dem Spiegel den Rücken; ganz plötzlich war sie müde geworden. Sie schlürfte einen Schluck Wasser aus einer alten Plastikflasche, gurgelte und spuckte ihn aus dem Fenster - nachdem sie rausgeguckt hatte, damit sie auch niemanden abschoss. Dann kramte sie aus einer ihrer Taschen eine Fingerzahnbürste, die sie wie einen Ring auf einen Finger steckte, und bearbeitete ihr makelloses Gebiss, wobei sie sich den Finger mit der Bürste ganz tief in ihren Mund schob. Aus einem kleinen Röhrchen nahm sie dann einen Schluck eines selbstgemixten Gebräus, welches zwar gut roch, aber schlecht schmeckte, und spülte noch mal ihren Mund aus. Und dann, dann nahm sie noch einen kleinen Hieb aus dem Röhrchen, den sie genüsslich hinunterschluckte! Denn im Gebräu war auch reichlich Ethanol... "Pfui Teufel, das brennt sich durch", murmelte sie, kippte einen Schluck Wasser nach, guckte noch ein letztes Mal in den Spiegel und fauchte sich selber an. Und schon ging's ab ins Bett. Sie kletterte in ihre Hängematte, die sie sich selbst aus einem Baugerüstnetz gebastelt hatte, und schaukelte noch ein bisschen.

Die Eigenwilligkeit ihres Bettes diente hauptsächlich dem Zweck, ihr die Ratten vom Leib zu halten. Eigentlich waren die Ratten hier im Abbruchhaus ihre Freunde, denn sie ließen Nicci niemals allein. Sie mochte die intelligenten Tierchen, die allabendlich aus einem Loch in der Wand in ihr Zimmer kamen. Sie gab ihnen Namen und teilte sogar ihr karges Essen mit ihnen, nur schlafen wollte sie lieber ohne diese Tiere. Flink streifte Nicci schließlich noch ihre Schuhe ab und ließ sie in die Ecke fliegen. Sie rollte sich in ihre alte DRK-Wolldecke, fiel bald in einen flachen und recht unruhigen Schlaf - und fand sich kurz darauf in einem seltsamen und in höchstem Maße unerfreulichen Traum wieder.

"Oh Scheiße!" Mitten aus dem Schlaf heraus sprang Nicci in die Höhe! Kerzengerade saß sie in ihrem Hängenetz und starrte in das Dunkel ihres Zimmers: "Mein Fahrrad!" Es war tiefe Nacht, und nur langsam begriff sie, dass sie nur geträumt hatte - schlecht geträumt, fürchterlich geradezu; irgendein böser Bube hatte ihr im Traum das Fahrrad gestohlen! Ihr Fahrrad, das sie so sehr liebte, als wäre es ein Teil von ihr! Denn ebenso wie sie war es einzigartig auf seine ganz besondere Weise.

Früher einmal, da war es ein stinknormales Bergfahrrad gewesen, welches Nicci auf einer Fundbüroauktion ersteigert hatte. Ähnlich heruntergekommen wie sie selbst, hatte es ihr Leid getan: "Dich will wohl auch keiner haben, Kleines..." Und sie hatte mitgeboten und auch tatsächlich für ganz wenig Geld den Zuschlag erhalten.

Mit Geschick und Ideen hatte Nicci dem alten Drahtesel bald eine ebenso individuelle wie zweckmäßige Persönlichkeit verliehen. Wie eine große, schwarze Glucke hockte auf dem Gepäckträger nun ein riesiger, alter Motorradkoffer, in dessen Bauch beinahe alles hinein ging, was Nicci ihr Eigen nannte. Sie hatte das Teil eines schönen Tages auf einem Sperrmüllhaufen entdeckt, für gut befunden und es sich gleich mitgenommen. Solarzellen klebten jetzt auf dem abgeschrammten Plastikdeckel und erzeugten wie durch Zauberei immer genug Strom fürs Licht und für die Musik aus ihrem kleinen Radio. Und sogar für ihren kleinen, uralten Laptop, das sogar noch eine Tastatur hatte, blieb noch soviel Futter, dass es immer wieder gern mal ein Weilchen für sie arbeitete.

Mit etwas Öl, ungefähr hunderttausendmal schmutzigen Händen und ganz viel Liebe hatte sie Federn, Bowdenzüge, Schaltung und auch die flexible Welle für den Allradantrieb wieder flottgemacht; quittegelb leuchteten alle sechs Speichen, und die überbreiten Reifen, die aussahen, als stammten sie von einem Traktor, waren sogar ganz neu!

"Ach, ich hab ja nur geträumt!" Nicci kletterte aus ihrem Netz, ging zu ihrem Rad, das in ihrem Zimmer in der Ecke stand, und streichelte es: "Hab keine Angst! Ich pass' auf dich auf!"

"Ist ja gut, Nicci! Geh ruhig wieder ins Bett. Ich bin ja hier im Zimmer!", antwortete das Fahrrad mit sanfter Stimme, und da wusste Nicci, dass sie immer noch träumte! Sie gehorchte, legte sich wieder hin und überlegte, was es doch für ein Unfug sei, zu träumen, dass man träume. Und ehe sie sich's versah, war sie wieder eingeschlafen.

Am nächsten Morgen erwachte sie, als es gerade dämmerte. Wieder sprang sie auf, als wäre sie von einer Tarantel gestochen worden, denn das Fahrrad stand ja gar nicht in ihrem Zimmer, sondern im Keller! Der Gedanke, ihr kostbarster Besitz könnte in fremde Hände gelangt sein, erschreckte sie heftig! Sie rannte durch den düsteren, menschenleeren Hausflur nach unten in das muffige Kellerkabuff, das sie sich ausgesucht hatte, und ein Stein fiel ihr vom Herzen. Denn es war da! Nicci war froh, als sie das Vehikel unversehrt und wohlbehalten vorfand: "Ich lasse dich von jetzt an nie mehr allein! Heute Abend, da nehme ich dich wirklich mit in mein Zimmer!", versprach sie ihm flüsternd und streichelte es, bevor ihre kleinen Hände es fest packten, um es die Kellertreppe hinauf ins Freie zu tragen. Denn gerade heute hatte sie einen ausgefüllten Tagesplan, und der Verlust ihres geliebten Fahrzeugs wäre so doppelt schlimm für sie gewesen.

Zweites Kapitel

*Eine wirkliche Omi, ein Kater mit komischem Namen,
Glaubensfragen, Niccis Droge, der tollste Brief
und ein Mord ganz nebenbei*

Den heutigen Vormittag hatte ihre Oma sie für sich gebucht; Nicci erledigte stets irgendwelche Besorgungen für sie. Und wenn das getan war, freute sich die alte Dame immer, wenn Nicci sich noch etwas Zeit für sie nahm, um mit ihr zu plaudern. Da die Oma wegen ihres hohen Alters ohnehin meist nicht mehr richtig schlafen konnte und immer schon ganz früh am Morgen aufstand, beschloss Nicci, sich trotz der frühen Stunde jetzt schon auf den Weg zu machen.

Etwa eine halbe Fahrradstunde von ihrem Abbruchhaus entfernt lebte die Oma in der kleinen Parterrewohnung eines Dreifamilienbaus, der noch älter war als die Oma selber. Diese Omi war eigentlich auch gar nicht ihre richtige Großmutter. Die alte Dame war einer der Menschen gewesen, die Nicci irgendwann mal auf der Straße angesprochen hatte, und die Omi hatte gleich Niccis Hilfsangebot angenommen. Worum das damals genau gegangen war, wusste heute niemand von den beiden mehr. Doch die beiden weiblichen Menschen hatten von Anfang an Gefallen aneinander gefunden, und so war bald eine richtig innige Freundschaft entstanden; beinahe wie zwischen einer richtigen Großmutter und ihrem Enkelkind. Nur noch etwas besser! Der Einfachheit halber sagte Nicci halt "Omi" zu ihr, was die alte Dame auch immer ein wenig stolz machte. Denn eigene Enkelkinder hatte sie nicht. Und auch sonst gab es niemanden mehr für sie, den sie Familie hätte nennen können.

Das Zuhause dieser zweifellos ältesten Freundin Niccis war in einer eigentlich sehr hässlichen und grauen Straße. Schon seit ewiger Zeit war in all den Häusern hier nichts mehr gemacht worden. Das Stromnetz war bestimmt hundert Jahre alt, und auch die sanitären Anlagen sahen aus, als stammten sie aus einem Antiquitätenladen. Andauernd ging irgendetwas kaputt, und so war die alte Dame stets dankbar für Niccis Hilfsbereitschaft. Denn da sie auch viel über Technik wusste und sehr geschickt war, konnte Nicci schnell mal eine Lampe reparieren oder die uralte Spüle, wenn die wieder einmal verstopft war. Manchmal war auch ein Fenster wieder abzudichten, wenn nach dem Kitt auch die Scheiben herauszufallen drohten, oder irgendeine andere Kleinigkeit war defekt. Allerdings wunderte sich Nicci, dass die Omi tierisch viel Werkzeug besaß und auch immer genau wusste, wie etwas zu machen war - sie könne es halt nur nicht mehr selbst tun, wie sie sagte. Und so tat Nicci es gern.

An diesem Tag allerdings gab es wohl nichts zu reparieren. Nicci wusste nur, dass sie zur Sparkasse sollte, um die kleine Rente der Omi abzuholen. Und auch der Arzt war gestern wieder einmal da gewesen und hatte sicher einen Wust Rezepte hinterlassen, die einzulösen gleich diese Rente wieder um einen erklecklichen Anteil schrumpfen lassen würde. Nicci war jedes Mal sauer, wenn sie sah, wie man den kranken und alten Menschen, die ihr ganzes Leben lang für die Gesellschaft etwas geleistet hatten, hemmungslos das Geld wieder aus der Tasche zog! Doch die Omi sagte dann immer nur lachend: "So ist das heute; immer, wenn man in seine Taschen greift, war die öffentliche Hand schon vorher drin!"

"Vielleicht treibt sie mich ja auch wieder mit ihrer Kirche in den Irrsinn!" Nicci runzelte missmutig die Stirn. Die Omi hatte da so einen Spleen; geradezu mit Genuss und Leidenschaft - so schien es Nicci - verfocht sie kirchliches Gedankengut! Und da die Omi mit ihren über achtzig Jahren zwar körperlich nicht mehr so auf der Höhe, geistig jedoch noch total fit war, ließ sie sich auch nicht so ohne weiteres von Nicci in die Ecke diskutieren. Denn die hielt von dieser Thematik überhaupt nicht viel und hatte ihre ganz speziellen Ansichten dazu...

"Die ganze Menschheit ist entwicklungsmäßig bestenfalls ein Vorschulkind! Und die Kirche ist der Kindergarten!" Das war Niccis Meinung, denn die Kirche schreibe vor, wie man denken solle, und sie erzähle Märchen nach dem Schema 'Warte-bis-du-groß-bist'. Nur, dass eben 'Groß-Sein' nix weiter als 'Tot-Sein' beziehungsweise 'In-den-Himmel-kommen' bedeutete, und wer nicht auf die Kindergartenonkels hören wollte (ja; nicht mal genug Tanten hatten die da!), der war schon immer hart bestraft worden, wie für Nicci die etwas ältere Geschichte eindrucksvoll belegte. Denn fraglos hatten viele Kriege "im Namen des Herrn" ungezählte Leben gefordert. Nicci fand das ganze Benehmen der Kirchenoberhäupter einfach nur anmaßend. Sie gaben vor zu wissen, was "Gott" wolle, und sie meinten, in ihrer menschlichen Beschränktheit dieses Wissen auch noch richtig interpretieren und umsetzen zu können! "Die haben sie doch nicht mehr alle", meinte Nicci oft; und am allermeisten ärgerte sie sich darüber, dass alles, was mit Liebe, Zärtlichkeit und Sex zu tun hatte, schlecht gemacht wurde! Das machte sie richtig wütend, denn im Gegensatz dazu war man viel zu tolerant gegenüber den wirklich schlimmen Sachen; wie der allgegenwärtigen Verlogenheit, der Gewalt, der systematischen Verdummung der Menschen und so! Immer noch, sogar jetzt; in diesem Jahr 2022, nahm man diesen Dingen gegenüber eine viel zu gleichgültige, gar ignorante Haltung ein. Und das machte den ganzen Verein "Kirche" für sie absolut indiskutabel.

So hatte es deshalb schon öfter heftige Debatten zwischen den beiden gegeben, in denen die Omi jedoch stets trefflich Niccis manchmal heftig aufbrausendes Temperament mit der gleichmütigen, oft heiteren Güte ihres Alters zu dämpfen verstand. Auch musste sie zugeben, dass Niccis Argumente gar nicht so ohne waren, immer etwas Wahres an sich hatten und man sie nicht so ohne weiteres leugnen konnte. Dabei war es ja auch beileibe nicht so, dass Nicci behaupten würde, dass es Gott nicht gäbe! Sie fand es einfach nur ungeheuerlich arrogant, dass sich Menschen mit so einer Frage überhaupt ernsthaft beschäftigten; gar eine ganze Institution daraus gemacht hatten, die anderen ihre Meinungen aufzwingen wollte! "Wieso überhaupt 'Gott'? Hat denn schon jemand sein Klingelschild gesehen?"

"Er" - oder "sie" oder "es" - würde sich ohnehin nicht die Bohne dafür interessieren, was man sich so ausdachte und immer noch erfand; nein! Es müsste einfach wichtigere Dinge für ein omnipotentes Wesen geben, als sich um solchen Krümelkäse zu kümmern wie menschliche Primitivlinge und deren Vermutungen über Dinge, die sie sowieso noch lange nicht verstehen konnten. Und wenn "Es" sich doch für die Menschen interessieren sollte, dann wäre für dieses Wesen sicherlich am wichtigsten, wie sich diese Menschen verhalten; zueinander und zu allem, was sie umgibt. Gut, barmherzig, bescheiden; alles in allem etwas weise eben müssten alle sein, und wenn überhaupt, dann sollte sich die Kirche damit beschäftigen, und nur damit! Da es jedoch bei vielen, die sich Christen nannten, beim Handeln mit Lippenbekenntnissen und

Schulmeisterei aber schon getan war, waren eben Gott und Kirche in Niccis Augen zwei vollkommen verschiedene Paar Schuhe. Und weil sie sich in dieses Thema immer sehr hineinsteigerte, war ihr bisher verborgen geblieben, dass die Oma sie immer nur lockte - denn eigentlich, da dachte sie ebenso wie Nicci.

"Hoffentlich lässt sie mich heute mit dem ganzen Kram in Ruhe", hoffte sie nun, denn es war noch so verdammt früh, dass sie beim Fahrrad fahren fast noch schlief. Und im Halbschlaf scharfsinnige Debatten führen, dazu hatte Nicci wirklich keinen Nerv! Eben bog sie in die Straße ein, in der die Omi wohnte, und erreichte das alte, dunkelgrün angepinselte Blechtor. Es war nicht verschlossen, und so trat sie ein in die düstere, holprige Einfahrt des kleinen Hofes. Die grobstolligen Reifen ihres Rades kamen inmitten der zahlreichen Gräser und Kräuter zum Stehen, die schon an vielen Stellen das Gefüge des betagten, buckligen Katzenkopfpflasters durchbrachen. Sie schaute kurz hinüber in das kleine, wild verwucherte Gärtchen, das in dieser sonst so tristen Umgebung ganz überraschend romantisch anmutete, ehe sie durch den Hintereingang das Haus betrat.

Mit hartem Laut hallte der Tritt ihrer schweren Schuhe von den Wänden wider. Die rotbraunen Fußbodenfliesen waren sauber und feucht; offenbar hatte die Omi schon wieder zu so früher Stunde den Hausflur gewischt, bevor die wenigen anderen Hausbewohner ihr im Weg herumlaufen konnten. Durch das Schlüsselloch der alten, mit dikker, hellgrüner Ölfarbe gestrichenen Wohnungstür schimmerte Licht. "Ist die Omi also tatsächlich schon wieder wach", murmelte Nicci und drückte auf das bräunliche, von kleinen Rissen überzogene runde Ding aus einem undefinierbaren Material, das wie durch ein Wunder auch nach über fünfzig Jahren noch immer seine Pflicht als Klingelknopf erfüllte.

Kurz, aber durchdringend, schellte die Türglocke. Es dauerte etwas, bis Nicci das Schlurfen von Hausschuhen hören konnte. Dann öffnete sich die schwere Tür ein wenig, und das alte, runzlige Gesichtchen der Omi erschien für einen Moment, ehe die Türe sich wieder schloss, um sich dann gänzlich aufzutun: "Nicci! Nanu, so früh schon? Das kenn' ich ja noch gar nicht von dir! Hast wohl nicht gut geschlafen - wirst doch am Ende nicht krank sein?" Mit sorgenvoll-freundlicher Geste legte die alte Dame Nicci gleich ihre runzlige Hand auf die Stirn, ehe diese überhaupt zu Wort kommen konnte.

"Nein Omi, krank bin ich nicht. Habe wirklich nur Mist geträumt und bin deshalb so zeitig aufgewacht. Kannste glauben!"

"Ja Kind, solltest dir doch langsam jemanden suchen, der dir etwas bessere Träume bescheren kann!", erwiderte die Omi, verschmitzt kichernd: "Nu komm aber erst mal rein. Ich hab gerade Wasser aufgesetzt, da können wir erst mal ein gutes Teechen zur Brust nehmen. Magst du vielleicht auch was essen? Ich hab da noch..."

"Nee, Omi! Du weißt doch; so früh am Tag kann ich nix runterkriegen! Aber 'n Tee nehm' ich immer gern."

Bald saßen der alte und der junge Mensch sich gegenüber. Aus den antiken Teetassen dampfte es, und während die Omi immer wieder aufstand, um noch ein Weilchen geschäftig durch die Küche zu wuseln, spielte Nicci - noch immer etwas verschlafen und verträumt - mit der Reißleine von ihrem Teebeutel. Sie legte ihren bunten Kopf auf den alten Küchentisch und hörte der Amsel zu, die draußen sang, und beobachtete die ersten Sonnenstrahlen, die eben wie die neugierigen Fingerchen eines Kindes durch geschliffene Türscheiben in das Oberteil des Küchenbüfetts zu dringen suchten.

"Ja, Nicci, gehst du dann nachher gleich zur Sparkasse? Hier hast du schon mal den Scheck und meine Karte, eh' ich das wieder vergesse. Und hier sind auch gleich die Rezepte; wenn es dir wirklich nichts ausmacht..."

"Aber Omi! Ich habe doch sonst weiter nichts Wichtiges zu tun! Und das ist doch schließlich keine Arbeit für mich. Kannste mir ruhig immer sagen, wenn ich dir Wege erledigen soll. Sonst musst du doch damit deine Hilfe beschäftigen, und für die gibt es doch Wichtigeres zu tun als das." Nicci wusste schon nicht mehr, wie oft sie das der Omi schon vorgebetet hatte. Doch wie jedes Mal ließ die sich auch heute nicht beirren: "Aber hast du denn auch wirklich Zeit, so neben deiner Uni?"

Spielerisch-verzweifelt rollte Nicci ihre braunen Augen an die Decke; hatte es wirklich Sinn, ihr noch zum tausendsten Male zu erklären, dass man sich bei einem Studium die Zeit selber einteilen kann, und dass sie es sowieso nicht so genau nahm mit dem ganzen Kram? Das meiste brachte sie sich autodidaktisch bei. Stets hatte sie mindestens ein Buch in ihrem Koffer, welches sie hervorholen konnte, wann immer sie Langeweile hatte. Und in der Uni besuchte sie nur die Veranstaltungen, zu denen sie unbedingt hin musste. Seminare und dergleichen ließ sie aus, weil es ihr nicht viel brachte, wie Nicci meinte, und unterhalten konnte man sich ja schließlich auch woanders.

"Ja Omi! Ich habe Zeit! Und ich bin ja auch schließlich nicht mehr schulpflichtig und habe sowieso ein helles Köpfchen", erwiderte also Nicci mit entwaffnendem Augenaufschlag, über dem sie beinahe den freudigen Funken in den Augen der alten Omi übersehen hätte, der einen Augenblick lang deren Antlitz erhellte. Denn sie freute sich, dass Nicci für sie da war und den einzigen Reichtum, den sie hatte, so freigebig mit ihr teilte; ihren Reichtum an Zeit.

"Und? Was hat denn der Arzt eigentlich gesagt?", wechselte Nicci das Thema.

"Ach, weißt du; in meinem Alter - das Herz und der Kreislauf, ja und die Ohren wollen auch nicht mehr so recht." Ja, in der Tat! Das hatte Nicci auch schon bemerkt; sie musste seit einiger Zeit etwas langsamer und lauter sprechen, wenn sie von ihrer Oma verstanden werden wollte.

"Aber wenigstens bist du noch nicht abgestumpft oder gar vertrottelt wie manche von deinen Altersgenossen!" Nicci griente.

"Naja, so gut is' das ja auch wieder nicht, wenn man immer alles hellwach mitbekommt; merkt, wie man immer mehr hinfällig wird - manchmal wäre ich auch fast lieber so senil, dass ich das nicht mehr mitkriegen muss! Es wird wirklich langsam Zeit..."

"Ach Omi, wem sagst du das! Ich verstehe dich! Manchmal habe ich selber ja schon keinen Bock mehr auf das Leben in dieser Zeit, und gesund bin ich ja nun auch nicht."

Ungern dachte Nicci daran, dass sie - auch abgesehen von ihrem grünen Schopf - nicht so gesund war, wie sie es in ihrem Alter eigentlich sein sollte. Ihr Blutdruck war viel zu niedrig; "pathologisch", wie ein besonders feinfühliger Arzt einmal zu ihr gesagt hatte. Und ihre Lungen waren angegriffen von der schlechten Luft in der großen Stadt. Über dunkle Kanäle sogar musste sie sich Medizin besorgen, damit sie das durchstehen konnte, wenn es mal wieder besonders schlimm war und sie einen Asthmaanfall bekam - doch das passierte Gott sei Dank nicht so oft.

"Man soll das Leben nicht so ernst nehmen, schließlich ist es ja nicht von Dauer!", meinte Nicci schließlich lakonisch, und die beiden weiblichen Wesen brachen in Gelächter aus. Wirklich schlimm war es eben tatsächlich erst dann, wenn man den Humor verlor, und damit hatte Nicci eigentlich bisher keine Probleme. Nach dem Motto, dass die Lage hoffnungslos, aber nicht ernst sei, hatte sie bisher zu leben versucht, und dies wollte sie auch nicht ändern. Depressiv und traurig war sie eh schon oft genug, aber mit dieser Einstellung konnte sie es gut verbergen; wenigstens nach außen hin. Traurig zu sein war ja auch logisch; wie sollte man's auch nicht sein, wenn man die Augen nicht verschloss und auch nicht ignorierte, was man sah... "Eigentlich ist es nämlich anders herum! Ich bin relativ gesund, und die Gesellschaft ist relativ krank. Ist es da nicht logisch, dass ich mich so schlecht fühlte; so als Gesunde inmitten von Krankheit?"

Ein lautes "Maaau" riss Nicci jäh aus ihren Gedanken. Sie hatte ganz vergessen, Omis Kater zu begrüßen! Es war ein Tier gesetzteren Alters, das die Omi mal irgendwo aufgelesen hatte und das nun bei ihr blieb, auch wenn es ab und zu durch die nachbarlichen Hinterhöfe und Gärten stromerte. Weil er einen sehr dicken Kopf hatte, hieß der Kater "Dicke Backe", wurde aber eigentlich immer nur "Backe" gerufen.

Nicci hatte ihre Oma bald überzeugen können, ihn kastrieren zu lassen. Zwar hatte die Omi damals spitzbübisch gemeint, dass man der Natur nicht ins Handwerk pfuschen soll und dass auch so ein Tier schließlich seinen Spaß haben will. Aber eigentlich war auch das nur wieder so ein gemeiner Test von der Omi gewesen, den Nicci bestand, ohne überhaupt etwas davon zu ahnen. Wieder einmal war sie drauf angesprungen und hatte ihre Omi davon überzeugt, dass es noch viel unnatürlicher sei, wenn Katzen heimatlos, krank und unterernährt ihr Leben fristen müssten! Und die ganze Problematik dieser streunenden

Wesen dadurch regulieren zu wollen, dass man einer Katzenmutter jedes Mal die Kinder wegnimmt; also das sei ja dann echt das Allerletzte! "Wir Menschen sind schuld am Elend der Tiere. Wir selber haben Verantwortung für die Kreaturen, die um uns herum existieren, und da ist das Kastrieren der vernünftigste Weg! Basta!" Und so wurde es dann auch gemacht; Nicci hatte den Kater geschnappt und zum Tierarzt geschleppt, und die Omi hatte bezahlt.

Tollpatschig und so, als sei dies die normalste Sache der Welt, war der Kater inzwischen auf Niccis Schoß gehopst, wo er sich gleich schnurrend niederließ; darauf wartend, von Niccis Händen gestreichelt zu werden. "Ja, na du bist mir ja vielleicht einer", wandte sich Nicci dem pummeligen Tier zu und krabbelte es, bis es vor Entzücken nicht nur seine Augen, sondern auch seinen ganzen flauschigen Körper verdrehte.

"Du, gestern hab ich den vielleicht wieder gesucht!", erzählte die Oma: "Das kann man sich gar nicht vorstellen, wo der sich immer wieder neue Schlafplätze aneignet! Dass er im Einkaufskorb liegt oder unter der Bettdecke, da komm' ich ja inzwischen schon selber drauf. Aber gestern habe ich die Wäsche in den Schrank gelegt und dabei wohl die Tür etwas offen gelassen. Nach einer Weile hab ich den Kater dann vermisst und bin ihn suchen gegangen. Und wo lag der? Mitten in der frischen Wäsche im Schrank, unter einem Handtuch hat er gelegen! Kannst du dir das vorstellen? Das sah vielleicht aus..." Und beide lachten über das putzige Tier und freuten sich darüber; wie so oft, wenn Backe es sich wieder an den unmöglichsten Stellen der Wohnung gemütlich eingerichtet oder sonst etwas für Menschen Spaßiges angestellt hatte.

Inzwischen war es kurz nach neun Uhr. "Mann, so spät schon!" Nicci sprang auf. Ihren Tee hatte sie längst alle, und nun wollte sie sich an die Arbeit machen. Sie nahm Scheck, Karte und Rezepte, steckte alles in ihre Taschen und machte sich auf den Weg; schon voller Vorfreude auf den Stadtpark. Auf den freute sie sich immer, denn da war es so schön grün, und die Luft war auch besser und roch so gut... Auf dem Rückweg würde sie da wie meistens noch ein paar Minuten rumtrödeln. Das nahm sie sich vor.

Unterwegs musste sie an die Bemerkung denken, die die Oma vorhin wieder mal in Bezug auf ihr Liebesleben gemacht hatte. Und irgendwie hatte sie damit - wieder einmal - einen wunden Punkt berührt, der Nicci schon längere Zeit etwas zu schaffen machte. Denn trotz ihrer meist ausgefüllten Tage fühlte sie sich häufig leer, richtig nutzlos. "Ob's vielleicht daran liegt, dass ich mich so oft so beknackt fühle?" Klar, sie hatte etliche Bekannte, auch einige richtige Freunde. Und die fanden Nicci fast alle auch äußerlich anziehend. Manche fanden sie sogar ziemlich niedlich, und so hatte sie auch keine größeren Schwierigkeiten damit, ihre Bedürfnisse nach Zärtlichkeit oder auch mehr zu befriedigen. Dabei war es ihr im Großen und Ganzen eigentlich auch Schnuppe, ob es ein männliches oder ein weibliches Wesen war, dem sie sich auf diese Weise näherte, denn Nicci fand die ganzen Hetero-, Schwulen-, Lesben- und sonstigen öffentlichen Debatten in dieser Richtung höchst überflüssig. Alle diese Leute waren nach ihrer Ansicht in ihrem Liebesleben arg beschränkt, denn sie sahen gleich von vornherein jeden zweiten Menschen - für bestimmte Dinge zumindest - als gar nicht existent an. "Dabei hat doch aber schließlich jedes Geschlecht seine eigene Faszination, und warum soll ich da auf irgendwas verzichten?" Das sah sie ja gar nicht ein!

Auch vor ihrer Umgebung machte Nicci keinen besonderen Hehl daraus, dass sie "bi" war. Etwas bedenklicher hingegen empfand sie inzwischen selbst die Tatsache, dass man sie noch vor einigen Jahren - in ihrer Jugend, wie sie es scherzhaft ausdrückte - mit einigem Recht auch als etwas wahllos hätte bezeichnen können. Viele hatten sie damals sogar verurteilt, weil sie auch mit Menschen ins Bett ging, die das eigentlich gar nicht verdient hatten. Eine Zeit lang hatte Nicci sogar versucht, Sex wie eine Droge zu gebrauchen, was ihr manchmal sogar gelungen war. Auch für Geld hatte sie's schon gemacht, das dann aber schnell wieder sein lassen. Sie hatte gemerkt, dass sie das nicht einfach so verkraften konnte. Und sie fing an, die Frauen zu bewundern, die das so wegstecken konnten, als wäre es ein Nichts, und bei diesem Beruf blieben! Doch auch lange Zeit später noch war es Nicci relativ egal gewesen, was für ein Mensch ihr diese Droge verabreichte, wenn sie glaubte, sie zu brauchen.

Inzwischen konnte sie jedoch diese Leere, die sich regelmäßig nach solchen Erlebnissen bei ihr eingestellt hatte, gar nicht mehr vertragen. So hatte sie ihren "Drogenkonsum" reduziert und sah sich jetzt die Menschen vorher genauer an; erlaubte inzwischen nur noch denen, die sie zumindest gut leiden konnte, ihr auf diese Weise nahe zu sein. Und tatsächlich, seitdem fühlte Nicci sich hinterher stets etwas geborgener, und ihre "Droge" vermochte es tatsächlich, sie etwas glücklicher zu machen. Aber lange hielt dieses Gefühl niemals an, und so dachte sie seit einiger Zeit öfter daran, wie es wohl wäre, sich einem einzigen Menschen ganz besonders widmen zu können.

Die Frage "Treue" hatte sie für sich noch nicht abschließend behandelt. Allerdings passte sie stets auf, dass sie mit ihrem Verhalten niemanden verletzte. Weh tun wollte sie nun wirklich nicht, und sie verzichtete deshalb neuerdings sogar schon ab und zu auf manchen aufregenden Kick, der sich ihr bot. Um trotzdem nicht zu kurz zu kommen, achtete Nicci sehr darauf, dass ihre "Spielkameraden fürs Bett" darüber ähnlich dachten wie sie. So mussten diese eben auch über ein etwas unterentwickeltes Besitzempfinden verfügen, denn Treue hatte in Niccis Gedanken sehr den Touch von verstaubtem Besitzdenken. Sie wollte aber niemandes Eigentum sein, und sie wollte auch keinen Menschen besitzen. Auch, wenn ihr das manchmal schwer fiel; vor allem, wenn sie in jemanden verliebt war und am liebsten nie wieder von der Seite des oder der Auserwählten gewichen wäre.

Trotz ihres recht bunten Liebeslebens fühlte Nicci aber nun doch immer deutlicher, dass ihr etwas fehlte. Das schöne Gefühl, das sie hatte, wenn sie mit jemandem zusammen war, hielt immer nur einen Augenblick lang an. Aber sie wollte es doch viel länger, am bestem immer, haben... Nicci wollte eine neue Qualität! Sie sehnte sich nach einem Menschen, der im Grunde so sein sollte wie sie selbst. Sie wünschte sich, ihre eigene Seele in jemand anderem wiederzufinden. Aber sie wusste, dass solche Typen wie sie sehr rar waren. Deswegen machte sie sich auch keine allzu großen Hoffnungen und versuchte, sich weiterhin mit den vorhandenen Möglichkeiten zu begnügen. Doch immer wieder einmal überkam sie das unbändige Verlangen danach, diesen Menschen zu suchen! Und manchmal trieb sie dieser Wunsch sogar dazu, wildfremden Leuten einfach Briefe zu schreiben! Dann suchte sich Nicci irgendwelche alten Zeitungen - ob das eine Tageszeitung oder ein pornomäßiges Kontaktmagazin war, spielte dabei überhaupt keine Rolle für sie - und las sich die entsprechenden Anzeigen durch.

Sie hatte auch schon manche nette Bekanntschaft auf diese Weise geschlossen. Doch was sie eigentlich suchte, hatte sie bisher immer noch nicht entdeckt, und dann dachte sie daran, dass es vielleicht doch besser wäre, es aufzugeben.

Eines Tages hatte sie auf einer Zeitungsseite, die eigentlich nur noch als Fetzen durch den Stadtpark getrieben war, wieder eine Annonce entdeckt. Und auf seltsame Weise hatten die wenigen Worte sie so sehr berührt, dass sie eine Antwort verfasst hatte. Warum, das wusste sie selbst nicht so recht, und beinahe hätte sie deswegen ihren schon fast fertigen Brief wieder zerrissen, denn sie hasste ihre unlogische Handlungsweise in dieser Sache! Tagelang hatte sie sich dann wieder gedanklich mit ihrem Brief beschäftigt, manchmal nur aus Langeweile. Und es fing an, ihr Spaß zu machen, sich in ihrer Fantasie alles Mögliche über diesen Fremden auszumalen! Auch ein freches und ziemlich freizügiges Foto von sich hatte sie gleich zu Anfang - und eigentlich mehr nur so als Gag - herausgesucht, das sie mit in den Brief legen wollte. Dann war sie wieder kurz davor gewesen, die ganze Sache einfach zu vergessen, doch dann hatte sie die wenigen Worte der Annonce erneut gelesen und wieder und wieder, bis sie schließlich entschlossen ihren Namen unter den Brief gesetzt, ihn in einen Umschlag gesteckt und rasch in den nächsten Briefkasten geworfen hatte, ehe erneute Zweifel sie gar wieder doch noch davon hätten abbringen können.

Ganz in Gedanken hatte Nicci in der Zwischenzeit den Scheck der Omi gegen Bares und die Rezepte gegen Arznei eingetauscht und war schon wieder auf dem Weg zurück. Die ganze Geschichte mit der Annonce war inzwischen schon wieder ein paar Wochen her, und eigentlich hatte sie das Ganze schon fast ad acta gelegt; glaubte nicht mehr daran, Antwort zu erhalten. Doch nun, auf ihrem Rückweg, wollte sie eh noch zu ihrem Postfach, denn ein Postbote kam ja nicht in ihr Abbruchhaus, und die Oma wollte sie mit ihrer Post auch nicht behelligen; und schließlich müsste die ja auch nicht alles wissen. So hatte sie sich vor langer Zeit ein solches Fach gemietet, und heute, da war es nicht leer! Ein Brief mit einer unbekannten Handschrift lag darin, der ihr trotz seiner Fremdheit irgendwie gleich ein seltsames, wohliges Gefühl bereitete, sobald sie ihn in ihrer Hand hielt. Nicci zögerte, riss ihn nicht gleich auf - ganz anders als sonst! Sie spürte, dass dieser Brief etwas ganz Besonderes sein würde, und sie wollte diese seltene Vorfreude richtig auskosten. So verschwand der ziemlich dicke Brief flugs in den beinahe unergründlichen Tiefen ihrer Hosentaschen, und pfeifend schlenderte Nicci wieder nach draußen zu ihrem Fahrrad.

Sie nahm sich vor, der Omi erst mal noch nichts von dem Brief zu verraten. "Das darf ich nicht erzählen! Kann ich ja später immer noch tun, wenn irgendetwas Gutes dabei herausgekommen ist. Sonst macht sich Omi bloß wieder irgendwelche albernen Hoffnungen. Ob er mir wohl auch ein Foto von sich...", doch abrupt beendete Nicci den Gang dieses Gedankens. Denn sie wusste, dass sie sonst unmöglich noch länger warten konnte und den Brief doch gleich an der nächsten Straßenecke lesen würde! Sie zwang sich, wieder daran zu denken, welche Dinge sie heute noch vor sich hatte, und machte sich wieder auf den Weg zurück zur Oma, wo sie bald darauf völlig außer Atem, mit rotem Gesicht und ziemlich erhitzt durch die rasante Fahrt, eintraf. Den Stadtpark hatte sie glatt vergessen.

"Meine Güte Nicci, bist du denn geflogen? So schnell habe ich gar nicht wieder mit dir gerechnet!"

"Och nöö, ich bin eigentlich nur so gefahren wie immer."

"Hast du denn auch alles bekommen? Aber komm man erst mal rein!" In der Küche stand schon ein Glas mit kalter Milch bereit, das Nicci gleich gierig hinunterkippte. Auch ein weiches Ei und ein frisch aufgebackenes Butterbrötchen waren da, die sie genüsslich verspeiste, wobei die Oma ihr vergnügt zusah. Immer noch kauend, schüttelte Nicci allerdings energisch den Kopf, als die Oma ihr noch mehr anbot. Kaum war der letzte Bissen in ihrem Mund verschwunden, kramte sie aus ihren Taschen alles hervor, was für die Omi war. Sie packte es auf den Küchentisch neben ihren bekrümelten Frühstücksteller: "So Omi, hier ist dein Geld, und hier ist deine Arznei. Ich brauche nicht noch mal hin, sie haben alles gehabt, aber frag nicht, was du wieder bezahlen musstest!" Ihre Stirn in krause Falten ziehend, überreichte sie der Oma den ellenlangen Kassenbon, den diese seufzend und mit resignierter Geste entgegennahm: "Nee, es ist schlimm, wenn man alt wird!"

"Tja, manchmal glaub ich auch, dass es nicht so schlimm ist, wenn man nicht alt wird", entgegnete Nicci, finster grinsend.

"Na, jedenfalls dank ich dir schön, Kind. Hier hast du was für deine Mühe!"

"Aber Omi! Das ist doch für mich keine Mühe! Ich muss doch sowieso jeden Tag - und außerdem sollst du mir doch nicht...", den Rest des Satzes verschluckte sie und nahm mit zerknirschter Miene das Geld, welches ihr die Oma mit verstohlener Geste reichte. Denn schon vor längerer Zeit hatte sie es aufgegeben zu protestieren, wenn ihr die Oma ihre kleinen Gefälligkeiten bezahlen wollte. Anfangs hatte sie sich strikt geweigert, etwas zu nehmen, doch damit hatte sie der Oma weh getan.

Allmählich hatte Nicci begriffen, dass sich die alte Dame unwohl fühlte bei dem Gedanken, auf Gefälligkeiten angewiesen zu sein. Außerdem war Nicci ja ihr einziges "Enkelkind", und sie konnte doch über etwas mehr Geld verfügen, als Nicci glaubte. Und schließlich; Nicci konnte es wirklich gebrauchen, auch wenn sie eigentlich ja nicht viel zum Leben benötigte. Also blieb Nicci nichts weiter übrig, als sich wieder einmal artig zu bedanken. Sie machte einen Knicks, grinste und sagte: "Danke, Omi!" Und dann wartete sie auf den Satz, der wie ein Ritual ausnahmslos nun immer folgte: "Aber Kind, ich habe dir zu danken, dass du dich um mich ein wenig kümmerst! Und, was machst du heute noch den lieben Tag lang?"

"Ja, heute Nachmittag habe ich noch eine Psychologievorlesung. Die geht bis in den Abend hinein. Und? Hast du heute nicht wieder deinen Literaturzirkel?"

"Ja, genau! Die Frau Holke will ihr neuestes Gedicht vorlesen! Das wird bestimmt wieder ganz lustig - wenn du willst, lass ich mir von ihr eine Kopie für dich geben, da freut die sich bestimmt, wenn auch ein junger Mensch das lesen will."

"Ja, das mach mal. Die schreibt ja meistens so lustige Sachen..."

"...aber etwas Ernsthaftes ist immer darin.", ergänzte die Oma.

Von der Stube her hörte Nicci die alte Standuhr schlagen, die sie wieder an die Zeit erinnerte. "Na, dann will ich mal los..." Nicci erhob sich und ließ sich das obligatorische Küsschen auf die Wange geben - denn darauf bestand die Omi - ehe sie sich, noch kurz freudig winkend, in raschem Tempo auf ihrem Rad entfernte.

Bald darauf saß Nicci in einem Hörsaal ihrer Uni. Kaum hatte sie sich hingesetzt, kam eine bleierne Müdigkeit über sie und hüllte ihre Gedanken ein wie ein riesengroßer Wattebausch! "Ich sollte eben nicht mitten in der Nacht aufstehen", konnte sie gerade noch murmeln, bevor sie einnickte. Die Worte des Dozenten erreichten sie heute nicht, und einigen ihrer Kommilitonen erging es ähnlich. Der Stoff war sehr trokken; Mathematik war angesagt! Höhere Mathematik! Und der Kerl, der da vorne stand, hatte das wunderbare Talent, etwas Uninteressantes noch uninteressanter zu machen! "Von den Schachtelsätzen, die der da ablässt, könnte man eine komplette Schuhfabrik versorgen!", tuschelte ein Nachbar, und die Umsitzenden kicherten verhalten. Auch Nicci musste grinsen; das hatte sogar sie mitbekommen. Doch der Typ von Prof. da vorne war so in seine verbale Sülze vertieft, dass er die aufkeimende Unruhe bis zum Ende der Vorlesung nicht mitbekam. Die anhaltende Frotzelei ihrer Kommilitonen hatte Nicci wenigstens soweit wach halten können, dass sie das Ende der Veranstaltung nicht verschlief und auch pünktlich am frühen Abend wieder aus dem Hörsaal trat.

Endlich wieder im Freien, erfrischte sie der flotte Ritt auf ihrem Drahtesel erfreulich schnell, und ihr Bäuchlein teilte ihr nun auf einmal geräuschvoll mit, dass es Nahrung wünsche - schließlich hatte sie außer dem Frühstück bei der Omi noch gar nichts gegessen! So holte sie sich beim Türken in ihrer Abbruchhausstraße noch einen Döner ohne Fleisch, dafür "mit Schaffekäse und viel rotte Sosse", schlang den Fladen gierig hinunter, schnappte dann wieder ihr Rad und trottete bis nach Hause. Sie erinnerte sich an ihren Traum und trug das Fahrrad die Treppen hinauf bis in ihr altes, armseliges Zimmer, dann schloss sie die Tür hinter sich ab.

Obwohl es noch gar nicht so spät war, war es komischer Weise schon recht dämmerig, so dass Nicci beschloss, nun auch gleich schlafen zu gehen. "Wenn das regnen will, brauch' ich auch nicht mehr aufbleiben. Nur noch schnell die Raffer geschrubbt - Mist, mein Wasser ist alle! Muss ich in den Keller! Aber morgen ist auch noch früh genug." Denn im Keller war der einzige, manchmal noch funktionierende Wasserhahn. Um diese Zeit allerdings in diesen Keller zu gehen, das war manchmal sogar ihr etwas zu unheimlich. Denn dort versammelten sich gerade zu dieser Stunde mitunter Gestalten, die Nicci nicht ganz geheuer waren, obwohl sie bestimmt nicht zimperlich war. Einmal, so wurde gemunkelt, da habe dort sogar eine Truppe fremdländischer Gestalten ein Schaf geschlachtet - zu Ramadan! Nicci schüttelte sich bei diesem Gedanken! Da nahm sie doch lieber gleich nur was vom Gebräu zum Zähne putzen und legte sich hin.

Doch sie fand keine Ruhe. Ihr war so, als wäre noch nicht alles getan an diesem Tag. Und als sie sich herumrollte auf ihrem Netz, um endlich, endlich einzuschlafen, war da plötzlich so ein Rascheln in ihrer Hosentasche! "Ach du meine Güte, der Brief! Das war's! Den hab ich ja total vergessen!" Wieder hellwach, sprang sie hastig auf, kramte den Umschlag hervor und ging ans Fenster, wo Dämmerlicht es ihr gerade noch erlauben würde, den Brief zu entziffern. Ihre zitterigen Finger konnten den Umschlag gar nicht schnell genug öffnen, so aufgeregt war sie plötzlich; fast wie ein Teeny! Sie knurrte ungeduldig, nahm kaum den kleinen Aufkleber war, der in Gestalt zweier Löwenbabys den Umschlag schmückte. Nur der Brief selbst interessierte sie jetzt! "Er muss viel geschrieben haben, so dick wie der ist..." Als Erstes fiel ihr auch wirklich ein Foto entgegen, das sie aber sofort wieder versteckte: "Das gibt's erst ganz zum Schluss! Das Beste zuletzt!" Nicci musste sich zur Ruhe zwingen, denn ihre flatternden Augen wollten am liebsten den ganzen Brief auf einmal verschlingen:

"Liebe Nicci,
ich danke dir! Dein Brief war das Außergewöhnlichste, das ich bis jetzt jemals bekommen habe! Beinahe verunsichert mich das etwas; mir scheint, als würdest du mich schon ewig kennen...

Ein Familienmensch bist du nicht, willst nicht heiraten und nicht mal ein Kind haben? Ich dachte bisher, ich würde nur allein so denken. Deine Offenheit ist sehr mutig - das gefällt mir! Sind wir also schon zwei, die Nachwuchs-Erzeugen nicht als höchstes Glück ansehen... Hat man dich darum auch schon manchmal verurteilt? Mich schon. Mag ja sein, dass es eine wunderbare Erfahrung sein kann, zu erleben, wie so ein neuer Mensch groß wird, sich entwickelt... Aber ich sehe auch, was am Ende allzu oft dabei herauskommt. Für jede Wurst, die man an der nächsten Straßenecke verkaufen will, braucht man eine Genehmigung; irgendeinen Schrieb, der beweist, dass man zum Verkaufen einer Wurst fähig und in der Lage ist. Aber Kinder in die Welt setzen, Menschen erziehen - das darf jeder! Ohne dass es irgendjemanden auch nur die Bohne interessiert, ob man das überhaupt kann... Ist vieles deswegen so schlimm heute, weil das Verkaufen einer Wurst als schwieriger und verantwortungsvoller angesehen wird als das Erziehen eines Kindes?

In der Schule, in der man ja 'fürs Leben lernt', wie behauptet wird, erfährt man recht wenig darüber, was es bedeutet, Vater oder Mutter zu sein. So kommt es, dass wohl viele Menschen mehr über das Innenleben einer Wurst wissen als über das, was sie durch Gedankenlosigkeit und Unwissen in den Köpfen von Kindern anrichten können. Das finde ich schlimm - und wieder weiß ich, dass ich mir mit dieser Meinung nicht viele Freunde schaffe.

Du findest, dass es einfach schon viel zu viele Menschen gibt auf dieser Welt? So viele, dass kaum noch genug Platz ist für anderes Leben neben uns? Wir Menschen hauen alle Wälder um, die Mobilitätsmacke zu vieler lässt Sommer zu Winter und Winter zu was Undefinierbarem werden; jedes Jahr sterben Tausende, weil die Ozonschicht nur noch ein Gerücht ist. Aber es ist eben ergreifender, vor einem Kinderwagen zu knien und 'eideidei' zu brabbeln, als daran zu denken, wie das kleine Wurm mit der kaputten Welt fertig werden soll, die wir ihm hinterlassen.

Nein! Ich muss wirklich nicht auch noch meinen Beitrag dazu leisten, dass es noch mehr Menschen gibt! Vielleicht haben so die Kinder, die es schon gibt, eine klitzekleine Chance mehr zum Überleben. Ich will keine Kinder, weil ich Kinder mag. Mir tun die Kinder Leid, die jetzt in dieser Welt leben müssen. Und deswegen habe ich einem Arzt erlaubt, bei mir ganz einfach 'knips' zu machen; so habe ich diese Sorge nie wieder. Kein weibliches Wesen, das sich mit mir einlässt, muss Anti-Kinder-Hormone essen - und ich muss keine Angst mehr haben, dass eine Frau, die anders denkt und sich durchsetzen will, mich einfach mal austrickst. Denn das soll es ja geben; viele Menschen sind nicht immer ehrlich und lügen mehr, als es unbedingt sein muss. Aber das ist schon wieder eine andere Geschichte. Ich bin einfach froh darüber, dass du da tatsächlich ebenso denken könntest wie ich. Und vielleicht verzeihst du mir auch, dass ich so direkt bin?"

"Oh ja, ich verzeihe dir", murmelte Nicci und freute sich, "endlich mal keiner, der sich gleich als potentieller Familienvater anpreist! Keiner, der protzt mit einem gut bezahlten und "sicheren" Job; der angibt damit, was er einer Frau alles bieten kann!" Denn solche Briefe kamen ihr stets urwaldmäßig vor. So, als würden sie einer ganz anderen Zeit entstammen! "Ja, ja, damals, als man Scheiße noch mit Ypsilon geschrieben hat, damals mussten die Männchen mit Imponiergehabe um die Weibchen werben und beweisen, dass sie die größte und dickste Beute für die Brut besorgen und für die Alte die größte und beste Höhle finden können! Diese Zeit sollte doch aber langsam mal vorbei sein! Ist doch Rückschritt pur!"

Zwar wusste Nicci, dass das allzu viele Frauen immer noch anders sahen und viele Männer sich darum anpassten, aber sie selbst wollte keinen Mann, der "mit beiden Beinen fest im Leben steht"! Schon bei diesem Annoncen-Spruch wurde ihr jedes Mal speiübel; wie sollte es da erst bei einem Mann werden, der wirklich so war? "Ich will jemanden mit Schwächen; jemanden, den sogar ich auch mal beschützen kann! Der dennoch - oder deswegen - auch ernsthaft über die großen Dinge nachdenken kann; der Fantasie hat und Träume! Optimisten mit 'guten Absichten' haben genug Unheil angerichtet! Ich will einfach einen richtigen Menschen, egal ob Männchen oder Weibchen!" Ja, ein weibliches Wesen wäre für Nicci auch für ernste Gefühle durchaus akzeptabel gewesen, aber nun so ein männliches - das war mindestens genauso gut! Und Nicci begann zu hoffen: "Ob das vielleicht tatsächlich der Mensch ist, den ich suche?" Und neugierig las sie weiter:

"Ach ja; und kein weibliches Wesen an meiner Seite muss sich mehr aufregen, wenn eine Truppe ältlicher Herren über ihren Körper bestimmen will und sich vehement kümmert um den Schutz von 'ungeborenem Leben', während sie nebenan einen Obdachlosen unter einer Brücke erfrieren lassen - mit der gebotenen Anteilnahme natürlich! Man bemerkt zwar bedauernd, dass jeden Tag Tausende von jungen Menschen sterben, aber befruchtete Eizellen sind natürlich weitaus wertvoller! Und dass kaum einer von denen was dagegen hat, dass einzelne Menschen Reichtum anhäufen, während andere nicht genug zum Überleben haben; das fällt nicht weiter auf. Oh je, Nicci; eigentlich solltest du doch einen lieben, netten Brief bekommen. Naja, nun weißt du wenigstens genau, mit was für einem Menschen du es zu tun hast. Hab viel auszusetzen...

Wie bist du eigentlich darauf gekommen, ausgerechnet das ergründen zu wollen, was im Geist der Menschen vor sich geht? Das erscheint mir fast unmöglich. Ich kann die Menschen oft nicht verstehen. Da finde ich dein anderes Hobby, die Physik, hingegen schon tröstlich logisch. Vielleicht kann sie ja einmal alles erklären; auch uns Menschen? Nicci, ich bin neugierig auf dich! Vielleicht könnten wir ja gemeinsam etwas dazulernen - auch über die Menschen? Du erscheinst mir so interessant, dass das vielleicht funktionieren könnte..."

Nicci kicherte: "Und wie interessant ich bin! Du weißt nicht, was auf dich zukommt!" Sie dachte dabei zwar auch an Physik und Psychologie, aber nicht nur!

"Tja, und nun muss ich mich wohl langsam mal vorstellen; so richtig. Die 'Daten' von mir kennst du ja schon aus der Zeitung..."

"Ja, ja, du bist drei Jahre älter als ich, ein bisschen größer und ein bisschen schwerer. Na und? Als Mann eben etwas zierlich, aber dafür eben - überschaubar. Ist doch prima!"

"... ich bin Kiro. Sicher hast du schon das Bild angesehen..."

"Nee, denkste! Das Beste hebe ich mir immer für zuletzt auf."

"... ich weiß, dass es faszinierendere Männer gibt als mich. Nennenswerte materielle Errungenschaften habe ich nicht - nicht mal Job und Auto."

Verständnislos schüttelte Nicci den Kopf und verzog das Gesicht: "Wen interessiert das?" Sie sah sich um im Zimmer - und nickte dann zufrieden: "Dacht' ich mir's doch! Das interessiert hier kein Aas!" Und dann wurde sie nachdenklich: "Naja, kann mir schon vorstellen, dass dich das irgendwie quält. Pah, das gewöhn' ich dir ab! Es reicht, wenn ich von uns beiden dasjenige mit Komplexen bin!"

"Dein freches Foto ist so, dass ich's gar nicht mehr weglegen mag! Aber das erkläre ich dir lieber mal persönlich, wenn vielleicht einmal die Zeit dafür gekommen ist. Meinen Charakter einzuschätzen überlasse ich natürlich ganz dir als Fachfrau. Ich habe davon nicht die leiseste Ahnung. Schlicht gestrickt und pflegeleicht bin ich aber wohl leider nicht. Man wirft mir oft vor, ich sei ein Pessimist. Aber das stimmt nicht, weil ich ein Realist bin. Ich möchte auch niemals Optimist werden, denn die haben ja von den vielen positiven Überraschungen, die 'Pessimisten' erleben, überhaupt keine Ahnung! Ich weiß nicht, ob du als weibliches Wesen STAR TREK kennst, aber ein außerirdischer Schneider namens Garak hat mal gesagt, er würde zwar immer das Beste hoffen, doch seine Erfahrungen hätten ihn gelehrt, stets das Schlimmste zu erwarten! Und ich finde, besser kann man das nicht in Worte fassen.

Ich hoffe, es geht dir gut, und es gibt in deinem Abbruchhaus keine bösen Buben, die dir was tun und dafür dann drei Wochen Kinoverbot kriegen als Strafe, weil ja Täter schließlich auch nur Opfer sind? Zwar ist das richtig - aber ich würde trotzdem zuerst dich beschützen - und dann erst die! Nicht, weil du todsicher niedlicher aussiehst, sondern weil du bestimmt noch niemals einer Menschenseele etwas getan hast, obwohl du doch auch in dieser schlimmen Gesellschaft lebst. Wer aber seine Differenzen mit dieser Gesellschaft auslebt, indem er Teilen davon doll auf den Kopf haut, den muss man schützen! Davor, dass er's wieder tut - und damit die Gesellschaft vor ihm. Krank sind sowieso beide Teile, das darf man nicht vergessen. Ich mache mir ein bisschen Sorgen um dich, Nicci, weil das eben alles nicht so richtig funktioniert mit dem Beschützen..."

"Aber man kann doch nicht immerzu Angst haben! Also ist es doch besser, wenn ich gar nicht an so was denke, Kiro. Mach dir keine Sorgen", Nicci lächelte liebevoll, "ich habe mich dran gewöhnt, hier zu leben. Und wer so rumläuft", sie lachte und zog ihre Tarnhose zurecht, "der ist unverwundbar!" Doch sie wusste im gleichen Moment, dass sie sich damit selbst belog. Viele Dinge geschahen gerade in diesem Moment um sie herum, in ihrer Stadt; gar nicht weit von ihrem hässlichen Zimmer, in dem sie auf die Nacht wartete...

Irgendwo in der Nähe, mitten in diesen Kethloner Großstadtabendstunden, fiel plötzlich ein Schuss. Eine ältere Frau, die gerade rein zufällig am Ort des Geschehens war, schrie auf, dann fiel sie - zu Tode erschrocken - in einen schweren Schock. Der Todeskampf des männlichen, etwa dreißigjährigen Opfers dauerte lange, unendlich qualvolle Minuten. Es verstarb dann, ohne dass ihm jemand helfen konnte, wenige Meter entfernt von der bewusstlosen Augenzeugin. Der Rettungswagen traf genau dreizehn Minuten zu spät am Tatort ein. Er hatte zuvor noch einen stark alkoholisierten Automobilisten in die Klinik transportieren müssen, der auf seiner Schleuderfahrt nach Hause die Garage verfehlt und sich seinen alkoholschwangeren Kopf am Lenkrad seines Fahrzeuges verletzt hatte. Sein zunehmend aggressives Verhalten hatte die Sanitäter gezwungen, die Fahrt des Rettungswagens vorübergehend zu unterbrechen. Das Auto der alkoholisierten Person würde nicht mehr zu retten sein - im Gegensatz zu dem nur leicht lädierten Schädel seines Lenkers. Auch für die Frau mit dem Schock kam die Ambulanz noch rechtzeitig. Gerade noch. Der angeschossene Mann hingegen; er hatte Pech.

Die Polizei würde später lediglich ermitteln, dass dem nun toten und im Übrigen erwerbslosen Mann das Portemonnaie gestohlen worden war, dessen einzig nennenswerter Inhalt aus etwa zwanzig EURO und dem Personalausweis bestanden hatte. Ferner stellte man fest, dass die tödliche Kugel ein Kaliber von neun Millimetern gehabt und auf ihrem Weg durch den Körper eine Herzbeuteltamponade verursacht hatte, die bei rechtzeitiger Hilfe möglicherweise noch reparabel gewesen wäre. In einem viertel Jahr etwa würde man, ohne des Täters habhaft geworden zu sein, den Fall zu den Akten legen.

Rein zufällig, zu exakt der selben Zeit, als der Schuss fiel und die Sanitäter gerade den Trunkenbold in die Ambulanz bugsierten, wurde im Fernsehen eine Debatte wiederholt; zum wiederholten Male. Ein Kirchenoberhaupt niederen Ranges und ein Funktionär einer sich christlich nennenden politischen Partei suchten zwei Jugendliche und den unschlüssigen Moderator der Sendung davon zu überzeugen, dass keine Frau das moralische Recht habe, uneingeschränkt über alles zu entscheiden, was sich innerhalb ihres Körpers abspiele. Dabei ließen sie zum wiederholten Male wie beiläufig fallen, dass es das Allerbeste und überhaupt einzig moralisch Vertretbare sei, bestimmte Medikamente, die für männliche Menschen mit erektiler Dysfunktion entwickelt worden waren - wenn überhaupt - dann nur an solche mit angetrautem Weibe auszugeben. Denn nur so sei es noch möglich, der blasphemischen Unmoral außerehelichen Geschlechtsverkehrs wirksam zu begegnen.

Zur selben Stunde, nur ein paar Straßenecken weiter, hielt ein Lokalpolitiker unter einem großen, gelben Sonnenschirm Wahlkampfreden, in denen er den Umstehenden die Streichung von Sozialausgaben beinahe erfolgreich als "Gewinn für alle" verkaufte. Dabei wurde er, weil das so üblich war, von etwa zehn Streifenbeamten beschützt, die sich stets in seiner Nähe aufzuhalten hatten. Denn einen derartigen Leistungsträger wie ihn, den wollte schließlich niemand verlieren! Und wieder wollte der Zufall es, dass auch die beiden Beamten dieser Sonderaufgabe zugeteilt worden waren, die ansonsten um diese Uhrzeit in der Straße ihren Dienst versehen hätten, in der der vorhin erwähnte junge Mensch gerade verblutet war.

In ihre Gedanken versunken, war Nicci beinahe im Stehen eingenickt. Sie kam wieder zu sich, als ferne eine Sirene heulte und sie das leise Rascheln der Blätter des Briefes hörte, die sie gerade hatte zu Boden fallen lassen. Als sie sie wieder aufhob, geriet ihr wieder zuerst das Foto in die Hand: "So, nun hab ich mir die Überraschung doch versaut", maulte sie leise, als ihre Blicke sofort darauf kleben blieben. Doch sogleich vergaß sie die verlorene Vorfreude, und ihre Augen wurden ganz groß: "Wow, ist der niedlich! Wie alt willst du sein? Fast dreißig? Hi... Hast dich aber gut gehalten!" Nachdenkliche, blaue Augen schauten sie an, aus einem Gesicht, das alles andere war als "männlich-hart". Die sehr kurzen, dunkelblonden Haare hätte sie am liebsten gleich angefasst, so igelflauschig sahen die aus. Und auch der Rest - es passte irgendwie alles zusammen; und es gefiel ihr! Was sie bis jetzt gelesen hatte, war zwar schon etwas anstrengend gewesen. Sogar für sie. Doch es gefiel ihr um vieles besser als das oberflächliche Geschreibsel, was sie sonst schon so oft bekommen hatte... Fast schon liebevoll lächelte sie das Bild an und las weiter:

"Jetzt will ich dir aber auch von den Dingen erzählen, die mir Spaß machen, Nicci."

"Na, da bin ich aber mal gespannt! Spaß - was macht mir eigentlich Spaß?" Sie wunderte sich, dass sie darüber nachdenken musste. Dann lachte sie: "Na klar - Sex und Fahrrad fahren! Und Katers krabbeln!

Und Fantasie, Utopie, Spinnerei - bin doch ganz anders als die anderen kleinen Mädchen. Will ein Raumschiff!"

Ja, Nicci liebte Utopien aller Art; egal, ob ernsthaft oder verrückt - wenn es da denn überhaupt Unterschiede gibt. Sie verschlang alles, was sie über neue Technologien, Weltraumfahrt, Quantenphysik und dergleichen in die Finger kriegen konnte; egal, ob es Fachliteratur oder utopische Geschichten waren. Und derartige Reportagen oder Filme waren auch der einzige Grund, warum sie noch nicht den Fernseh-Baustein aus ihrem Laptop herausgeschmissen hatte. Und, oh ja; vor allem, wenn eine Geschichte von STAR TREK kam, dann konnte sie alles um sich herum vergessen! Dann suchte sie sich eine ruhige Ecke, kramte die winzige Satellitenschüssel hervor, stöpselte sie ein - und für die nächste Stunde war alles um sie herum nicht mehr existent.

Schon als kleines Kind hatte sie mit offenem Mund Captain Picard, Commander Sisko, Lieutenant Tuvok und ihre Kameraden staunend und begeistert auf all ihren Abenteuern begleitet. Eines Tages - ihr Papa hatte sie auf dem Schoß und sah sich im Fernsehen eine STAR TREK Folge an, während er mit ihr spielte - da bemerkte er plötzlich, dass das winzige Mädchen auf einmal seltsam ruhig geworden war. Nicci sah wie hypnotisiert auf den Bildschirm, und als er sie daraufhin in ihr Bettchen bringen wollte, da hatte Nicci urplötzlich heftig angefangen zu weinen. Also gab er nach und ließ sie noch ein wenig auf seinem Schoß, bis Nicci - kaum dass der Abspann vorüber war - auf seinem Schoß einschlief. Am nächsten Tage dann dasselbe Spiel; und plötzlich, als auf dem Fernsehschirm gerade der finstere, aber nette klingonische Freund von Captain Picard erschien, da hatte Nicci plötzlich ganz laut gelacht, mit ihren Ärmchen gerudert und klar und deutlich "Worf!" gesagt! Da war sie gerade sieben Monate alt gewesen! Und seitdem hatte das Märchen nichts von seiner Faszination für sie verloren.

Schon vorhin, als sie das Wort STAR TREK in Kiros Brief gefunden hatte, hätte sie ihn am liebsten gleich zu sich in ihr Abbruchhaus gebeamt. Denn natürlich kannte sie auch diesen Garak; jenen ausgebufften Schneider - oder was immer er war - der auf Deep Space Nine stets für eine Überraschung gut war, den sie auch als angehende Psychologin stets nie so recht einzuschätzen vermochte und der es gerade deshalb verstand, ihr besonderes Interesse zu wecken. Schon öfter hatte ihr eine STAR TREK Episode geholfen zu verstehen. Als Schulkind war sie in viele Rollen hineingeschlüpft; am liebsten war sie B'Elanna Torres gewesen; dieses halb klingonische, weibliche Mechanik-Wunder. Und auch noch jetzt, als Studentin, bescherten ihr neue Folgen immer wieder Aha-Erlebnisse. Vor allem, wenn es darum ging, quer zu denken; verschiedenste Dinge miteinander zu verknüpfen und so Neues zu entdecken.

Zu gern ließ Nicci sich vollständig in den Bann ziehen von den fernen, aber doch irgendwie vertrauten Schicksalen all dieser unterschiedlichen Wesen mit ihren eigenwilligen Charakteren. Immer aufs Neue faszinierte sie das Bild einer Gesellschaft, das für die Zukunft der Menschen dort gezeichnet wurde; ein Leben ohne Armut, ohne Not; ja, sogar ohne Geld! Meist verharrte sie noch minutenlang auf ihrem Platz, wenn der Abspann schon längst vorüber war und wieder nur noch Müll aus dem Gerät quoll.

"Dass ich STAR TREK mag, habe ich schon gesagt..."

"Du verstehst mich! Bestimmt verstehst du alles an mir..." Nicci konnte es gar nicht glauben, dass sie schon in diesem ersten Brief so viele Gemeinsamkeiten fand! Es gab also tatsächlich noch einen Menschen, dem bei allen möglichen Begebenheiten Szenen aus diesen Geschichten einfielen; der vielleicht auch versuchte, manchmal ein bisschen so zu sein und vor allem zu denken wie ihre Helden aus diesem Märchen... Denn fast immer, wenn Nicci das tat, dann endete das überraschend positiv für sie! Sie fühlte sich geradezu eins mit Mister Spock, wenn dieser wieder einmal sagte, dass das Wohl von Vielen schwerer wöge als das von Einzelnen; zu verzichten, bescheiden zu bleiben und ihre Bedürfnisse hintan zu stellen, das fiel ihr danach immer besonders leicht.

Weil das Wohl anderer Wesen in ihrem Denken eine wichtige Rolle spielte, aß sie zum Beispiel schon fast überhaupt kein Fleisch mehr. Nur noch zu ganz besonderen Anlässen gönnte sie sich diesen Genuss. Nicci war stolz auf sich, stolz auf ihre Bescheidenheit, trotzdem oder gerade weil diese ihr das Leben nicht unbedingt erleichterte. Und immer dann, wenn sie sich einsam und verlassen fühlte, weil ihr die ganze Konsumiererei, die Gedankenlosigkeit und der Egoismus um sie herum weh taten und sie tieftraurig machten, dann dachte sie an ihren Stolz.

Staunend darüber, wie sehr ihre und Kiros Gedanken sich ähnelten, las sie weiter:

"Ein sonderlich aufregender Mensch bin ich eigentlich nicht. Ich mache kein freeklimbing oder bungeejumping, nicht mal rollerblading! Nein. Wenn schon, dann mach ich fahrradfahring oder spazierengehing, buchlesing oder musikhöring; richtigen Extremsport also. Ich schreibe auch ganz gern; nicht nur lange Briefe. Faulenzen und Genießen sind auch keine Fremdworte für mich. Aber was ich so genau gern genieße - das müsstest du selbst erforschen. Frag mir Löcher in den Bauch, Nicci - oder liebst du ungelöste Rätsel? Für heute bleibe ich das noch ein bisschen, denn für den Augenblick soll genügen, was du weißt. Sei lieb gegrüßt und - ich würde mich sehr freuen, wenn du von dir lesen ließest;

Kiro."

Strahlend faltete Nicci den Brief wieder zusammen. "Oh, heute werde ich bestimmt schön träumen! Und natürlich werde ich dich lesen lassen von mir, und nicht nur das!" Sie legte sich hin und schaute sich das Bild noch einmal an, bevor sie den Brief wieder in seinen Umschlag steckte und ihn sorgfältig in ihrem Rucksack verstaute. Zwar musste sie dafür extra noch mal aufstehen, aber schließlich musste so ein toller Brief geschont werden und konnte nicht ständig in einer Hosentasche sein Dasein fristen! Ausnahmsweise einmal recht zufrieden mit sich und der Welt, legte sie sich wieder auf ihre Hängematte und schlief bald ein, immer noch mit einem Lächeln auf ihren Lippen, das Kiro bestimmt übermütig gemacht hätte - hätte er es denn sehen können.

Drittes Kapitel

Ein Traum,
Sandra, zwei neue Freundinnen,
der merkwürdige Herr Homann - und eine Wirklichkeit

Schnell fand Nicci sich in einer ihrer vielen bunten Traumwelten wieder. Als erstes bemerkte sie diesmal nur ein surrendes Geräusch, das schnell näher kam. Das Surren mischte sich mit einem Rattern, das lauter und zugleich langsamer wurde. Das Rattern verwandelte sich in ein grelles, kreischendes Quietschen, und Nicci schaute sich um; sie war auf dem Hauptbahnhof. Inmitten eines mit Menschen übervollen Bahnsteiges fand sie sich wieder - sie wartete auf jemanden. Und als eben der eingefahrene Zug mit einem leichten Ruck zum Stehen kam, seine Geräusche verstummten und die Stimmen der vielen Menschen auf dem Bahnsteig sich in ihren Ohren mischten mit dem Gequarre aus den Bahnhofslautsprechern, da fiel ihr auch ein, auf wen sie wartete. Gleich würde sie Kiro zum allerersten Mal begegnen!

Ihr Herz pochte schneller in freudiger Spannung - und vor Angst! Der Angst, ihn hier unter den vielen Leuten zu verfehlen; ihn nicht zu finden... "Vielleicht kann er ja auch gar nicht kommen?" Sie schaute sich suchend um und entdeckte wenige Meter hinter sich die Bahnsteigtreppe, auf die sie hastig zurannte. "Hier muss er ja entlanggehen! Hier kann ich ihn ja eigentlich wirklich nicht übersehen!" Und nun stand sie hier am Rand, hielt sich am Geländer fest, um nicht etwa von den vielen Reisenden die Treppe mit hinuntergezogen und so Teil des gewaltigen Menschenstromes zu werden.

Nach Minuten ebbte dieser Strom zuerst zu einem Flüsschen, dann zu einem Rinnsal ab, bis schließlich nur noch ein paar Menschen - einzelnen Tropfen gleich - die Treppe hinunter strebten. Der Bahnsteig war inzwischen fast menschenleer, der Zug längst wieder abgefahren. Nur ganz weit, noch kaum richtig zu erkennen, kamen noch ein paar Leutchen, die ganz hinten aus diesem Zug ausgestiegen sein mussten. Sonderlich eilig hatten sie es offenbar nicht. Die Truppe schien sich auch zu kennen; fröhlich plaudernd, kamen sie auf Nicci zugeschlendert. Nur einer passte irgendwie nicht dazu, er ließ einige Meter Abstand zwischen sich und den anderen; und auf diesen einen richtete Nicci ihre ganze Aufmerksamkeit! Ihr Herz überschlug sich fast, und sie kniff die Augen zusammen, um auch in dem düsteren Bahnhof noch alles ganz genau erkennen zu können. "Das ist er! Das muss er sein!" Ihre Hoffnung wurde Gewissheit, schnell war sie sich sicher, dass der Einzelne da Kiro war. Er musste es einfach sein! Sie musste sich beherrschen, um nicht gleich loszurennen; die Blöße wollte sie sich dann doch nicht geben! Nicci zwang ihre Füße, langsam zu gehen, jedoch ohne dass sie es merkte, liefen ihre Füße immer schneller. Und als sie nur noch wenige Meter von ihm entfernt war, sah, wie er lächelte, sie freundlich anstrahlte, da rannte sie doch.

Kiro erschrak beinahe etwas, als ihm dieses fremde Wesen so unvermittelt stürmisch um den Hals fiel. Es dauerte einen kleinen Augenblick, bevor er diese überschwängliche Geste angemessen erwidern konnte; so was hatte er noch nie erlebt! Es war neu, es war toll... Nach einigen Sekunden konnte sich Nicci endlich losreißen. Fast gewaltsam trennte sie sich von ihm, ließ aber wenigstens noch ihre Hände auf seinen Schultern liegen: "Mensch, ich hatte schon Angst, dass du nicht kommst! Dass ich dich nicht finde..."

"Nicci, ich bin ja schließlich auch noch da, um dich zu finden!", erwiderte er lachend.

Sie mochte ihn auch jetzt immer noch nicht loslassen. Auch als sie die Treppe hinunter und den langen Gang entlang liefen, der in die Vorhalle des Bahnhofs führte, ließ sie seine Hand nicht los... Nicci wollte immer die Menschen berühren, die sie mochte; auch wenn das nicht bei allen jederzeit auf Toleranz oder gar Zustimmung stieß. Es war sogar eher selten, dass sie jemanden damit nicht wenigstens überraschte, und so musste sie sich oft zwingen, derartige Spontaneitäten zu unterdrükken. Doch Kiro hielt ihre Hand fest, und sie fühlte, dass es ihm gefiel.

Als sie in die große Bahnhofsvorhalle traten, schaute sie sich um, und irgendwie, da war alles anders als sonst! Überall waren hier plötzlich Menschen, die sich anfassten und sich - mindestens - an den Händen hielten. Merkwürdig war das, höchst merkwürdig... Sie gingen durch die große Tür hinaus ins Freie, und auch da war alles ganz anders! Normalerweise saßen hier meistens Kreaturen herum, die die Reisenden mit ihrem mehr oder weniger aufdringlichen Wunsch nach Geld in

Kethlon willkommen hießen. Doch statt dieser recht zerlumpt und armselig erscheinenden Menschen flanierten heute hier teuer gekleidete Herren, die auf ähnliche - und doch wiederum ganz andere Art die Reisenden begrüßten. Sie alle hielten große Geldbündel in den Händen! Einer von ihnen kam auch gleich auf Nicci und Kiro zu: "Bitte, nehmt etwas von meinem Geld! Ich habe so viel davon, dass ich gar nicht weiß, was ich damit anfangen soll! Meine Frau und meine Kinder besitzen genug; Häuser, Autos - und was man sonst noch so zum Leben braucht; wir haben all das im Überfluss! Ich bitte euch, nehmt doch etwas, erfüllt mir meinen bescheidenen Wunsch..."

Mit huldvoller Geste tat Nicci ihm den Gefallen. Sie ließ sogar ihren Begleiter kurz los, ergriff ein ganzes Bündel Scheine und drückte es Kiro in die Hand, bevor sie sich auch selbst noch eine ihrer Taschen voll stopfte. Dann wollte sie sich artig bedanken, doch der reiche Herr kam ihr zuvor: "Habt tausend Dank, ihr beiden netten Menschen! Ich danke euch wirklich vielmals - und einen schönen Tag noch!"

Vollkommen perplex sah Kiro Nicci an: "Was - um alles in der Welt - ist denn hier los?"

"Du befindest dich gerade in einem Traum von mir", belehrte sie ihn, "und da geht es immer etwas seltsam zu. Daran kannst du dich ruhig schon mal gewöhnen."

"Aha! Und wie geht der jetzt weiter, dein Traum?"

Nicci kicherte: "Tja, das verrate ich dir nicht. Lass dich überraschen..." Sie wollte es ihm nicht sagen, und schließlich wusste sie ja auch selbst nicht so ganz genau, was nun noch alles passieren würde. Doch sie ahnte, dass auch dieser Traum wohl so weitergehen würde wie viele ihrer Träume; auf eine ganz und gar nicht besonders jugendfreie Weise! Und darauf freute sie sich heute ganz besonders!

Wie Nicci es vorausgeahnt hatte, geschah es dann auch. Als sie am Morgen erwachte, war sie immer noch etwas atemlos von der "Erwachsenenfortsetzung" ihres Traumes, und sie wünschte sich in diesem Augenblick nichts sehnlicher, als Kiro tatsächlich in ihren Armen zu halten. Kaum konnte sie sich beherrschen, sofort etwas in dieser Richtung zu unternehmen; in dieser Stimmung einen Brief zu schreiben etwa. Doch ihr Realitätsbewusstsein war inzwischen auch aufgewacht und bremste ihren Überschwang. Sie setzte sich auf und lachte: "Der arme Kerl! Weiß gar nicht, was ihm alles blühen kann mit mir..." Selbst, als sie schließlich ganz wach und putzmunter war, spürte sie immer noch sehr deutlich den Wunsch, diesen Kiro möglichst recht bald leibhaftig kennen zu lernen. Und sie wusste, dass dieser Wunsch nicht so einfach wieder verschwinden würde.

Nach einigem Hin und Her in ihrem Kopf entschloss Nicci sich nun doch, der Omi von ihrer neuen Errungenschaft zu berichten. "Vielleicht ist es ja ein bisschen verfrüht", dachte sie so bei sich, "aber die Omi freut sich sicher, wenn ich ihr erzähle, dass ich so ein schönes Erlebnis hatte! Und sei es auch nur so ein einziger Brief und ein Traum; warum soll ich's nicht mit ihr teilen?" Sie wollte ihre Freude einfach nicht länger für sich behalten.

Gedacht, getan. Als sie eine knappe Stunde später wieder bei ihrer Omi am Frühstückstisch saß und freudestrahlend ihren Brief und das Bild zeigte, begeistert erzählte von den vielen Gemeinsamkeiten, die sie schon entdeckt zu haben sich sicher war, da strahlte auch die alte Dame über ihr ganzes, runzliges Gesichtchen! Jedes ihrer vielen Fältchen schien sich mitzufreuen, und auch in ihren alten Augen glomm für kurze Zeit ein heller Funken, den Nicci diesmal nicht übersah: "Na Omi, an welche Jugendsünden denkst du denn jetzt gerade wieder?"

"Ja, das möchtest du gerne wissen, was?" Und beide lachten. "Na Kind, dann musst du mir den aber unbedingt auch vorstellen, wenn er dich mal besucht! Kommt doch dann ganz einfach zum Kaffee trinken bei mir vorbei, so rein zufällig natürlich! Musst ihn ja nicht gleich damit erschrecken, wenn er kommt."

"Na, mal sehen - bis dahin ist ja noch etwas Zeit", bog Nicci ab, denn das war ihr nun doch schon wieder etwas zu konkret. Auch musste sie sich nun sputen, wieder nach Hause zu kommen, denn sie hatte sich für heute Vormittag mit einer Mitbewohnerin verabredet, die seit kurzem auch in dem Abbruchhaus Unterschlupf gefunden hatte.

Das Mädchen, um welches sie sich sofort nach dessen Einzug ein wenig zu kümmern begonnen hatte, hieß Sandra. Auch dieses menschliche Wesen war irgendwie verschieden von den anderen meist etwas zwielichtigen Gestalten, die in diesem Hause sonst kampierten; manche von denen bekam Nicci nicht einmal zu Gesicht; sie hörte nur an Geräuschen, dass es sie gab. Meist suchten diese Menschen keine Gesellschaft und waren nach wenigen Tagen wieder verschwunden, so dass Nicci fast niemals Kontakt zu ihnen hatte. Manchmal war ihr das mit ihrer unbekannten und unsichtbaren Nachbarschaft ja sogar etwas unheimlich, doch andererseits - bisher hatte ihr niemand etwas getan. Nicci war zufrieden und hatte kein echtes Problem damit. Sandra hingegen kam mit dem Leben hier nicht besonders gut zurecht; mit ihrem ganzen Leben nicht. Und so griff Nicci Sandra halt ein bisschen unter die Fittiche, und bald nicht nur im übertragenen Wortsinn. Nicci fand, dass der Name Sandra ausgezeichnet zu seiner Trägerin passte, denn zufällig wusste sie, dass dieser in der griechischen Urform soviel wie "die Männer Abwehrende" bedeutet. Und sie hatte beschlossen herauszufinden, warum dieser Name in diesem Falle scheinbar perfekt auf das Wesen seiner Trägerin schließen ließ.

Nicci und Sandra waren in ihrem Wesen und auch äußerlich recht verschieden. Sandra war eher ein einfacher Mensch. Zumindest wirkte sie so im Vergleich zu der ausgeschlafenen Nicci, der Sandras Verhalten manchmal beinahe kindlich anmutete. Unbewusst machte sie ihrem Namen schon dadurch alle Ehre, dass sie sehr schüchtern und scheu erschien. Im Gegensatz zu Niccis bislang sehr abwechslungsreichem Liebesleben fiel es Sandra schwer, zu anderen Menschen Kontakt zu finden - vor allem dann, wenn diese nicht ihrem eigenen Geschlecht angehörten. Sie witterte oft schon Gefahr, wenn sie jemand einmal nur etwas länger als üblich ansah... Und dies geschah gar nicht so selten, denn auf ihre Weise war auch Sandra ein durchaus ansehnliches Geschöpf. Im Gegensatz zu Nicci lief sie recht "normal" herum, maximal ein paar Risse in ihren Jeans erlaubte sie sich. Ansonsten erschien ihre Kleidung jedoch stets sauber und ordentlich, und auch ihr Pagenköpfchen war immer sehr gepflegt, was in dieser Umgebung gar nicht so leicht zu bewerkstelligen war. Nicci staunte oft, wie viel Zeit sie darauf verwandte, ihre paar Sachen zu pflegen und sich für die etwas "bessere" Welt angepasst zu kleiden. Sandra wollte um keinen Preis auffallen, wenn sie durch die Stadt ging; niemand sollte auf den Gedanken kommen, dass sie in so einem Umfeld lebte.

In Niccis "Unterwelt" allerdings war sie gerade durch ihr angepasstes Verhalten in einer Außenseiterrolle. Zwar galt das irgendwie für jeden hier, nur Sandra litt besonders darunter. Sie entstammte einer großen Familie, in der die meisten Mitglieder sehr oft beieinander waren. Niemand war lange allein, jeder kümmerte sich um jeden; egal, ob der oder die Betreffende das gerade wollte oder nicht. Ihre Mama - eine Art übermuttermäßige Glucke - war der unumstrittene Mittelpunkt der Familie und hatte die Geschicke ihrer Lieben auf alle nur erdenkliche Weise zu steuern gesucht. Dies zumindest hatte Nicci bei ihren Gesprächen herausgehört. Welche Auswüchse diese Familienbande jedoch mitunter angenommen hatten, das wusste sie nicht. So hatte Sandra einmal Bekanntschaft mit einem jungen Mann geschlossen, der ihrer Mutter nicht gefiel. Und sofort war Krieg zwischen ihr und dieser Übermutter ausgebrochen! Eine Zeitlang hatte Sandra es geschafft, ihre Liebe zu schützen und den Angriffen der Mama zu widerstehen, doch dann hatte die Mama gesiegt. Sie hatte bald einen Keil aus Gerüchten und Missverständnissen in die junge Beziehung getrieben, bis diese daran zerbrochen war.

Sandras Intellekt war - trotzdem sie etwa ebenso alt wie Nicci war - noch nicht in der Lage gewesen, solche intriganten Spiele zu durchschauen. Sie verstieß ihren Freund auf recht unfaire Art; eines Tages hatte sie ihn einfach angerufen und ihm gesagt, dass sie ihre Treffen - ihrer Mutter wegen - "vorübergehend etwas einschränken" sollten. Dann hatte sie sich einfach gar nicht mehr gemeldet. Der junge Mann war darüber sehr betrübt gewesen, und er hatte nach einigen Tagen sogar den Mut aufgebracht, die Übermutter höchstselbst deswegen anzusprechen! Diese jedoch leugnete jegliche Form der Einmischung; genau wie ihr sofort herbeizitiertes Töchterlein. Durch diese Unwahrheiten tief verletzt, blieb dem jungen Mann schließlich nichts weiter übrig, als sich in sein Schicksal zu fügen, und das kostete ihn Zeit, viel Zeit. Denn auch er war ein recht zurückhaltender und sensibler Mensch.

Trotzdem hatte die Geschichte zumindest etwas Gutes bewirkt; ein Funken Selbstbewusstsein war damals in Sandra erwacht! Unbewusst spürte sie bald ihr falsches Verhalten, und die Beziehung zu ihrer Mama veränderte sich. Zunehmend hatten sie sich in die Haare bekommen, denn Sandra versuchte nun immer öfter, gegen die Mama zu opponieren. Eines Tages war es dabei einmal mehr zu einem heftigen Streit gekommen, und da hatte Sandra kurzerhand ihre Siebensachen gepackt und war einfach verschwunden! Sie hatte sich in den nächsten Zug gesetzt und war in die nächste, große Stadt gefahren, wo niemand sie kannte; und so hatte der Zufall sie bald in Niccis Nachbarschaft verschlagen.

Anfangs hatte sie sich hier sehr elend und verloren gefühlt, denn sie vermisste ihre Familie bald recht schmerzlich. Zu ihrer Mutter zurück wollte sie allerdings um gar keinen Preis, und so hatte sie dankbar nach dem Strohhalm gegriffen, den Nicci ihr anbot, indem sie eines Tages - natürlich ohne anzuklopfen oder sich gar anzumelden - in ihr Zimmer geplatzt war. Sandra hatte gerade in einer Ecke gekauert und sich Bilder von ihren Verwandten angeschaut, und Nicci hatte gesehen, dass sie weinte. So hatte sie das wildfremde Mädchen einfach in ihre Arme genommen - und es auch nicht losgelassen, als Sandra sich erschrocken zuerst gegen diese tollkühne Annäherung einer vollkommen Unbekannten zu wehren suchte. Doch dann hatte sie in Niccis Augen soviel Wärme und Zuneigung gefunden, wie sie sie nicht mehr gesehen hatte seit dem letzten Tag mit ihrem Freund, und so hatte sie sich einfach fallen lassen. Sie wollte keinen Menschen je wieder vor den Kopf stoßen, auch wenn ihr das gerade in jenem Augenblick von Niccis "Überfall" alles andere als leicht gefallen war. Zum ersten Mal in ihrem Leben hatte Sandra auf ihren Instinkt, auf ihr Herz gehört.

Es dauerte nicht lange, bis die beiden weiblichen Wesen einen Weg gefunden hatten, inmitten dieser trostlosen Umgebung ihr Bedürfnis nach Nähe und Wärme zu stillen. Und da Nicci ja, was Anfassen, Nähe, Zärtlichkeit und so anbelangte, ziemlich keck und auch nicht unerfahren war, schaffte sie es im Handumdrehen, Sandras Wesen auch in dieser Hinsicht etwas aufgeschlossener zu machen. Nicci war das erste Mädchen, das Sandra ganz nah an sich heranließ; so nahe man eben einen anderen Menschen an sich heranlassen kann. Und so begann sie, auch auf ganz anderen Gebieten von Niccis Freundschaft zu profitieren.

Diesmal hatte Sandra jedoch ein vollkommen anderes Problem. Kaum war sie durch die Tür, da platzte sie auch schon damit heraus:

"Nicci, du musst mir helfen! Und du kannst sogar auch was damit verdienen!"

"So? Wie soll das denn gehen?" Nicci wunderte sich. Soweit sie wusste, war Sandra in einer noch prekäreren Lage als sie, wenn's ums Geld ging. Denn ihr fiel es noch schwerer, Jobs zu finden, weil ihr das nötige Selbstbewusstsein ebenso fehlte wie die gewisse Unverfrorenheit, die Nicci an den Tag legen konnte.

"Was hast du denn für einen tollen Job gefunden, dass du den auch noch mit mir teilen kannst?"

"Ich hab einfach Glück gehabt! Es ist bei einer Betreuungsfirma für Behinderte, da sind wohl welche ausgefallen, und ich kann da mithelfen, Wohnungen auszuräumen."

"Wohnungen ausräumen?"

"Ja - weißt du, wenn da Behinderte umziehen, ein neues Zuhause kriegen, oder auch, wenn jemand gestorben ist, dann werden die Wohnungen von denen aufgelöst! Und das wird auch ganz gut bezahlt. Hast du vielleicht morgen Zeit?" Sandra war ganz aufgeregt.

"Was denn, morgen schon? Das geht aber schnell! Doch - mir fällt im Augenblick wirklich nichts ein, das wichtig wäre. Und Geld kann man ja immer brauchen - also gut; ich bin dabei!"

Sandra fiel ein Stein vom Herzen! Sie strahlte übers ganze Gesicht: "Oh prima! Dann muss ich da wenigstens nicht alleine hin! Morgen zeitig aufstehen, ja?"

"Wenn du mich weckst?" Unschuldig griente Nicci Sandra an - und hatte sie schon wieder mal überrumpelt. Sandra hatte nichts gegen diese Einladung, in Niccis riesiger Hängematte zu übernachten, und sie freute sich mit Nicci, dass sie beide nicht allein sein mussten in dieser Nacht.

Am Morgen wachten die beiden auch tatsächlich rechtzeitig auf. Sandra hatte sowieso nicht gut geschlafen vor Angst, zu spät zu kommen. Und sie hatte die langschläfrige Nicci bald mit Nachdruck geweckt. Schnell hatten sie sich fertig gemacht und gingen zusammen bis vor zur nächsten Straßenecke, von wo aus ein Transporter sie abholen sollte.

Der Weg bis zum Treffpunkt war recht kurz, und so waren sie überpünktlich und mussten sogar noch ein paar Minuten warten. Dann aber kam das Fahrzeug; ein wirklich uraltes Vehikel, wie Nicci noch nie eines gesehen hatte! Es sah so aus, als habe jemand mal einen kleinen Bus und einen Pritschenwagen zusammengeschweißt; und Nicci lachte das alte Auto aus, als es anhielt! Sie zeigte auf das Auto und schüttelte sich vor Lachen: "Nee, was is' denn das bloß für eine komische Gurke; nee, um Himmels Willen! Da soll ich mitfahren? Mit dem Ding? Nee, nee, nee..." Sie riss sich erst zusammen, als sie die zwei anderen jungen, weiblichen Menschen sah, die darin saßen und sie freundlich begrüßten. Und schon ging's los!

Während der Fahrt erfuhren Sandra und Nicci Genaueres über ihren Einsatz. Die Wohnung eines behinderten Menschen sollte entrümpelt werden, dessen Krankheit darin bestand, zu sammeln. Auf Sandras Frage erklärte Petra, die als Chefin der kleinen Truppe auf dem Beifahrersitz saß, geduldig, was man sich darunter genau vorzustellen habe. "Der Herr Homann ist eigentlich ein ganz umgänglicher Mensch. Doch er hat die Angewohnheit, nachts loszuziehen und allerlei Krempel zusammenzutragen, den er dann in seiner Wohnung hortet. Das sind wirklich teilweise die unmöglichsten Sachen; na, ihr werdet es ja sehen! Ihr müsst euch das jedenfalls so vorstellen, dass alle Dinge in seinen Augen ganz doll wertvoll sind und nichts weggeworfen werden darf. Alle Dinge, die für uns einfach Müll sind, sind für ihn kostbare Schätze. Ihr werdet gleich sehen, was das bedeutet! Das letzte Mal haben die Leute von der Cityreinigung sechseinhalb Tonnen aus seiner Wohnung entfernt - und heute machen wir das, weil wir billiger sind!", erläuterte Petra, und ihre Worte verfehlten ihre Wirkung nicht. Vor allem Sandra war recht erschrocken ob dieser Ankündigung, doch auch Nicci runzelte die Stirn: "So eine Menge Mist!"

Doch Petra machte mit ihrer Erklärung unbeirrt weiter: "Ich hoffe, ihr habt auch beide eure dreckigsten Klamotten an? Naja, wir haben auch noch zwei Anzüge für euch!", lachte sie, als sie sah, wie Sandra und Nicci sich zerknirscht anschauten. "Und vergesst nicht, euch Handschuhe anzuziehen; man weiß da nie so genau, was einen anhopst!"

Als das Auto nach einer Viertelstunde Fahrt vor einem alten, zweistöckigen Haus mit einer Tordurchfahrt anhielt, waren die Mädchen schon alle in ihre Arbeitssachen geschlüpft. Sie zogen sich brav ihre Handschuhe an, jede nahm ein paar Plastiksäcke in die Hand, und Petra klingelte an der Haustür. "Wo wohnt der denn hier genau?", wollte Nicci wissen.

"Tja; der wohnt genau unter dem Dach."

"Schon klar! Wo sollte er auch sonst wohnen!", meinte Nicci lachend: "Wäre ja ein Ding, wenn er ganz unten wohnen würde!"

Es dauerte eine ganze Weile, bis man hinter dem alten Holztor Schritte hörte und die Tür sich öffnete. "Guten Morgen, Herr Homann, dann wollen wir mal wieder!"

"Ja, dann kommt mal rein." Der etwa sechzigjährige, recht schmächtige Mann machte einen etwas resignierten Eindruck. War ja auch nicht verwunderlich; sollten ihm doch nun all seine Schätze geraubt werden, die er so mühsam zusammengetragen hatte!

Das alte Haus machte einen schlimmen Eindruck. Knarrende Holztreppen führten in einem dunkelbraun angestrichenen Hausflur nach oben, die Toiletten waren auf halber Treppe hinter giftgrün lackierten Holztüren verborgen. Gar eigentümliche Gerüche von Kohlsuppen, Hunden und anderen Dingen stiegen ihnen in die Nase und setzten sich bald in der kleinsten Pore fest, und durch eine verschlossene Wohnungstür hindurch hörte man das geifernde Gekläff eines kleineren Vierbeiners. Wären Sandra und Nicci nicht selbst Bewohner eines Abrisshauses, sicher wären sie schockiert gewesen. Doch so wunderten sie sich nur ein wenig, dass man für ein solches Ambiente auch noch Miete kassieren konnte. "Mann, das ist ja hier echt der reinste Luxusbunker!", knurrte Nicci missmutig. Ihr taten die Leute Leid, die hier wohnen mussten.

Als sie die Wohnung des alten Mannes erreicht hatten und direkt in das Wohnzimmer traten, da war sogar Nicci recht schockiert! Alles; jeder Zentimeter Fußboden, jedes Möbelstück - einfach alles war über und über mit Müll bedeckt! Nur ein schmaler Gang führte durch das Zimmer bis ans Fenster, ein beklemmender Geruch stieg ihnen in die Nase, es roch nach Schmutz, nach Armut... So schlimm sah es selbst in ihrem Domizil nicht aus! Niemals! Denn die meisten von den Leuten dort waren froh, wenn sie ihre Besitztümer alle auf einmal wegtragen konnten - niemand sammelte unnützes Zeug. Klar lag mal eine Flasche oder ein Stück Papier herum, oder es pinkelte jemand mal an die Hauswand. Die meisten bemühten sich aber dennoch, ein Mindestmaß an Sauberkeit aufrechtzuerhalten, selbst in einem Abbruchhaus. Nicci und Sandra machten inzwischen sogar mal ab und an alles sauber, fegten wenigstens und sammelten auf, was herumlag; der alte Mann hingegen kümmerte sich um so etwas augenscheinlich gar nicht.

Petra holte eine Kamera hervor und begann, alles zu fotografieren. "Das müssen wir machen, Herr Homann, unsere Firma verlangt das so." Dem Manne war das gleichgültig. Alles interessierte ihn nur insofern, als dass vier fremde Menschen in seiner Wohnung herumgingen und alles ansahen - er fürchtete nur, man würde ihm etwas stehlen! Und das eben war ja auch die Aufgabe, die die vier zu erledigen hatten. Herr Homann sollte in eine andere Wohnung umgesiedelt werden. Die würde zwar auch nicht viel besser sein als diese hier, doch sauber würde sie sein und mit neuen gebrauchten Möbeln ausgestattet. So würde er doch wenigstens eine gewisse Zeit lang unter etwas menschlicheren Bedingungen leben können - bis er seine Sammlung wieder vervollständigt hätte.

Nicci und Sandra sahen sich besonders interessiert um, denn sowas hatte bisher keine der beiden live gesehen! Sandra war total entsetzt von dem Zustand der Wohnung, und auch Nicci schüttelte nachdenklich den Kopf, als ihr das alles richtig ins Bewusstsein drang. Auf einem klapprigen Tisch in der Mitte des Zimmers stand - inmitten von Unrat - ein großer Weihnachtsbaum aus Plastik, der fast die Zimmerdecke berührte. Und jetzt, mitten im Sommer, da wirkte der Baum in dieser Umgebung besonders skurril. Eine alte Musikanlage dudelte in einer Ecke; man musste raten, wo sie eigentlich genau stand. Verzweifelt über den Musikgeschmack des alten Mannes rollte Nicci die Augen: "Nee, diese Musik! Das ist echt was für eine Seniorenfeier unter dem Motto 'Blasmusik und Fencheltee'. Da können die dann alle ihre Zwiebäcke und das Glücksrad..." Doch dann biss sie sich schnell auf ihre freche Zunge, und unter dem Eindruck dessen, was ihre Augen noch zu sehen bekamen, hörten ihre Ohren die Musik schon bald nicht mehr.

Noch viele andere, doch allerdings kaputte Radios aus längst vergangenen Zeiten standen in den Ecken herum. Unmengen undefinierbarer Kleidungsstücke türmten sich überall, und angewidert schüttelte sich Sandra, als sie bemerkte, dass da auch Sachen von Frauen dabei waren! Dutzende Paar Schuhe lagen zwischen 'zig alten Gürteln, Hosenträgern, Büstenhaltern, Hosen, Röcken, Slips und Kleiderbügeln, und fast alles war schmutzig... Vergilbte Zeitungen und längst verjährte Kataloge lagen auf einem verwaisten Katzenklo, und Nicci war froh, dass hier keine Katze mehr leben musste. An einer Wand standen fünf alte Gehstöcke, drei Werkzeugkisten stapelten sich im Wechsel mit irgendwelchen Pappkartons, aus denen alte Schnüre und Krawatten heraushingen - ihre Augen konnten das ganze Sammelsurium gar nicht so schnell aufnehmen.

Plötzlich hörten sie aus einer Ecke des Zimmers einen gellenden, heiseren Schrei! Erschrocken blickten sie auf und entdeckten - zur Hälfte von einer alten Wolldecke verhüllt - ein Vogelbauer, in dem ein Nymphensittich aufgeregt umherflatterte! "Um Gottes Willen, das arme Tier! Das kann doch nicht sein!" Sandra stakste sofort durch den Müll zu dem Vogel hin und schaute, ob er wenigstens zu Essen und zu Trinken hätte. Mindestens fünf Futternäpfe standen auch im Käfig herum, doch sie waren alle nur randvoll mit leeren Hülsen. Und das Wasser, das schien von sonst wann zu sein. Das konnte Sandra nicht sehen! Sie machte die Käfigtüre auf, holte alle Behältnisse heraus und gab sie Nicci, die sich sofort daranmachte, neues Futter und frisches Wasser hineinzufüllen. Das Futter in der Packung war allerdings auch alles andere als frisch und appetitlich; teilweise lebte es schon wieder und bewegte sich! Und Nicci machte erschrocken "iii!", als sie hineingefasst hatte und ein leichtes Krabbeln an ihren Fingern spürte. Die beiden drehten sich zu ihren Kolleginnen um und sahen sie mit verzweifelten Minen an, doch die zuckten nur mit den Schultern: "Wir wissen's ja. Aber was glaubt ihr, was wir alles zu sehen kriegen. Und was sollen wir denn machen? Wir bringen morgen was Frisches mit. Viel mehr können wir nicht tun."

Da hatten sie wohl Recht; weder Nicci noch Sandra fiel eine gescheite Lösung für dieses Problem ein. Denn wer sollte schon einem behinderten Menschen ein Tier wegnehmen? Würde man es doch tun; er würde schnell ein neues haben, und alles ginge von vorne los. So ließ man in solchen Fällen lieber das Tier leiden als den Menschen, und Nicci war stinksauer, dass ihr keine vernünftige Idee in den Sinn kam.

"Kommt, ihr beiden! Ihr braucht uns erst mal nur die Säcke aufzuhalten. Dann habt ihr noch Gelegenheit, euch an all das hier zu gewöhnen." Das erste Mal hatte sich Kim, das andere Mädchen, zu Wort gemeldet, und Sandra fand es lieb, dass sie so rücksichtsvoll war. Auch Nicci lächelte dankbar, und so hatte sich die verständnisvolle und nette Kim schon zwei neue Freunde gemacht. Und die beiden taten, wie ihnen geheißen und hielten die Säcke auf, in die hinein nun die ganzen Müllberge wandern sollten.

Aufgeregt rannte der alte Mann zwischen den jungen Frauen hin und her und passte auf, dass auch ja nicht zu viele seiner Habseligkeiten in den Säcken verschwanden, und schnell brach die erste Debatte los. Nicci hatte gerade einige alte, rostige Messer in der Hand, um sie zu entfernen, da ging er dazwischen! "Nein, die brauch' ich doch noch! Die sind doch noch gut..." Und er gab erst Ruhe, als man ihm zwei seiner alten Messer gab und er sie weiter hinten im Zimmer in Sicherheit bringen konnte. "Das machen wir immer so", erklärte Petra leise, "wir lassen ihm ab und zu ein Stück, dann ist er zufrieden. Denn am Ende kriegen wir die Sachen ja doch. Wir müssen ja sowieso alles durchräumen. Etwas traurig ist das schon immer, wenn man die armen Leute so verarschen muss." Und wirklich, eine schöne Arbeit war es nicht. Für keine der vier.

Über eine Stunde verging, bis die gefüllten Plastiksäcke die Ladefläche des alten Transporters vollkommen bedeckten und sich zu türmen begannen. "Wir müssen das erst mal wegbringen. Der Wagen ist voll. Wollt ihr mitkommen, oder wollt ihr lieber gleich noch ein paar Säcke voll machen?" Was für eine Frage! Sandra und auch Nicci waren heilfroh, dass sie für eine Weile die Gelegenheit bekamen, aus dieser schrecklichen Tristesse zu entfliehen, und sie flitzten gleich als Erste zur Türe hinaus und blieben erst im Hausflur wieder stehen. Schließlich waren sie an so etwas Schlimmes nicht gewöhnt, und so abgebrüht war selbst Nicci nicht, dass das alles hier sie kalt ließ.

"Das hab ich mir gedacht, dass ihr lieber mitkommen wollt!", lachte Kim, als die beiden sofort alles fallen gelassen hatten; so, als hätten sie Angst, man könnte sie hier zurücklassen. "Bis nachher, Herr Homann! Und warten Sie schön auf uns; wir kommen bald wieder! Und nicht unten die Tür zuschließen, dann brauchen Sie nicht extra herunterzukommen!" Die alte Holztreppe knarrte bedenklich, als die Aufräumkolonne wie eine Herde junger Pferde die Treppe hinuntertollte. Sie sprangen in ihr betagtes Gefährt und brausten los; hinaus aus der Stadt, bis auf die nächste Müllkippe.

Für die Strecke brauchten sie etwas länger als eine halbe Stunde. Sie hatten Glück; die große Waage an der Einfahrt war gerade frei. Alle mussten aussteigen, als das Auto gewogen wurde. Das dauerte eine Weile, da der uralte Computer der Waage gerade damit begonnen hatte, irgendetwas auszurechnen. Ungeduldig schaute Petra auf die Uhr, als sie endlich auf das Gelände der Zwischendeponie fahren konnten.

Hier roch es noch schlimmer als in der Wohnung des alten Mannes, doch keines der vier weiblichen Wesen verlor auch nur ein Wort darüber. Der Gestank gehörte halt dazu. Kim stellte den Motor ab, und sie stiegen aus. Über ihren Köpfen flog kreischend ein Schwarm Vögel, und als Nicci hinaufsah, erkannte sie, dass es Lachmöwen waren, die hier Nahrung suchten. Bestimmt über hundert Tiere hatte das Auto aufgeschreckt, und wie eine graue Wolke flog der Schwarm zeternd ein Stück weg von ihnen, um zum Futtern wieder etwas Ruhe zu finden. Ein ganzes Stück entfernt blubberte eine große, orangefarbene Maschine mit großen Dornen an ihren eisernen Rädern und fuhr auf dem Müll spazieren, und weiter hinten, da wurde alles wieder aufgesammelt, kleingemahlen und zur Wiederverwertung abtransportiert.

"Beeilen wir uns lieber! Sonst werden wir gar nicht mehr fertig - schließlich müssen wir mindestens noch drei Touren schaffen heute!" Petra mahnte zur Eile und griff sich den ersten Sack, den sie mit Schwung auf den nächsten Müllhügel warf. Die anderen taten es ihr gleich, und so war in wenigen Augenblicken die Ladefläche leer. Kim kletterte behände hinauf und kehrte mit einem Besen die Reste herunter, ehe die anderen die Planke wieder hochklappten. Eilig stiegen die vier ein und fuhren den steilen, holprigen Weg entlang wieder hinunter bis auf die Waage. Gerade kam ein anderes Fahrzeug durch die Einfahrt, doch es musste warten, denn Kim war schneller. "Über eine halbe Tonne; man sollte es gar nicht glauben", murmelte sie, als alle erneut eingestiegen waren und zurück in die Stadt brausten, um die nächste Ladung von Herrn Homanns Schätzen zu holen.

Petra sah wieder auf die Uhr, als sie bei Herrn Homann klingelten. Der hatte die Haustür natürlich doch wieder zugeschlossen. "Naja, noch eine Fuhre, und dann machen wir erst mal Pause!" Dadurch angespornt, rannten die vier an dem alten Mann vorbei die vielen Treppen wieder hinauf, und weiter ging die Schatzsuche! Durch die flinken Hände wanderten alte Fotoapparate, Töpfe, leere Geldbörsen, eine Schreckschusspistole ohne Schlitten und Dutzende alter Einkaufsbeutel - deren Inhalt zuerst untersucht werden musste, ehe man sie wegwarf; denn ab und zu fanden sich auch wichtige Dokumente des alten Mannes darin. Aus einem der Beutel zog Nicci mit spitzen Fingern etwas Längliches aus Gummi; es war ein Dildo! Alle schmunzelten, doch der alte Mann meine nur: "Ich habe auch noch eine Gummipuppe!" Und dabei grinste er verschmitzt.

Alle mussten lachen, weil er dabei auch noch so eine verschwörerische Miene aufgesetzt hatte, und Nicci stach der Hafer: "Aber Herr Homann, für die brauchen sie doch keinen Dildo!" Sandra guckte sie ganz entgeistert an, und Nicci zog gleich ihren Kopf etwas ein. "Bin ich wohl wieder zu taktlos gewesen", dachte sie und machte ein verschämtes Gesicht. "Aber so ganz ohne schwarzen Humor - wie soll denn das gehen?" Und die anderen beiden nickten nur zustimmend, als sie auch fertig waren mit dem Lachen.

Auch die weiteren "Spielsachen" des Alten fanden sie bald; ein paar eindeutige Videokassetten und einige schmuddelige, zerknitterte Zeitschriften desselben Inhaltes wanderten unter dem Protest des Eigentümers in die Säcke! In einem unbeobachteten Augenblick jedoch holte Nicci flink die Pornos wieder heraus und steckte sie in einen alten Beutel, den sie zu den bereits durchgesehenen und für gut befundenen Habseligkeiten stellte; schließlich sollte der arme Kerl wenigstens noch ein bisschen Spaß haben, so dachte sie sich.

Viel war es ohnehin nicht, was der arme Mensch behalten durfte. Die Mädels suchten einige Esswerkzeuge heraus, die noch in erträglichem Zustand waren, auch einige Teller und ein paar Töpfe. Einen der über zehn Rasierapparate ließ man ihm, genauso wie zwei der fast einhundert Kämme, und seine Kosmetika ließ man ihn sogar weitgehend selbst aussuchen. Auch davon hatte er überreichlich, und die vier rätselten, woher die wohl alle stammen mochten und was er damit machte, denn man sah ihm eigentlich nicht an, dass er solche Dinge sonderlich oft benutzte. Bald war ein Wäschekorb voll mit Küchenutensilien, eine saubere Bettdecke hatte man gefunden - sie war sogar noch eingeschweißt - und bald war alles beieinander, was der alte Mann zum Leben brauchte und was er nicht sowieso neu in der anderen Wohnung vorfinden würde. Trotzdem war noch nicht einmal das Wohnzimmer zur Hälfte beräumt, als das Auto schon wieder voll beladen war!

Diesmal mussten sie vor der Waage etwas warten, was allgemeinen Unmut hervorrief. Denn alle wollten schnell Pause machen. Doch endlich konnten sie auch die Deponie wieder hinter sich lassen und fuhren zur nächsten Tanke, um sich ein paar Flaschen Wasser und etwas zu Beißen zu holen. Nicci und Sandra wollten schon dankend auf ihr Essen verzichteten: "Wer so einen Job hat; der braucht keine Diät mehr! Danke, aber wir sind eigentlich schon satt."

Aber das ließ Petra nicht durchgehen. "Nichts gibt's! Habt euch nicht so! Ihr esst was, sonst kippt ihr nachher noch um! Ist alles reine Gewöhnungssache." Und die beiden folgten widerstrebend dieser freundlichen Anordnung. Sie fuhren noch ein paar hundert Meter weiter, stellten dann ihr Auto auf den Standstreifen und setzten sich am Straßenrand ins trockene Gras.

Es zischte und blubberte laut, als Nicci ihre Wasserflasche öffnete. Sie nahm einen großen Schluck - und spuckte erst mal in hohem Bogen aus! Denn sie fühlte sich arg dreckig: "Wenn ich mich schon so fühle, wie wird das wohl erst Sandra gehen?" Die tat ihr schon ein wenig Leid. Lieb schaute Nicci zu ihr herüber, aber Sandra sagte nichts. Sie guckte zwar etwas verbissen, biss aber tapfer in ihr Stückchen Kuchen, das sie sich ausgesucht hatte. "Brav, Sandra", dachte Nicci, als auch sie ihr Essen aus dem Papier zerrte. Vorher wischte sie sich ihre Hände an der Hose ab - aber da Hände und Hose gleich schmutzig waren, war das sowieso nicht mehr als eine Geste.

Nun hatte Nicci auch endlich etwas Zeit, ihre beiden neuen Kolleginnen etwas genauer zu betrachten. Beide schienen ungefähr im selben Alter wie sie zu sein. Kim gefiel ihr besonders; sie hatte eine tolle Figur, ein fein geschnittenes, ernstes Gesicht und eine ganz wuschelige, mittelblonde Löwenmähne. Angemalt war sie nicht, nur eine ziemlich kurze und ziemlich schwere silberne Kette schmückte ihren Hals. Bewundernd ließ Nicci ihre Blicke noch eine Weile über das ausgesprochen schöne Wesen gleiten: "Meine Güte, eine richtige, leibhaftige Amazone! Da bleibt einem ja fast die Luft weg!" Aber das sagte sie natürlich nicht laut.

Petra, die Chefin, war die Größte von allen. Sie war ganz schlank, doch ihr Gesicht wirkte ein klein wenig rundlich, was daher kam, dass Petra ihre schwarzen Haare bis auf einen einzigen Millimeter abrasiert hatte. Vor allem das gefiel Nicci - wie auch der Umstand, dass Petra trotz ihrer Größe noch ein bisschen kindlich wirkte. Und Nicci fasste den Entschluss, diesen fast nackten Kopf bei passender Gelegenheit einmal ausgiebig anzufassen! Doch ehe ihre Gedanken noch verträumter wurden und ihr die Frage in den Sinn kommen konnte, ob sie vielleicht am Ende überall so nackt..., da war viel zu schnell die Pause schon vorüber. Und wieder ging es in das Reich des alten Mannes, in dem noch viele "Schätze" ihrer Entdeckung harrten.

In der Zwischenzeit war es warm geworden; sehr warm. Der Schweiß lief in Strömen, und die fleißigen Arbeiterinnen fühlten sich bald, als hätten sie mindestens schon seit einem Monat keine Dusche oder Badewanne mehr an sich herangelassen! Ekelig war das; im eigenen Saft zu schmoren zwischen all dem Staub, dem Mief... Durch die ungewohnte Arbeit spürten Nicci und Sandra auch bald jeden ihrer Muskeln; vor allem die Beine waren schwer wie Blei durch das viele Treppensteigen. Als die beiden sich auf der engen Treppe wieder mal begegneten und Sandra nun doch schon recht gequält aussah, da versuchte Nicci, sie aufzumuntern: "Komm! Lass dich nicht hängen! Knochen brauchen Last..." Aber Sandra musste sich schon recht bemühen, ein gezwungenes Lächeln aufzusetzen. Tatsächlich - die Minuten zogen sich wie Gummi! Immer länger schien es zu dauern, bis wieder ein Plastesack gefüllt war und ein Stück der Ladefläche bedeckte, und jedes Stückchen freie Ladefläche weniger bedeutete ein bisschen weniger Zeit zwischen dem Augenblick und dem Feierabend! Alle vier wechselten kaum noch ein Wort miteinander, einer jeden stand die Anstrengung ins Gesicht geschrieben.

Mittlerweile hatten sie sich an ein altes, hölzernes Büfett herangearbeitet, und schon dessen Glasteil sah aus, als wollte es jeden Moment explodieren unter dem Druck dessen, was in ihm war! Nicci machte sich gleich daran, zuerst alles zu entfernen, was oben auf dem Möbel lag. Sie nahm eine der unzähligen Kehrichtschaufeln und schippte einfach alles herunter in den Sack, den Sandra für sie aufhielt. Rostige Schrauben, kaputte, alte Werkzeuge, Eisenstücke, eine Ofentür - viele schwere Dinge aus Metall lagen auf dem Büfett! Man konnte die Säcke nur halb voll machen, wenn man nicht riskieren wollte, dass sie mitten auf der Treppe rissen! Petra und Kim schauten Herrn Homann zu, der auf dem Bauch lag und unter einem seiner Betten nach Verborgenem angelte. Und immer wieder zerrte er auch hier noch etwas zutage! Staubige Kissen, alte Kleidung - Sandra konnte es fast schon nicht mehr sehen! Sie hatte Kopfweh bekommen von der Hitze, und vor Anstrengung und von der schlechten Luft wurde ihr auch langsam übel. Gerade noch rechtzeitig war die Ladefläche dann endlich wieder gefüllt, und sie konnten einsteigen und sich während der Fahrt etwas ausruhen.

Auf der Deponie sortierten sie den Schrott aus und luden ihre Säcke ab, und als sie wieder hinausfahren wollten, da wartete plötzlich überraschende Erlösung auf sie! Man sagte ihnen, dass heute früher geschlossen würde als gewöhnlich, denn es käme eine Überprüfung. Allen fiel ein großer Stein vom Herzen, denn bei der Hitze wäre die letzte Tour wahrlich nur noch bloße Quälerei gewesen. Und obwohl sie fix und fertig war, erwachte in Nicci sofort wieder der Schalk: "Sandra, und? Hat es dir denn wenigstens ein bisschen Spaß gemacht?"

"Spaß? Bist du irre? Mir reicht es, kann ich dir sagen..."

"Also sind wir morgen wieder mit dabei?"

"Na klar doch! Das lasse ich mir doch nicht entgehen! Aber heute will ich bloß noch unter Wasser - und ins Bett gebracht werden!"

Alle lachten, und Nicci staunte ein bisschen über diese schlagfertige Antwort. Das hatte sie Sandra gar nicht zugetraut! Mulmig war es den beiden dennoch, als sie an den morgigen Tag dachten - aber nun war ja erst mal Feierabend! Kim fuhr die beiden bis vor die Haustür, und Petra gab jeder auch gleich ihren Lohn und lachte: "Aber nicht alles für Männer ausgeben!"

"Nee", sagte Nicci und zwinkerte den beiden vielsagend zu, "wenn, dann geben wir sowieso alles nur für Frauen aus! Für uns nämlich!" Mit

Gelächter verabschiedeten sich alle, und Sandra und Nicci gingen hinein, während die anderen beiden schon in ihrem Klapperkasten davonbrausten.

"Was machen wir denn jetzt mit unseren Klamotten?" Sandra grübelte.

"Tja, am besten wir lassen sie gleich an, wenn wir duschen gehen!"

So stiegen beide entschlossen in den Keller hinab und wuschen sich unter dem eiskalten Wasserstrahl; ihren Sachen gönnten sie dann aber doch noch eine Extrareinigung. Sie wurden flink in einer alten Schüssel mit der Hand durchgeschrubbt. Beide schauten sich etwas dümmlich an, als sie nun nackt im Keller standen und ihre nassen Sachen auf dem Arm hatten: "Vielleicht hätten wir uns vorher saubere Sachen mit nach unten nehmen sollen?"

Aber Nicci winkte nur ab: "Was soll's! Gehen wir halt so!" Sie huschten die Treppen hinauf bis in Sandras Zimmer, spannten eine Leine und hängten ihre Klamotten zum Trocknen auf. Und weil beide kaputt waren und ihnen nach Kuscheln war, blieb Nicci diesmal bei Sandra, nachdem sie sie tatsächlich "ins Bett gebracht" hatte.

Die ganze Aufräumaktion bei Herrn Homann dauerte vier Tage. Jeder einzelne Tag war sehr anstrengend, denn die Hitze war in diesen Junitagen schon sehr groß. Auch der Muskelkater ließ die Nächte anfangs recht schlaflos werden, aber schnell gewöhnten Sandra und Nicci sich an die Tätigkeit. Und alle bedauerten es, als die gemeinsame Arbeit nach der einen Woche schon wieder beendet war. Herr Homann war umgezogen, die alte Wohnung abgenommen, der Vogel hatte Futter- und Wasserautomaten bekommen, die die vier abwechselnd und jeweils zweimal in der Woche kontrollieren wollten, und Petra versprach zum Abschied: "Wir denken auf jeden Fall an euch, wenn wir wieder mal Leute brauchen! Ihr seid prima!"

Trotzdem waren die beiden traurig, als der alte Kasten zum vorerst letzten Mal davonklapperte. "Komisch, so richtig haben wir die beiden noch gar nicht kennen gelernt. Sandra, du hast doch die Adressen von den beiden?" Und als diese nickte, da freute Nicci sich wieder: "Na dann müssen wir sie mal besuchen! Die waren doch irgendwie lieb, die beiden Hasen."

Bald allerdings kreisten Niccis Gedanken erst mal wieder um andere Dinge. Kiro würde bald kommen! Zum allerersten Mal würde sie ihn sehen, und das konnte sie kaum erwarten. Sie sehnte den Tag herbei, an dem dies geschehen sollte; sie diesen Mann, den sie inzwischen durch seine Worte tatsächlich schon ziemlich liebgewonnen hatte, kennen lernen würde. Und endlich, endlich war es soweit! Der Tag der ersten Begegnung war gekommen! Im Gegensatz zu ihrer sonstigen Überpünktlichkeit hatte Nicci sich beinahe verspätet, als sie etwas außer Atem den Bahnsteig erreichte; sie war einfach zu aufgeregt und hatte für die alltäglichen Dinge mehr als doppelt so lange gebraucht. Schon hörte sie das ratternde Geräusch des nahenden Zuges, der schnell mit quietschenden Bremsen einfuhr. Überall wimmelte es vor Menschen: "Hoffentlich entdecke ich ihn hier unter all diesen Leuten..." Eben blieb der Zug mit leichtem Ruck stehen, und seine Geräusche verstummten. Der Lautsprecher quarrte eine Durchsage, die sie nicht interessierte, und Niccis Herz pochte schneller vor Anspannung - und vor Sorge! Sie fürchtete, sie könnte Kiro am Ende doch noch verfehlen; sie kannte bis jetzt ja nur sein Bild, und vielleicht würde er ja gar nicht kommen aus irgendwelchen Gründen... Sie sah sich um, entdeckte wenige Meter hinter sich die Bahnsteigtreppe, auf die sie zueilte. "Hier muss er lang! Hier kann ich ihn wirklich nicht übersehen!"

Sie stand am Rand der Treppe und hielt sich am Geländer fest, um nicht etwa von dem gewaltigen Menschenstrom mitgerissen zu werden. Nach Minuten ebbte dieser Strom ab; zuerst noch ein Fluss, doch bald nur noch ein Bach; ein Rinnsal; zuletzt schlenderten nur noch wenige Menschen - Tropfen gleich - die Treppe hinab. Der Bahnsteig war inzwischen beinahe menschenleer, der Zug längst wieder abgefahren. Nur weiter hinten, kaum richtig zu erkennen, kamen noch ein paar Leutchen angeschlendert, die aus den letzten Wagen des Zuges ausgestiegen sein mussten. Sie hatten es offensichtlich nicht eilig.

Die Truppe kannte sich augenscheinlich; fröhlich plaudernd kam sie allmählich näher. Nur einer; der gehörte wohl nicht dazu. Er ließ Abstand zwischen sich und den anderen, und auf diesen Einen richtete Nicci nun ihre ganze Aufmerksamkeit! Ihr Herz klopfte noch wilder, und sie kniff etwas die Augen zusammen, um auch auf diese Entfernung alles ganz genau erkennen zu können. "Das ist er! Das muss er sein..." Und ihre Hoffnung erfüllte sich! Es war Kiro! "Ja, das ist er!" Nicci musste sich beherrschen, nicht gleich loszurennen; diese Blöße wollte sie sich nicht geben! Sie bremste sich fast mit Gewalt; setzte ihre Füße ganz langsam. Doch ohne dass es ihr so recht bewusst war, wurde Nicci doch immer schneller! Und als sie nur noch wenige Meter von ihm entfernt war und sah, wie er lächelte; sie freundlich anstrahlte; da rannte sie doch.

Kiro erschrak etwas, als ihm das fremde, weibliche Wesen ganz unvermittelt stürmisch um den Hals fiel! Es dauerte einen kleinen Augenblick, bevor er diese überschwängliche Geste angemessen erwidern konnte, denn so was hatte er noch nicht erlebt. Es war neu, und er fand es großartig! Nach einigen Sekunden erst konnte sich Nicci wieder losreißen, doch wenigstens ihre Hände ließ sie auf seinen Schultern liegen: "Mensch, ich hatte schon Angst, du kommst nicht; oder ich übersehe dich! Und - du bist ja wirklich so niedlich wie auf dem Bild..."

"Ich bin ja schließlich auch noch da, um dich zu finden!", erwiderte er lachend, und leise fügte er hinzu: "Und du - du bist - einfach unglaublich!"

Sie mochte ihn ganz einfach gar nicht mehr loslassen. Auch als sie die Treppe hinunter und den langen Gang entlang bis in die Vorhalle des Bahnhofs liefen, ließ sie seine Hand nicht los. Und Kiro hielt ihre Hand fest, und sie fühlte, dass er es mochte. Auf einmal hatte Nicci das merkwürdige Gefühl, das alles schon einmal erlebt zu haben. Sie blieb unvermittelt stehen und sah ihn an: "Kiro, hattest du auch schon mal ein déjà-vù-Erlebnis? Das ist, wenn man denkt, man erlebe etwas nicht zum ersten Mal. Weißt du..." Kiro lächelte. "Ich weiß, was ein déjà-vù ist. Wieso fragst du? Hast du vielleicht gerade eines?"

"Ich glaub schon! Nur weiß ich nicht, wieso. Vielleicht habe ich das mal geträumt? Wie es weiterging, das weiß ich aber leider auch nicht mehr." Und je mehr sie sich anstrengte, sich zu erinnern, desto weniger gelang es ihr. Schließlich gab sie es auf.

Als sie in die große Bahnhofshalle traten, schaute sie sich um - und alles war wie immer. Menschen hasteten eilig vorbei, ohne einander zu beachten. Die beiden gingen durch die große Tür hinaus ins Freie, vorbei an den armseligen, zerlumpten Gestalten, die die Ankommenden wie üblich mit Pappschildern und etwas aufdringlichen Nachfragen nach kleinen Spenden begrüßten. Nicci wimmelte sie keck ab: "Habt ihr einer nackten Frau schon mal in die Tasche gefasst?"

"Oh, wir fassen dir gern mal in die Tasche, oder auch woanders hin!", johlte ein offensichtlich besonders stark den geistigen Getränken verfallenes Individuum: "Aber dann musst du dich erst noch ausziehen! Oder wir machen das gleich selber!"

"Das könnte dir so passen, wie? Dann müsst ihr mich aber bezahlen - und nicht umgekehrt!", erwiderte sie keck, drehte sich um und ging weiter.

Kiro hatte das gar nicht alles so schnell begriffen. Die vielen Menschen verunsicherten ihn, und Nicci drückte seine Hand, als sie es sah: "Mach dir nix draus. Daran muss man sich hier gewöhnen. Leider." Auf einmal klatschte sich Nicci mit ihrer flachen Hand auf die Stirn! "Mann, bin ich ein Esel! Ich hab doch diesmal sogar was", und sie kramte in ihren Taschen, suchte das Kleingeld, das sie noch von ihrem Lohn bei sich trug, und warf etwas davon in die Mütze von einem apathisch dreinschauenden alten Mann, der an einer Wand am Boden kauerte. Sie freute sich über seinen erstaunten, dankbaren Blick - und zog Kiro dann zum nächsten Stand, wo es Eis gab. "Magst du auch so gern Schokoladeneis? Ich könnte mich da reinsetzen!"

"Ja, eigentlich - geht mir das auch so!" Und bald saßen beide leckend und lutschend auf einer Bank; jeder mit so einem großen, braunen Eis in der Hand! Nicci war zufrieden wie selten, denn endlich, endlich hatte sie diesen tollen Kiro ganz in ihrer Nähe!

So war der Sommer herangekommen, und nun schickte er sich bereits langsam wieder an zu gehen; viel zu schnell für Niccis Geschmack war es August geworden. Obwohl längst Semesterferien waren, hatte sie eigentlich nie Langeweile. Die Zeit verging rasch beim Faulenzen, Fahrrad fahren, Briefe schreiben und lesen. Ihr Alltag war wie immer und doch auch immer neu. Es gab viel zu lernen, die Omi und Dicke Backe freuten sich über die Zeit, die Nicci mit ihnen teilte, und sowohl Sandra als auch immer öfter Petra und Kim kamen in den manchmal etwas anstrengenden Genuss von Niccis Gesellschaft. Nicci freute sich darüber, dass Sandra allmählich immer selbstständiger und in ihren Augen auch erwachsener wurde; und Sandra war froh, dass sie in Nicci nicht nur eine zuverlässige Freundin, sondern auch stets eine tatkräftige Partnerin hatte, wenn Kim und Petra wieder einmal noch zwei Paar Hände mehr zum Arbeiten gebrauchen konnten.

Die schönsten Tage waren für Nicci jedoch die, an denen sie Kiro sah. Das passierte allerdings viel zu selten für ihren Geschmack - schon ihre erste Begegnung hatte ihre Hoffnungen vollkommen bestätigt! Sie hatte es ja irgendwie gleich geahnt, dass dieser Mensch derjenige sein könnte, den sie gesucht hatte; und je öfter sie ihn sah, desto mehr war sie davon überzeugt, dass Kiro wirklich dieser Mensch war! Ihre Tage waren fortan stets ein bisschen glücklicher als früher; sie hatte nun noch jemanden, an den sie denken und über den sie nachgrübeln konnte, wenn ihr danach war. Auf alle Fälle hatte sie jemanden, den sie zunehmend ganz besonders lieb gewann. Seit der ersten Begegnung, die nun schon wieder einige Wochen zurücklag, versuchten die beiden, sich jedes Wochenende gegenseitig zu besuchen. Mal kam Kiro zu Nicci, dann wieder setzte sie sich in den Zug und fuhr zu ihm. Doppelte Freude machte ihr das deshalb, weil sie nun endlich einen Grund hatte, öfter mit der Eisenbahn zu fahren! Denn genau so sehr, wie sie Autos nicht leiden mochte, liebte Nicci Züge - und dank Petra und Kim und eines Sondertarifes, den es da gerade mal wieder gab, konnte sie sich den Luxus einer Fahrt mit der Eisenbahn nun auch ab und an leisten.

Weil sie nicht in die Uni musste, konnte Nicci die Wochenenden manchmal auch recht lang ausdehnen. Aber die beiden wollten sich Zeit und ihre Freundschaft sich entwickeln lassen; vor allem Kiro war in dieser Hinsicht sehr vorsichtig. Das hatte Nicci schnell gemerkt - und sich darauf eingestellt, obwohl sie manchmal am liebsten schon ständig mit ihm zusammengewesen wäre. Andererseits fand auch sie es klüger so. Denn ihren Freiraum brauchte sie auch, und wenn sie es bedachte, im Augenblick sogar noch recht viel davon. "Dusslige Anflüge von Verliebtheit kann man zwar nicht verhindern, aber man muss sie bekämpfen! Denn so was irritiert nur; vernebelt den Blick, den erst Freundschaft wieder schärfen kann. Und Freundschaft braucht Zeit." Das war zwar richtig, aber so ganz dran halten; nein, das wollte sie dann auch nicht, und sie konnte es auch gar nicht. Hauptsache, man vergaß es nicht ganz und gar über aller Verliebtheit.

Viertes Kapitel

Eine weltverändernde Grillparty und die aberwitzige Geschichte
von der alten Krähe und vom Doktor Tiertod

Eben lag wieder ein Wochenende hinter Nicci, das sie mit ihrem ganz besonderen Freund verbracht hatte, und heute war der Tag gekommen, an dem sie mit Kim und Petra bei ihrer Oma verabredet war. Sie wollten der alten Dame "ein bisschen Leben in die Bude bringen", wie Nicci sich ausdrückte, und die beiden anderen waren sofort dabei gewesen, als Nicci das Wort "Grillparty" hatte fallen lassen! Sandra sollte natürlich auch mit, und so würde es sicher ein netter Abend werden, "auch so ganz ohne Männer", wie Sandra bedauernd meinte. Und da wunderten sich alle.

Jeder brachte etwas anderes mit. Nicci und Sandra hatten Materialien für Spieße bei sich; Fleisch, Gemüse - und natürlich auch Würste! Auf die freute sich Nicci besonders, denn seit 'zig Wochen hatte sie nur vegetarische Kost zu sich genommen. Auch das Brot hatten die beiden besorgt. Nicci hatte außerdem eine "leicht entzündliche" Grillsoße fabriziert; die sei so scharf, dass man nach dem Genuss größerer Mengen wahrhaftig einen Feuerlöscher brauchen würde, wie sie behauptete! Tomatenketchup und Curry waren die Hauptzutaten, außerdem waren da noch Tabasco-Soße, Chili und Cayenne-Pfeffer drin, und scharfer Senf sowie gehackte Kapern und Peperoni gaben dem Gebräu den letzten Schliff.

Kim und Petra hatten Zaziki angerührt; Nicci hatte angefragt, ob nicht irgendjemand bereit und in der Lage sei; "Zack-Zick-Zack" zu fabrizieren. Außerdem lagen hinten auf ihrem noblen Gefährt, bei dessen Anblick Nicci sich jedes Mal aufs Neue wunderte, dass es noch immer nicht zusammengebrochen war, die Getränke und die Grillkohle. Die Omi schließlich stellte Gläser und Bestecks zur Verfügung. Sie hatte auch ein altes Grillgerät im Keller ausgegraben und es mit viel Sorgfalt wieder in ein Schmuckstück verwandelt.

"Wenigstens ist heute nicht so ein Tag, wo man den Sommer bloß daran erkennt, dass der Regen warm ist", meinte Nicci froh, denn in den vergangenen Tagen war es etwas kühler und feuchter gewesen, als man das im Sommer eigentlich erwarten kann. Doch nun schien die Sonne, und hinten in einer zugewachsenen Gartenecke kakelten ein paar Vögel, als die vier auf dem Hof die Party vorbereiteten. Sie schleppten den alten Küchentisch heraus und die zwei Stühle, stellten die alte Bank aus dem Gärtchen mit dazu und breiteten darauf eine alte Decke aus, damit es schön bequem war, was die Omi gleich testete. Auch die Getränke waren bald kaltgestellt. Liebevoll machte Petra den Tisch zurecht; bunte Papierservietten und ein paar Kerzen für die späteren Stunden schmückten ihn bald, und jeder bekam einen hübschen Grashalm oder ein Blümchen aus dem Garten mit an seinen Teller gelegt.

Nicci hatte unterdessen die Holzkohle mit einer alten Lötlampe entzündet. Gerade war das museale Stück wieder verstummt, und sie kauerte vor dem Grill, blies die Backen auf und pustete, was ihre Lungen hergaben! Die Glut knisterte, und die Funken sprühten so sehr, dass Nicci ihre Augen zusammenkniff. Bald konnte sie nicht mehr; ihr war schon richtig schwindelig geworden - sie verlor das Gleichgewicht, kippte nach hinten und landete auf ihrem Hosenboden! Und die Omi saß auf der Bank und freute sich an der munteren Jugend um sie herum. Denn ihr hatte Nicci das Arbeiten verboten: "Setz dich mal da hin, Omi; wir machen das schon!"

Belustigt hatte Petra mit angesehen, wie Nicci sich abmühte. Und nun, wo diese sich gerade wieder aufrappelte und erschöpft nach Luft schnappte, nahm sie das Tablett und drückte es ihrer Freundin grinsend in die Hand. Grimmig sah Nicci sie von unten her an: "Wedeln soll ich? Pah! Das kann ja jeder! Gib her!" Sie stand auf, fing an zu fächeln und fragte sich, wieso um alles in der Welt ihr das nicht selber eingefallen war.

Nicht lange, und es konnte richtig losgehen. Das Essen landete über der Glut, und Sandra gesellte sich zu Nicci und brachte ein Fläschchen "Hopfentee" zum Löschen mit. Sie hatte einen Nagel durch den Verschluss gehauen: "Guck mal, wie schön das spritzt - und geht auch wieder zu!", und sie steckte den Nagel wieder rein.

"Prima", lobte Nicci, "ich sehe, du kennst dich aus mit spritzenden Dingen! Aber wie soll ich nun trinken?"

Die anderen lachten, und eben hatte Nicci es sich mit einer zweiten Flasche Bier - mit einer ohne Loch im Deckel - an ihrem Arbeitsplatz gemütlich gemacht, als die Omi aufsprang: "Nicci, mir fällt gerade ein; kannst du da nicht mal gucken? Ich habe heute Nacht so komische Geräusche aus dem Kellerloch gehört!"

"Klar, mache ich! Komische Geräusche im Kellerloch darf man nicht ignorieren!" Sie ließ ihre Grillzange fallen und rannte zum Haus, wo unter dem Kellerfenster eine ziemlich große und tiefe Öffnung war. Zwar lag ein altes Brett schräg darüber, doch durch die Eisenstangen, die das Loch eigentlich abdeckten, könnte ja etwas hineingefallen sein. Petra kam mit und half ihr, das Brett wegzunehmen. Und sie schauten beide hinein; tatsächlich! Dort unten schien sich etwas zu bewegen! Sofort lag Nicci auf dem Bauch und fasste in das Loch hinein: "Autsch! Das ist ja ein Igel!"

Im Nu waren auch die anderen zum Loch hin gekommen und sahen auch hinein. "Das ist ja eine richtige Falle, Omi!", rief Nicci, als sie sich zu der alten Dame herumgedreht hatte: "Was du da gehört hast, ist ein Igel! Und wir müssen zusehen, wie wir den da rauskriegen! Und zwar schnell! Weil - dem scheint das nicht mehr so gut zu gehen." Sie beratschlagten kurz, und es wurde beschlossen, dass Petra das Tier rausholen sollte, denn sie hatte als die Größte von allen auch die längsten Arme. So schnell sie konnte, war die Omi in ihre Wohnung geeilt und kam eben mit ein paar alten Lederhandschuhen wieder, die sie nun Petra gab. "Fein, Omi! Du denkst mit", lobte Nicci, "und ich gehe gleich mal rein und hole eine Schale Wasser und was vom Katzenfutter! Der hat bestimmt tierischen Durst und schiebt Kohldampf, der arme kleine Kerl."

Doch zunächst mussten natürlich alle Petra dabei zuschauen, wie sie - auf dem Bauch liegend - nach dem Tierchen angelte. Schnell bekam sie ihn auch zu fassen; er war schon zu schwach, um weglaufen zu können. Er rollte sich nicht mal mehr zusammen, und Petra runzelte die Stirn: "Das sieht aber wirklich nicht gut aus!" Das Tier rührte sich kaum noch. Seine schwarzen Äuglein blickten ausdruckslos ins Leere, und es fiel auf die Seite, als sie es vorsichtig auf den Boden gesetzt hatte. Sein Schnäuzchen stand offen; es schnappte nach Luft... "Los, wir bringen ihn nach hinten in den Garten und setzen ihn ins Gras, da ist es kühler als hier auf den warmen Steinen!" Petra nahm ihn wieder vorsichtig hoch, und alle rannten los.

"Ist ja auch kein Wunder! Fast den ganzen Tag war die Sonne auf dem Loch - das muss ja die reinste Sauna gewesen sein! Wenn es heute nicht ein bisschen wolkig gewesen wäre unter Mittag, dann wäre er bestimmt schon tot", überlegte Nicci laut und flitzte nun schnell nach drinnen, um das Wasser zu holen. Das Katzenfutter vergaß sie glatt vor Aufregung, aber das war jetzt auch nicht so wichtig. Fix war sie zurück und stellte dem Igel das Schälchen unter die Nase. Doch der rührte sich nicht. Ratlos kauerten die weiblichen Menschenwesen im Gras und sahen auf das kleine Tier, das hilflos in ihrer Mitte lag. "Was machen wir denn jetzt bloß? Weiß denn keiner einen Tierarzt oder so, der uns vielleicht helfen könnte?" Doch zunächst bekam Kim nur unwissendes Schulterzucken als Antwort. Schließlich war es schon Abend...

"Ich bin zwar im Tierschutzverein, aber noch nicht lange genug. Kenne bloß einen Doktor Tiertod, aber der ist nicht von hier. Dem würde ich das Wesen auch lieber nicht anvertrauen. Denn schließlich soll es ja überleben", meinte Petra und machte ein verbittertes Gesicht, auf das aber weiter niemand achtete. Denn plötzlich hatte Nicci eine Idee! Obwohl das ziemlich piekte, nahm sie den kleinen Igel in die Hände und tauchte sein Schnäuzchen kurz in die Schale mit dem kühlen Nass. Dann ließ sie ihn wieder los, so dass er mit seinem Köpfchen direkt über der Schale war - und tatsächlich! Der kleine Kerl tauchte nun von selbst sein Näschen ins Wasser und leckte ein wenig. Es dauerte ein Weilchen, dann leckte er wieder ein bisschen, und schließlich erwachte er aus seiner Apathie. Er trank! Immer schneller flitzte die kleine Zunge aus seinem Mäulchen heraus und in sein Getränk hinein, und alle freuten sich, dass es ihm so plötzlich wieder besser ging. Schließlich war sein großer Durst gestillt. Er schaute sich noch um, blickte seine Retter an - und trollte sich dann einfach und verschwand in einer Hekke, hinter der noch andere kleine Gärten lagen.

Erleichtert erhoben sich die weiblichen Menschen wieder. "Nun aber los! Sonst ist die Glut weg, bevor wir auch nur angefangen haben zu grillen!" Gleich machte sich Nicci wieder an die Arbeit; Gott sei Dank hatte irgendwer vorhin noch das Essen vom Feuer genommen. Während Petra und Sandra das Loch vor dem Fenster so zudeckten, dass kein Tier mehr hineinfallen konnte, zischten schon wieder die Leckereien über der Glut. Und bald erfüllte Bierdampf und der Duft von Gegrilltem den kleinen Hinterhof.

Alle hatten an dem kleinen Tischchen Platz genommen. Bierflaschen zischten, und während Sandra noch damit beschäftigt war, alle zu versorgen, platzte sie vor Neugier fast: "Petra, sag mal - du bist im Tierschutzverein? Finde ich toll. Und was ist das mit diesem Doktor Tiertod?"

"Ach Sandra, das ist eine lange Geschichte, und eine unerfreuliche noch dazu. Besonders für mich. Ich weiß nicht, soll ich euch wirklich mit dem Kram belästigen?"

"Nix da", Sandra protestierte, "klar wollen wir das wissen! Klingt doch spannend. Erzähle! Was ist denn da los bei euch? Ich glaub, ich habe da auch so einen komischen Artikel gelesen. Aber schlau gemacht hat der mich nicht! Also los; das Essen ist ja eh noch nicht fertig, oder?"

"Och nööö - nöö, nöö", sagte Nicci unschuldig und schüttelte ganz heftig ihren Kopf, während sie den Rost mit dem fast fertigen Essen ganz unauffällig auf die oberste Ebene des Grills schob, "das dauert noch!" Und so blieb Petra nichts weiter übrig, sie musste erzählen. "Bevor ich anfange, erst mal ein Bienchen, Nicci! Du hast dem Igel Wasser gegeben und keine Milch. Das war richtig. Manche vertragen die nämlich nicht und kriegen Durchfall, genau wie manche Katzen übrigens." Die derart Gelobte setzte sofort ein ganz breites Grinsen auf und streckte ihre Brust heraus, so weit sie nur konnte, hauchte ihren Daumen an und drückte sich diesen dann selbst mit aller Kraft gegen ihr herausgestrecktes Körperteil, was alle ziemlich lustig fanden.

"Ich habe eigentlich schon als Kind angefangen, Tierschutz zu machen.", fuhr Petra schließlich fort: "Ich glaube, ich war zwölf, als ich das erste Mal darüber nachgedacht habe, so was wie einen Tierschutzverein zu gründen. Ich habe angefahrene Hunde und Katzen verarztet und gepflegt, klapprige Igel überwintert und Piepmätze aufgepäppelt, wenn sie krank oder aus dem Nest geplumpst waren. Solche Sachen eben. Allerdings musste ich auch bald die traurige Erfahrung machen, dass ich nicht allen Tieren helfen konnte. Manche sind mir in den Händen gestorben, vor allem die kleinen Vögel. Und manchmal, da sind sie auch durch meine Schuld gestorben, weil ich einfach nicht genug wusste. Und das war dann immer besonders schlimm; habe viel geheult deswegen. Doch die schönen Erlebnisse haben mich weitermachen lassen, selbst wenn es nur solche kleinen Sachen waren wie gerade eben das mit dem Igel.

Irgendwann konnte ich auch ein paar Freunde überzeugen, mir zu helfen. Wir haben alle Beitrag bezahlt - jeder ein paar Cent - damit wir Futter und Medi-Kram bezahlen konnten. Und ihr könnt euch sicher vorstellen, dass da einiges zusammengekommen ist. Wir hatten Binden und Pinzetten und ein paar Medikamente; Flohzeug und Wurmkuren und Desinfektionsmittel und, und, und - was man eben so zum Verarzten braucht. Einen lieben Tierarzt hatten wir; der hat uns sehr unterstützt. Doktor Gessner hat immer die Tiere umsonst behandelt, weil es nicht unsere eigenen waren; ich wünschte, wir hätten so einen im Tierschutzverein gehabt! Am besten als Chef!"

Petra seufzte traurig und schüttelte nachdenklich den Kopf, ehe sie fortfuhr. "In der Schule sind meine Aktivitäten nicht immer auf Gegenliebe gestoßen. Manche Lehrer waren dagegen. So was sei in unserer Gesellschaft nicht notwendig, hat sogar einer mal gesagt. Und so ist das halt etwas eingeschlafen mit der Zeit.

Nach einigen Jahren haben sie dann in der Stadt, wo ich herkomme, einen richtigen Tierschutzverein gegründet. Ich weiß es noch genau; die Gründungsversammlung war an meinem Geburtstag. Da habe ich drei Stunden lang auf so einer Versammlung gehockt. Aber ich wollte eben unbedingt von Anfang an mit dabei sein! Eine Weile war ich nur zahlendes Mitglied, bis ich eines Tages - mehr zufällig - mit in den Vorstand des Vereins geriet. Die wollten damals eine Broschüre rausbringen, und weil ich gerade so was in der Richtung lernte, durfte ich das Ding gestalten. Ihr könnt euch sicher denken, wie stolz ich da war, als die Broschüre dann auch gedruckt wurde! Doch das war schon fast das letzte schöne Erlebnis dort für mich. Einige Zeit später war dann mal wieder Vorstandswahl, und die Chefin von dem Verein - eine Professorin a. D. - hat mich gefragt, ob ich da nicht richtig mitmachen will. Die Frau hatte ich inzwischen schon etwas kennen gelernt und bemerkt, dass sie kein besonders umgänglicher Mensch war - vor allem dann nicht, wenn jemand eine andere Meinung hatte als sie selber. Und weil ich auch ein Querulant bin..."

"Ach was, sag bloß! Du auch?", platzte Nicci dazwischen, hielt sich dann aber erschrocken die Hand vor ihre vorlaute Klappe.

"Ja, Nicci, weil auch ich ein Querulant bin", fuhr Petra lächelnd fort, "habe ich sie vorgewarnt und gesagt, dass ich ein unbequemer Mensch sei. Doch sie meinte nur: 'Das sind wir alle', und so bin ich zweite stellvertretende Vorsitzende geworden. Den Chef hat sie selber gemacht, und ihr Stellvertreter ist jener Doktor Tiertod gewesen, der bei sich zu Hause schon länger so etwas wie eine Tiernotaufnahme betrieben hatte. Hätte ich bloß geahnt, auf was ich mich mit den beiden da eingelassen hatte; ich hätte es wohl sein lassen! Die haben mir fast meine ganze Freude an der Sache kaputt gemacht. Aber bevor ich weiter erzähle, will ich erst mal was essen!"

"Ach was! Gerade jetzt, wo's spannend wird! Aber du hast unverschämtes Glück! Das Futter ist eben fertig geworden!", entgegnete Nicci, die sich sofort wieder scheinheilig daranmachte, emsig an ihrem Grill herumzuwirtschaften. Sie packte jedem etwas auf den Teller, und unversehens kehrte für einige Zeit - abgesehen von heftigem Besteckgeklapper - Totenstille ein. Denn alle waren hungrig geworden und futterten, was das Zeug hielt!

"Hmm! Dasch Schack-Schick-Schack isch aber guut", lobte Nicci mit vollem Mund - dabei war sie schon wieder mit dem Grill und damit beschäftigt, die zweite Ladung Essen auf den Tisch zu bringen.

"Aua! Mann; deine Soße - da brennt einem ja alles!" Sandra war recht großzügig gewesen mit Niccis Feuersoße, und nun musste ihre ganze Flasche Bier dran glauben!

"Trink nicht so viel davon, nachher gibt's bloß noch Brause!", lachte Kim, und sie hatte nicht mal so sehr übertrieben. Denn auf Alkohol wollten sie heute eigentlich verzichten - zum größten Teil jedenfalls. Man hatte sich auf ein Bier zum Essen und ein "klitzekleines Eineinhalb-Liter-Fläschchen Wein für die späteren Stunden" geeinigt; zwischendurch gab es dann tatsächlich nur Brause, Wasser und Säfte. "Nicht, dass wir nachher alle bloß noch dummes Zeug erzählen und die Omi verlegen machen!", hatte Nicci gelästert, als sie die Fete geplant hatten, und keine der anderen hatte etwas dagegen gehabt.

Schließlich war das Mahl beendet - fast zumindest; denn Nicci futterte auch noch ihren essbaren Einweg-Teller ratzekahl auf! Flink hatten Sandra und Kim das restliche Geschirr auf den Kompost und die

Bestecks nach drinnen gebracht. "Aber abwaschen tun wir jetzt nicht!", meinte Sandra zu Nicci, als sie wieder draußen waren.

"Genau! Mein Motto ist auch immer: 'Verschiebe nie auf morgen, was genauso gut auch auf übermorgen verschoben werden kann!' Und wir wollen ja nun alle den Moritaten lauschen, die Petra über diesen Doc Tiertod zu berichten hat!" Inzwischen hatte man auch die Kerzen angezündet; es war schon etwas dämmerig geworden. Für jede stand auch bereits ein großes Glas Saft auf dem Tisch - genau die richtige Zeit, um sich gruselige Geschichten anzuhören. Und alle waren still und warteten gespannt.

"Tja, die gute Frau Professor", fuhr Petra nun fort, "sie hat mal zur Tierweihnachtsfeier in einer Kirche eine alte Krähe gespielt. Und das war genau die richtige Rolle für sie! An die siebzig Jahre alt; klein, klapprig und hutzelig; sie rauchte wie 'ne Dampflok auf 'ner Hochgebirgssteigung, wenn ihr das Bild kennt - so sah sie aus! Pechschwarz gefärbte Haare machten das Krähenhafte perfekt. Ihr Charakter allerdings würde jedes Tier beleidigen! Viele Jahre war sie in einer Position gewesen, in der sie über andere bestimmen konnte. Und sie hat einfach nicht geschnallt, dass sie als Vorsitzende in einem Verein die Menschen nicht unter sich, sondern an ihrer Seite hat. Sie ließ keinen Widerspruch zu und behandelte vor allem die jüngeren wie mich wie die letzten Ratten! Denn nach ihrer Ansicht hatte ich nix vorzuweisen; denn ich war weder Geschäftsfrau noch Akademikerin, hatte nicht mal einen Job damals. So war meine Existenz allein schon besonders verwerflich, aber auch alle anderen hatten nicht viele Chancen gegen sie.

Einmal, da hat sie mir meine Lage sogar direkt vorgeworfen! Ich wollte beantragen, dass wir eine Handkasse einführen - klingt unglaublich, aber nicht mal sowas hatten wir! Nein; für jeden kleinen Pimperling musste man einen Antrag stellen; ein sehr effektives Arbeiten war das! Meistens musste alles vorgestern fertig sein, aber die nächste Sitzung war erst in drei Wochen. So konnte man sich seinen dämlichen Antrag in die Haare schmieren und gegen die Krähen-Regeln verstoßen - aber natürlich auf eigene Gefahr. Jeder Nagel, jede Büchse Farbe; alles beschaffte ich quasi illegal dann, wenn ich es brauchte - ich hatte ja fast nie einen Beschluss für den Mist! Schrecklich war das; man durfte das Geld vorschießen, bekam garantiert hinterher einen

Anschiss und musste froh sein, wenn man seine Mäuse hinterher noch genehmigt und zurückbekam. Ich war das bald leid, als Arbeitslose auch noch Kreditinstitut für den Verein zu spielen, also beantragte ich eben eine Handkasse. Und was kam von der Krähe für eine Antwort? 'Dann müssen Sie sich eben einen Job suchen, wenn Sie nicht genug Geld haben! So was machen wir nicht, und damit basta!' Ich kann euch sagen; ich habe vor Wut gezittert. Aber das war nur ein kleiner Auswuchs ihrer Arroganz!"

"Und dabei hat Petra wirklich viel für die Tiere und den Verein gemacht!", unterbrach Kim: "Sie hat nicht nur die Broschüre gemacht, nein! Sie war Verbindungsmensch zum Dachverband, ist zu deren Versammlungen hingefahren und hat versucht, von den erfahrenen Leuten dort zu lernen. Das hat aber keinen interessiert. Ohne Petra hätte es keine Spendenkassen in der Stadt gegeben - ihr könnt euch gar nicht vorstellen, wie lange sie gebraucht hat, um etwas umzusetzen, was auch noch Geld bringt - oder Geld spart, wie die Futtersammeltonnen! Das sind so Behälter, die in Einkaufsmärkten rumstehen. Kennt ihr sicher? Dort können die Leute Futter kaufen und dann für die Tierheimtiere dort reinwerfen. Petra hat das aufgebaut! Die Behälter besorgt, gestaltet; und dann auch noch jede Woche das Futter rausgenommen. Und das war nicht immer ein reines Vergnügen, kann ich euch sagen! Oft haben die Leute aus Dummheit auch Unrat dort hineingeworfen; Knochen, leere Getränkedosen, olle Brötchen und so waren keine Seltenheit. Manche dachten wohl einfach auch, es sei eine Bio-Tonne. Denn so hat das manchmal gestunken! Ihr müsst euch das vorstellen; regelmäßig bei Wind und Wetter sind wir los und haben das Zeug geholt. Statistik hat sie auch noch geführt über all die Spenden. Auch im Tierheim selber hat sie sich engagiert; den Garten haben wir sauber gehalten, neue Wege angelegt - oft ist Petra tagelang dort gewesen! Den Fußboden in der Futterküche haben wir mal rausgerissen, Räume renoviert, ein komplettes Bad gebaut mit Wasserleitung, Abwasser und allem Drumherum; alles alleine! Und so weiter und so weiter - all solches Zeug. Und dann hatte sie ja auch noch ihre Aufgaben als Vorstandsmitglied!"

"Ja, das stimmt - hatte ja Gott sei Dank auch Zeit dafür damals. Die Öffentlichkeitsarbeit war mein besonderes Steckenpferd dabei. Zeitungsartikel verfassen, Formulare entwerfen und auch das Logo für den Verein, Briefe schreiben und per Fahrrad austeilen und so weiter - und mindestens zum Welttierschutztag haben wir einen Infostand gemacht! Die Leute fanden das auch ganz nett..."

"Ganz nett? Stell mal dein Licht nicht so unter'n Scheffel!", unterbrach Kim sie, "Die Infostände, die sie jetzt ohne dich machen, habe ich gesehen! Zum Krummlachen! Null Ahnung und kein Plan! Hatte die Krähe dir nicht mal ein paar Zeitschriften gegeben für den Stand und gesagt, die sollst du dort hinlegen, und die Leute können sie sich dann da durchlesen?"

Die anderen guckten sich an und lachten. "Echt? Und ihr wollt uns jetzt nicht verklapsen?", fragte Nicci, und Petra schüttelte den Kopf: "Ja, es klingt unglaublich - aber es war wirklich so! Das war auch so ein Ding mit den Zeitungen - der nackte Schwachsinn. Trotzdem klang das jetzt alles ein bisschen, als hätte ich alleine alles gemacht. Aber ich war natürlich nicht allein. Das darf man nicht vergessen! Es waren zwar wenige Vernünftige; ein paar Idealisten, die sich aufopfernd um die Tiere gekümmert haben, aber immerhin. Kim, du hast ja schließlich auch viel getan damals, als du in den Verein eingetreten bist. Du warst ja dann auch bald im Vorstand, weil jemand ausgefallen war. Und dann war doch da noch - genau, damit hat der richtig dicke Knatsch eigentlich erst angefangen.

Wir hatten eines Tages endlich eine junge Frau gefunden, die bereit war, im Tierheim zu wohnen. Sie sollte nur ihren Strom, ihr Wasser und so bezahlen und sich statt der Miete um die Tiere kümmern, wenn die anderen Leute Feierabend hatten. Als es dann aber darum ging, einen richtigen Vertrag mit ihr zu machen, war davon keine Rede mehr. Durch Zufall bekam ich mit, dass die Krähe dieser Studentin - wie hieß sie noch gleich - einen Vertrag zur Unterschrift vorlegte, den ich als Vorstandsmitglied noch nie zu Gesicht bekommen hatte! Ich protestierte sofort und nahm diesen Vertrag an mich - und wurde prompt darauf zu einem Gespräch bei der Krähe geladen. Auch Doktor Tiertod war dabei! Man stellte mir einige doofe Fragen, wie ich meine Arbeit als Vorstandsmitglied einschätzen würde und solchen Schrott. Und als ich dann das Demokratieverständnis im Vorstand anzweifelte, eröffnete man mir lapidar, dass man mit mir nicht mehr zusammenarbeiten wolle und ich daher aus dem Verein ausgeschlossen worden sei!

Ich fragte noch naiv, ob das nur die persönliche Meinung der Anwesenden oder die des Vorstandes sei - und darauf meinten die beiden einhellig, sie seien der Vorstand! Ich wäre angeblich am Vortag nicht erreichbar gewesen, und da habe man eine Sitzung abgehalten und beschlossen, mich wegen vereinsschädigenden Verhaltens aus dem Verein auszuschließen. Der Vorstand bestand zwar aus fünf und nicht aus zwei Leutchen, aber so großen Geistern wie Krähen und Frankensteins für Tiere gingen solche satzungsgemäßen Regeln genau eine Keksbreite am A... naja, eben sonst wo vorbei."

"Am Arsch?", fragte Nicci keck.

"Ja, genau da, liebe Nicci; ich wollte nur nicht so ordinäre sein wie du! Und wenn du mich weiter unterbrichst, dann kannst du den Faden suchen, den ich dann verliere!", lachte Petra und erzählte ihre Geschichte weiter. "Naja, jedenfalls - ich hab's den beiden geglaubt! Sollte auch gleich meine ganzen Unterlagen abgeben. Wisst ihr, was die Krähe gesagt hat, als ich nach einer Stunde mit dem ganzen Mist wieder bei ihr auf der Matte stand? 'Legen Sie es vor die Tür!', hat sie gesagt, und mir dann einfach dieselbe vor der Nase zugeschlagen! Die hat mir das Zeug nicht mal abgenommen! Wisst ihr, wie ich mich da gefühlt hab? Wie vor den Kopf gehauen hab ich mich gefühlt! Als ich mich einigermaßen wieder gefasst hatte, rief ich die anderen Vorstandsleute an, um ihnen für diese Behandlung meinen persönlichen Dank auszusprechen - und staunte nicht schlecht, als die allesamt von nichts wussten! Die beiden hatten mir rotzfrech mitten ins Gesicht gelogen! Es hatte gar keine Versammlung gegeben, keinen Rausschmiss, nichts - gar nichts!

Ab da wurde es richtig interessant. Zur nächsten Vorstandssitzung bin ich natürlich pflichtbewusst wieder angetreten. Auch Inge - ja genau, so hieß die Studentin - war da und ging unglücklicher Weise ans Telefon, als das klingelte. Denn die Krähe war dran und fragte, wer schon alles da sei - und erfuhr, dass ich auch anwesend war! Und stellt euch vor, da ist die einfach nicht gekommen! Hat einfach alle anderen Vorstandsmitglieder sitzen lassen! Wir haben eine geschlagene Stunde gewartet, und Doktor Tiertod hat sich nicht gezuckt! Dann endlich habe ich losgelegt und die Sache vorgebracht; ich habe den Herrn Doktor aufgefordert, er solle den Antrag, mich aus dem Verein zu werfen, doch nun bitteschön hier vor dieser Versammlung wiederholen, damit man ordentlich und der Abwechslung halber auch einmal satzungsgemäß darüber abstimmen könne. Und was denkt ihr, hat er gemacht? Er meinte, für so eine Entscheidung müssten alle Vorstandsmitglieder zugegen sein, auch und vor allem die Vorsitzende! Und dann ist er aufgestanden und gegangen! Und wir waren nur noch zu dritt; gerade noch beschlussfähig. Leider war unsere Kassentante zu ängstlich, hatte Bammel vor der Krähe. Sonst wäre diese nämlich an dem Tag aus dem Verein geflogen und nicht ich! Wir waren ganz kurz davor, aber sie hat nicht mitgezogen. Hat 'geschäftliche Schwierigkeiten' befürchtet.

Das war dann auch die vorerst letzte Vorstandssitzung für mich, denn neun Monate lang fand dann einfach keine mehr statt. Die sich vertrugen, trafen sich privat - Krähe, Tiertod und Kassentante - unglaublich eigentlich. Normalerweise war alles, was der Vorstand in dieser Zeit gemacht hat, vor dem Gesetz null und nichtig, denn ein Vorstand darf nur als Gesamtheit Dinge entscheiden. Ein einzelnes Mitglied des Vorstandes aber darf das nicht, zumindest nicht nach unserer Satzung! Und wenn es zehnmal Professorin oder Doktor ist. Das alles hat außer uns aber kaum ein Aas interessiert, und deshalb ist niemand zur Rechenschaft gezogen worden. Wie wenig die meisten der hundertsiebzig Mitglieder das wirklich interessierte, was im Verein los war, haben wir ein knappes Jahr später schmerzlich erfahren müssen."

Man konnte Petra ansehen, dass dies alles sie auch jetzt noch sehr bewegte, und wieder fiel Nicci ihr ins Wort: "Entschuldige, aber lass dich kurz unterbrechen. Du hast Recht; ungeheuerlich ist das wirklich! Da möchte man wirklich den ganzen Tag mit einer Panzerfaust... Aber gerade deswegen möchte ich nicht, dass du lieber, armer Hase dich da heute Abend zu doll drüber ärgern musst! Deshalb erst mal Prost, Petra! Lass dich niemals unterkriegen von solchen Individuen!"

Petra schaute sie entgeistert an; wie konnte dieses bunthaarige Wesen da so einfach abschalten, und wieso sagte es 'Hase' zu ihr? Dann aber atmete sie tief durch und erhob auch ihr Glas: "Du bist zwar sensibel wie zweihundert Meter Feldweg", lachte sie, "hast aber Recht, Nicci-Ratte! Trinken wir also darauf, dass all das - vorbei ist. Und dass du weiter so schön Acht gibst, dass ich mich nicht zu doll aufrege!"

"Und darauf, dass etwas davon - niemals vorbei sein wird!" Nicci hielt schon ihr Saftglas hoch, aber Sandra platzte heraus: "Was denn?"

"Na das Gute, Mensch! Und dass sie dafür gekämpft haben, du Schäfchen!"

Sandra machte "Bääh!", und dann hielten alle ihr Saftglas gegen den sternklaren Nachthimmel - auch die Omi. "Zum Wohl, Petra. Auf das es dir nicht den letzten Funken Engagement geraubt haben möge!", sagte sie leise. Und Nicci kippte ihren Saft auf ex hinunter! Das hatte die Omi mitbekommen! "Nicci, du sollst doch den kalten Saft nicht so schnell trinken!", mahnte sie vorwurfsvoll, und da hätte sich Nicci fast noch verschluckt! Aber daran wäre dann die Omi Schuld gewesen, denn man haut schließlich nicht solche Sprüche raus, wenn gerade jemand Saft in sich hineinlaufen lässt!

Die Gemüter hatten sich wieder etwas beruhigt, und nun wollte Nicci doch wissen, wie es ausgegangen war: "So, und nun aber weiter! Was ist am Schluss daraus geworden, Petra?"

"Tja, es war alles nur noch traurig. Zunächst mal haben sie Inge mehr und mehr ausgebootet. Denn auch sie übte als Vereinsmitglied bald heftig Kritik an den Arbeitsmethoden des Vorstands, und so wurde ihr auf sehr subtile Weise das Leben immer schwerer gemacht. Ich habe sie öfter besucht, und schon das kreidete man ihr an! Zuerst hat man ihr die Freude genommen, bei den Tieren sein zu dürfen. Denn um die hat sie sich immer rührend gekümmert, wann immer sie Zeit hatte. Hat sie gestreichelt, mit ihnen gespielt, mit ihnen gesprochen, im Sommer abends noch mal Wasser gegeben - alles vorbei. Sie durfte einfach nicht mehr zu ihnen! Dann haben sie eines Tages einfach das Büro zugeschlossen. Denn sie würde ja nur mit mir tratschen und abends herumspionieren, wenn keiner mehr da war. Das Tierheim in Quellenstedt, wo Kim und ich herkommen, liegt übrigens recht weit ab von anderen Wohnhäusern; es ist mitten in einem kleinen Wäldchen. Klingt zwar romantisch, aber nach Feierabend war dort außer Inge kein Mensch mehr. Und was haben die gemacht? Haben das Büro zugeschlossen, so dass sie nicht mal mehr an ein Telefon gekommen ist! Die Bude hätte abbrennen können; sie hätte nicht einmal die Chance gehabt, Hilfe zu holen! Ein beispielloser Irrsinn! Doch wieder hat es keinen interessiert.

Ein noch viel größerer Skandal aber war nun die Geschichte des Doktor Tiertod und warum der diesen fürchterlichen Spitznamen hat. Nun, er ist halt ein Tierarzt, wie er im Buche steht. Im Strafgesetzbuch! Was ich selbst erlebt habe, ist wohl auch nur die Spitze eines Eisberges gewesen. Das, was andere mir erzählt haben, lässt mir heute noch die Haare zu Berge stehen... Unter anderem hatte dieser Mensch die Tiere in unserem städtischen Zoo zu betreuen. Da ich auch mit diesem Zoo zu tun hatte - teils, weil ich auch Mitglied im Förderverein war, teils auch, weil ich zu den Veranstaltungen im Zoo für den Tierschutz warb - hatte ich auch zu einigen Tierpflegern Kontakt. Erstaunlich, was die mir berichtet haben über seine Taten; interessant, wirklich aufschlussreich... Den Spitznamen soll er überhaupt erst von denen gekriegt haben, und er hat ihn sich redlich verdient!

Meistens, wenn er gerufen wurde, waren seine Patienten spätestens am nächsten Tage tot. So gab es einmal eine ganze Gruppe junger Schafe, die eine Darminfektion hatten. Doktor Tiertod gab jedem Schäfchen eine Flasche Medizin, und am nächsten Tag waren alle Schäfchen tot umgefallen! Eine der Tierpflegerinnen sah sich daraufhin die Medikamentenfläschchen an und stellte fest, dass der Blödmann jedem Tier eine ganze Flasche mit fünfundzwanzig Millilitern gegeben hatte. Auf der Verpackung stand aber, dass ein Tier nur höchstens fünf Milliliter pro Tag bekommen darf!

Sogar von Mitgliedern des Tierschutzvereines erfuhr ich von ähnlichen 'Kunstfehlern'. So setzte er mal einem Kater die örtliche Betäubung für die Kastration mitten ins Lustzentrum, andere Tiere sollen sich nach seinen Narkosen viele Stunden lang gequält haben, bis sie endlich wieder richtig da waren. Ein besonders krasser Fall stand sogar mal in der Zeitung. Man hatte von auswärts eine Katze ins Tierheim gebracht, die mit einem Luftgewehr mehrfach angeschossen worden war. Das Tier war schwer verletzt; Doktor Tiertod wollte aber erst mal Geld sehen, von den hilfsbereiten Leuten, die das Tier gebracht hatten, denen es nicht mal gehörte! Dann hat er das Tier weder behandelt noch eingeschläfert, obwohl es sich nicht mehr bewegen konnte. Tage später erst gelangte es in das Tierheim, das für den Fundort eigentlich zuständig war, und der Tierarzt dort erlöste es endlich. Dann wurde der tote Körper geröntgt; drei Kugeln steckten drin, eine davon in der Wirbelsäule! Und unser Cheftierarzt, der hatte gerade mal die Wunde abgedeckt. Und obwohl ja das Beschießen von Tieren mit Luftgewehren Tierquälerei und als solche eine Straftat ist, hat er nicht mal Anzeige erstattet.

Das letzte Beispiel, das ich euch erzählen will, ist ähnlich. Eines Tages brachte man einen Hund zu uns, der unter ein Auto gekommen war und seine Hinterbeine nicht mehr bewegen konnte. Diesmal waren wir zuständig, er konte das Tier also nicht weiterschicken. Was hat er gemacht? Der Wuffi wurde in einen Zwinger gepackt - das war alles! Inge hat bald gemerkt, dass der Hund total eingenässt in seiner Hütte lag. Offensichtlich erachtete man jede weitergehende Betreuung für überflüssig, die übers bloße Füttern hinausging. Die Nächte waren noch kalt, und obwohl sie es eigentlich nicht durfte, holte Inge das Tier in die Futterküche, damit es nicht fror und sie es trocken halten konnte. Sie hat ihn gewaschen, gewärmt, gefüttert - immer mit der Angst im Nacken, dass man ihr deswegen ihr Zimmer kündigt. Schließlich hatte man ihr ja den Kontakt mit den Tieren verboten.

Tage vergingen, und nichts geschah. Auch der Besitzer des Tieres tauchte nicht auf. Aber erst nach geschlagenen zehn Tagen geruhte Doktor Tiertod endlich, den Hund mal genauer zu untersuchen - das heißt, er versuchte herauszufinden, warum eigentlich das Tier nicht mehr laufen konnte. Und siehe da, das Rückgrad war beschädigt! Erlöst wurde es allerdings erst noch eine Woche später, als endlich das Tierheim mal voller Leute und vor allem voller Kinder war. Die durften dann alle dabei zusehen, wie er den Hund eingeschläfert hat! Draußen im Garten hat er's gemacht! Wisst ihr, sonst hat gerade er immer penibel auf Äußerlichkeiten geachtet. Wehe, die Wege waren mal nicht geharkt oder die Mülltonnen waren nicht ausgerichtet oder so - aber dann eine Todesspritze zum Volksschauspiel machen!"

"Mann, das ist ja abartig! Hat denn da keiner was gegen unternehmen können?" Sandra war entsetzt, und auch die anderen machten sehr betroffene Gesichter.

"Nein. Das ist ja das Schlimme. Eine Tierärztekammer gibt es ja nicht, und die meisten Herrchen oder Frauchen, deren Lieblinge er so 'behandelt' hat, sind das nächste Mal eben einfach nicht mehr hingegangen. Und wie schon gesagt; bei uns im Verein - es hat einfach keinen interessiert. Dabei hat sogar die Krähe mal gesagt, der Mann sei ein Arzt für tote Tiere! Bei Fleischbeschauen soll er wirklich ganz gut gewesen sein. Aber lebende Wesen - es kann wohl einfach niemand glauben, der es nicht selbst erlebt hat. Es war zu unglaublich! So sind die Leute; was nicht sein darf, das ist auch nicht. Und ich stand sowieso schon auf der Abschussliste; sogar das Wort 'Klage' war gegen mich schon gefallen, nur weil ich nicht die Klappe hielt.

Bald war es dann auch vorbei für mich. Fünf Tage vor der nächsten Wahl bin ich aus Protest von meinem Vorstandsamt zurückgetreten. Kim und ich haben noch an alle Mitglieder einen Brief geschickt, um endlich die Leute aufzuwecken - wie erwartet, war es umsonst. Zwar ging es auf dieser Versammlung hoch her, aber wieder wollte kaum jemand wirklich die Wahrheit wissen. Und auch auf unseren Brief hat es so gut wie keine Reaktionen gegeben; nur zwei, drei Leute haben sich ernsthaft mit mir unterhalten und waren bestürzt. Nach der Versammlung, da habe ich innerlich auf einmal mit der ganzen Geschichte abgeschlossen. Es hat mich irgendwie plötzlich nicht mehr interessiert; so, als ginge es mich nichts mehr an. Seltsam - und schlimm eigentlich.

Eine Zeit lang ging es in der Presse noch ein wenig hin und her, und sogar die hat die Krähe gegen sich aufgebracht durch ihr Verhalten! Hab ich gelacht; die soll einfach nach einer Weile den Hörer aufgelegt haben, als ein Redakteur mal mit ihr telefoniert hat. Sie war eben der Meinung, das Gespräch sei zu Ende. Aber gebracht hat auch der Presserummel nichts mehr. War nur noch sinnloser Kleinkrieg. Bin noch eine Weile Karteileiche gewesen, dann bin ich raus. Ausgetreten. Inzwischen ist aber auch die Krähe weg, weil sie dann mal einen zu großen Fehler begangen hat, der richtig Geld gekostet haben soll - aber jetzt ist dafür Doktor Tiertod der Chef! Wenigstens aber nicht mehr für mich. Ins Tierheim wurde übrigens in letzter Zeit öfter eingebrochen; Spendenkasse geklaut, rumrandaliert - und ein kleiner Hund ist neulich sogar erschlagen worden! Das stand in der Zeitung. Inge ist kurze Zeit später Knall auf Fall ausgezogen; sie wollte das nicht mehr mitmachen. Musste sich ja nebenbei auch auf ihr Studium konzentrieren, und das geht schlecht unter solchen Verhältnissen. Bis heute wohnt eben niemand mehr dort. Ich bin froh, dass ich dafür nicht mehr mit verantwortlich bin!"

Für eine Weile schwiegen alle betroffen. "Tja, es ist eben wirklich nicht immer leicht, die Welt zu verbessern", sinnierte Nicci, "aber wer weiß schon, was du mit alledem wirklich verändert hast."

"Vielleicht sollte ich mich wirklich damit trösten, Nicci. Doch augenscheinlich zumindest hat mein Tun über diese ganzen Jahre hinweg nichts gebracht - nichts Gutes zumindest. Der Verein hat sich weiterentwickelt auf eine Weise, die vielleicht bald sein eigenes Ende zur Folge haben wird. Die Krähe hatte damals ein Grundstück gekauft, mit dem der Verein sich finanziell völlig übernommen hat. Das war auch der Grund für den Wechsel an der Führungsspitze, denn auch dieser Vertrag wurde auf die altbewährte Weise geschlossen - ohne die anderen. Die beiden Akademiker haben es allein gemacht! Die Mitglieder wurden erst hinterher und nur darum überhaupt gefragt, weil der Bürgermeister unserer Stadt den Vertrag in die Finger gekriegt und gleich 'Irrsinn' draufgeschrieben hat. Doch die lieben, naiven Mitglieder haben den Vertrag auch noch im Nachhinein abgesegnet! Zwar gibt es inzwischen neue und mehr Kritiker, doch es ist wohl zu spät. Der Verein hat sein ganzes Vermögen für das Grundstück hingeblättert. Wie nun die anderen Ausgaben alle bezahlt werden sollen, ist mir schleierhaft, und sich nur auf Sponsoren verlassen - ich denke, es wird nicht funktionieren. Der Verein wird Pleite machen."

"Aber was wird dann aus den Tieren?" Sandra war besorgt.

"Da mache ich mir keine großen Sorgen. Es gibt in dem Landkreis Quellenstedt noch einen anderen Tierschutzverein. Und am Ende wäre es sowieso besser, wenn alle Kräfte gebündelt werden würden. Das war immer meine Vorstellung. Nur, dass es auf die Art passieren wird - es ist viel Kraft vergeudet worden. Die werden sicher eines Tages die Betreuung der heimatlosen Tiere der Stadt mit übernehmen. Wenigstens die Menschen dort in dem anderen Verein, die machen ihre Sache gut. Ich selbst bin ja nun hierher gezogen, Kim war schon ein halbes Jahr vorher hier in Kethlon, und diese Geschichten sind für uns Vergangenheit. Seit kurzem bin ich jetzt hier im Tierschutzverein. Ihr seht, mich lässt das alles nicht los. Und bis jetzt; da sieht es auch ganz gut aus. Wenigstens ist dieser Verein hier kein Rentnertreff, und man geht auch fair und offen miteinander um. Zumindest, soweit ich das bis heute sagen kann. Das lässt mich ein wenig hoffen, auch wenn ich bis jetzt noch kaum jemanden kenne."

"Bist du denn auch in den Verein hier eingetreten, Kim?", fragte Nicci.

"Nein, noch nicht, ich denke noch drüber nach. Ich habe immer noch Angst, dass so was wieder passiert. Ist ja aber eigentlich Blödsinn! Also, warum eigentlich nicht! Petra, machen wir morgen!"

Petra freute sich: "Fein, dann muss ich ja nicht mehr allein hingehen!"

"Na dann haben wir ja wieder etwas, worauf wir einen heben können!", und schon hielt Nicci wieder ihr Saftglas in die Luft!

"Nicci, haben sie dir da was reingetan, dass du so saftgeil bist?", scherzte Kim, und die Omi lachte.

"Das w.. wohl", lallte Nicci, als hätte sie schon schwere Schlagseite von dem Fruchtsaft, "aaaber schließßßlich m... m... müssen wir ja w... wünschen, dass die bei... beiden ni... n... nicht wieder so e... etwas erleben mü... m... müssen, w... w... wie Pe... Petra schon h... h... hinter sich ha... hat! Hicks!"

Sandra prustete los, und so war die für eine Grillparty eigentlich unentbehrliche allgemeine Heiterkeit endlich wieder ausgebrochen! Bald fragte Nicci auch, wann es denn endlich den Wein geben würde, und die anderen jubelten und lachten, weil ausgerechnet sie daran gedacht hatte. "Da hast du doch schon den ganzen Abend drauf gewartet, oder nicht?" meinte Petra, und Nicci erwiderte: "Na, dann geh ich mal eben wieder die Welt verändern und hole die Flasche!"

Flink war das große Geschoss geöffnet, und gleich meldete Nicci Zweifel an, ob die "lächerlichen anderthalb Literchen" denn auch ausreichen würden. Denn allzu bald war ihr Glas schon wieder leer, und den anderen erging es ähnlich. Kim, die schon eine Weile unruhig auf ihrem Stuhl herumgerutscht war, traute sich endlich: "Nicci, sag mal, was hast du eigentlich immer mit deinem Welt 9verändern? Ich meine, du glaubst doch nicht ernsthaft, dass du das kannst! Und dann vielleicht noch ganz alleine, was? Ich will dir bestimmt nicht zu nahe treten, aber ist das nicht totaler Quatsch?"

Nicci riss erstaunt die Augen auf, hopste fast ein Stückchen von ihrem Stuhl hoch: "Quatsch? So'n Quatsch! Das ist kein Quatsch! Das ist ganz simple Mathematik, verstehst du? Und Mathe ist kein Quatsch, sondern pure Logik!"

"Na, das musst du mir mal erklären!"

"Na gut. Will ich euch Ungläubigen das mal darlegen!", sagte Nicci, nachdem sie all die zweifelnden Blicke ringsumher gesehen hatte. Sie setzte eine altkluge Miene auf und fuhr fort: "Eines kann ich wirklich nicht. Und zwar die Welt nicht verändern! Jeder Mensch verändert nämlich die Welt allein schon dadurch, dass er da ist! Und wenn er das geschnallt hat, dann kann er die Welt sogar besser machen! Wenn er nur will!"

"Und wo ist da deine mathematische Logik?"

"Liegt das nicht auf der Hand?" Nicci schüttelte den Kopf über so viel Begriffsstutzigkeit: "Na pass mal auf. Erinnere dich mal an die Zeit, als du noch Zöpfe und eine Zahnspange hattest. Da musstest du jeden Tag in so ein großes Haus, wo dir erwachsene Leute andauernd irgendwas beibringen wollten. Und einer davon hat dir doch todsicher mal erzählt, dass jedes Ganze gleich der Summe seiner Teile ist. Und folglich muss man nur einen Teil - und sei er noch so klein - verändern, um damit automatisch auch das große Ganze zu verändern! Und einer dieser Teile...", Nicci machte eine pathetische Kunstpause, holte tief Luft, lehnte sich in ihrem Stuhl zurück und legte ihre rechte Hand feierlich auf ihre Brust: "... bin ich!"

"Nicci, die Weltveränderin!" Sandra lachte: "Das ist nicht schlecht."

"Das ist überhaupt nicht lustig! Sondern eine total todernste Angelegenheit!", entgegnete Nicci, wobei sie ihren Zeigefinger ganz pädagogisch in die Luft piekte. "Seht nur all jene Größen der Menschheit wie Newton, Einsteins Albert oder Zefram Cochrane, die - wie auch die schlimmste Skeptikerin von euch nicht leugnen wird - die Welt verändert haben."

"Na die - na gut. Aber du kleines Würmchen? Das ist doch bestimmt ein bisschen was anderes?" Kim war schon unsicher geworden. Und Sandra fragte: "Wer ist denn Zef... Zefram - wie heißt der?"

"Na, du hast ja überhaupt keine Ahnung!" Nicci grinste schelmisch: "Das ist der Herr Cochrane, und der wird in der Zukunft mal den Warp-Antrieb erfinden!"

"Frag bloß nicht weiter, Sandra", warnte Petra, "sonst fängt sie bloß wieder mit ihrem STAR-TREK-Fimmel an!" Und dabei machte sie so eine etwas unklare Handbewegung vor ihrer Stirn.

"Na warte, Petra! Dich kriege ich auch noch mal", lachte die Angegriffene, "aber ich lass mich jetzt nicht ablenken von euch Unwissenden! Sandra, dich nehm' ich mal mit vor einen Fernseher, damit du das lernst. Wo war ich jetzt? Ach ja. Würmchen. Klar können die das! Die kleinen Leute oder von mir aus auch Würmchen; so welche wie du und ich und noch schlimmer! Jeder hat auf seine ganz eigene Weise doch Einfluss; vielfältigsten Einfluss auf alle Menschen und Tiere und was weiß ich für Dinge, die um ihn oder sie oder es herum sind! Überlegt mal, ich wäre nicht hier. Einfach weg! Der Abend wäre für euch - zumindest anders, oder etwa nicht?" Langsam wusste Nicci nicht mehr, wie sie sich noch verständlich machen sollte und verzog ihr Gesicht: "Omi, nu sag du doch auch mal was!"

Die alte Dame hatte bislang beinahe reglos auf ihrem Platz gesessen und meist nur still in sich hineingelächelt. Und auch das konnte nur entdecken, wer ganz genau in ihr altes, zerfurchtes Gesichtchen schaute. Doch nun wurde sie sehr lebendig! "Tja, eigentlich gibt es dazu nicht mehr viel zu sagen. Ich kann nur für mich sprechen, aber ich finde, dass das stimmt. Ich bin ein lebender Beweis dafür. Denn seit ich Nicci kenne, bin ich einfach - glücklicher. Und so, wie Nicci auf mich, so hat jeder Mensch Einfluss auf andere Leben und alle Dinge um sich herum; guten oder schlechten Einfluss. Also ist diese Theorie von Nicci - ein Teil der Wahrheit." Sie schaute allen nacheinander in die Augen und sah, dass auch sie - schon wieder einmal - etwas verändert hatte. Denn nun nickten alle etwas verlegen, und zufrieden hörte Nicci zustimmendes Gemurmel. Sie dankte ihrer Omi, streichelte ihr über die Hand - und machte sie schon allein damit wieder noch ein klein wenig glücklicher.

"Na wenn man es so sieht - vielleicht muss man es ja wirklich so sehen! Ist echt gar nicht verkehrt! Wenn man sich das vorstellt - du meine Güte!" Auch Kim hatte es endlich begriffen.

"Genau! Prost!" Und schon wieder hatte Nicci großen Durst, und das war nun auch verständlich. "Omi, so dolle Sachen mach ich aber auch nicht", flüsterte sie dann aber noch verlegen, "und schließlich bezahlst du mich ja auch noch. Selbst, wenn du das nicht musst."

"Besondere Dienste muss man auch angemessen entlohnen, Nicci!", erwiderte die Oma so laut, dass alle es hören konnten. "Schließlich arbeitest du ja gewissermaßen für mich."

"Mann, die Einstellung müsste unser Chef auch haben", seufzte Petra, und Nicci startete mit schon etwas verzweifeltem Gesichtsausdruck ihren letzten Protest: "Omi! Ich würde dir auch so helfen! Klar haben wir uns damals kennen gelernt, weil ich - quasi gesehen - quasi also eine Dienstleistung angeboten habe, die du dann gewissermaßen quasi gekauft hast. Das hättest du damals schon umsonst haben können. Aber inzwischen ist das doch was ganz anderes! Wir sind gute Freundinnen geworden, und da ist das doch selbstverständlich, dass man sich gegenseitig hilft, ohne an irgendwelches Geld zu denken! Und das Frühstück und so kostet ja auch Geld, und das bezahle ich dir ja auch nicht! Und überhaupt..."

"Paperlapapp! Ich weiß ja, dass du schon Recht hast. Und dass dir das nicht immer so angenehm ist, was ich mache. Aber ich fürchte, da musst du durch - quasi!", und die Omi lachte: "Weil; wenn ich dich nicht bezahlen würde, dann würde ich mich schlecht fühlen! Und lieber du als ich, oder?"

Alle kicherten los und amüsierten sich über die kecke Oma! "Nicci, die hat aber schon einiges von dir gelernt!", rief Sandra, und Nicci ließ nur noch die Frage ab, ob die Omi denn wohl vielleicht gar im Wohlstand schwömme, wenn sie sich das Hobby leisten könnte, eine arme Studentin zu ärgern.

"Wer weiß, wer weiß...", erwiderte die alte Dame nur versonnen und so leise, dass niemand der Anwesenden es richtig mitbekam.

Inzwischen war es recht kühl geworden. Längst war es dunkel, die Kerzen niedergebrannt, und auch die Getränke waren plötzlich alle. Noch immer glomm etwas Glut auf dem Grill, doch eine dicke, weiße Ascheschicht bedeckte sie inzwischen. Und manchmal, wenn ein kleiner Luftzug kam, dann wirbelten kleine, weiße Wölkchen daraus empor. Nicci gähnte, ohne die Hand vor den Mund zu halten, und zum vorwurfsvollen Blick der Omi meinte sie, das wäre schon ganz richtig so, denn eine Hand vor dem Mund würde nur den Genuss am Gähnen mindern!

Mücken hatten das Terrain erobert und starteten inzwischen schon die x-te Attacke auf die Partygäste, die sich bald nicht mehr zu erwehren wussten. Und so wurde hastig alles zusammengepackt und ins Haus getragen. Nicci löschte die Glut, indem sie sie in einer Ecke des Gärtchens auskippte und mit reichlich Regenwasser aus der alten Tonne übergoss. Sie freute sich, als es laut zischte und qualmte, und sie ignorierte Petras Lästermaul, als die ihr aus dem Hausflur zurief: "Na Nicci, spielst du wieder mit dem Feuer?" Als sie weg war, knurrte Nicci allerdings missmutig. Denn dieser Spruch hatte ihre Gedanken wieder zu Kiro gebracht, und sie hatte ein schlechtes Gewissen, weil sie den ganzen Abend lang eigentlich gar nicht an ihn gedacht hatte. Sie schämte sich, zuckte aber gleich trotzig mit den Schultern: "Hm, was soll's - weiß ja keiner..." Dafür vermisste sie ihn jetzt umso mehr, und sie wusste, dass sie nachher bestimmt wieder von ihm träumen würde. Denn die Träume der Nacht, die gehörten sowieso schon lange ihm ganz allein.

Als sie in die kleine Küche trat, wimmelte es dort plötzlich wieder vor Lebendigkeit, auch wenn die Geisterstunde inzwischen längst vorüber war. Die alte Uhr der Omi schlug gerade Zwei, und die Mädchen hatten doch noch damit angefangen, die Bestecks und Gläser abzuwaschen und aufzuräumen. "Ihr braucht das doch nicht tun, ich kann das doch morgen früh noch erledigen...", aber niemand hörte auf die Proteste der Omi. So trollte sie sich ins Wohnzimmer, um ein paar Decken zu suchen; denn die Mädchen hatten freudig ihr Angebot angenommen, den Rest der Nacht gleich hier zu verbringen. Nicci rannte noch mal nach draußen in den Garten, um den dreckigen, fettigen Grillrost zu holen. Denn ausgerechnet den abzuwaschen, das wollte sie der Omi auch nicht zumuten am nächsten Tag. Und so stand sie bald mit breitem Grinsen vor Petra, sagte: "Da!", und hielt ihr das fetttriefende Teil unter die Nase!

Bald war die Omi zurück: "Ich habe euch im Wohnzimmer auf dem Fußboden Platz gemacht. Ich hoffe, es wird gehen?"

"Omi! Du hast doch wohl nicht alleine die Möbel...!"

"Ach was! Das ging schon!"

Doch Nicci runzelte die Stirn. Sie hatte die Omi beim Schwindeln erwischt! Doch zum Tadeln war sie jetzt zu müde. Die Küche blitzte, die Omi bedankte sich bei allen, wünschte eine gute Nacht und verschwand rasch in ihrem Schlafzimmer, ehe die anderen gegen ihren Dank protestieren konnten. Auch die anderen Partygäste suchten nach einer Katzenwäsche ihre spartanischen Nachtlager auf, und alle fanden Platz auf dem Fußboden des Wohnzimmers; jede gerade genug, um einigermaßen ungestört schlafen zu können. Und weil es sich besser schlafen lässt, wenn man einen anderen Menschen im Arm hat, dauerte es nicht lange, bis eine jede - schon fast im Traum - nicht mehr alleine war.

Wie sie es geahnt hatte, träumte Nicci natürlich von Kiro. Doch etwas anders als sonst waren ihre Träume von ihm nicht nur erfreulich, und als sie am Morgen erwachte, fühlte sie ein unbestimmte Gefühl aus Sorge und sogar Angst in sich. Und das konnte sie sich nicht erklären! Ehe sie aber in Grübelei verfallen konnte, sprang Petra plötzlich auf und sagte ganz laut: "Scheiße! Jetzt haben wir verpennt! Wir sollten heute ganz früh in der Zentrale sein! Aber was soll's - frühstücken wir erst mal, es ist ja eh zu spät jetzt." Denn eben war die Türe aufgegangen, und der Duft von frischem Kaffee und aufgebackenen Brötchen strömte - gemeinsam mit der Omi - in das provisorische Schlafgemach.

Schnell rappelten sich alle auf, denn der Duft und die fröhliche Omi hatten eine sehr belebende Wirkung. Als dann alle eng gedrängt um den Küchentisch saßen und Petra sich wieder Sorgen zu machen begann wegen des verpennten Termins, da beruhigte Nicci sie: "Bleib mal ganz locker! Euer Boss regt sich auch wieder ab, und in fuffzich Jahren interessiert das eh kein Aas mehr! Genauso wie jetzt schon zweihundert Meter über uns; da ist das auch allen egal. Also ruhig Blut; er weiß, was er an euch hat. Da bin ich sicher. Außerdem; nichts wird so heiß gekocht, wie's gebraten wird!"

"Oder gegrillt!", fügte die Oma hinzu, und alle lachten schallend.

Fünftes Kapitel

Von Stärken, Schwächen, zwei Tratschweibern, einem roten Elefanten, einem Pornoheft, einem Fischbrötchen und dem ulkigsten Traum der Welt!

Zwei Wochen lag der denkwürdige Grillabend bereits schon wieder in der Vergangenheit, als Nicci ungeduldig dem kommenden Tag entgegenfieberte. Endlich, endlich würde Kiro wiederkommen und ihr Warten zumindest für ein paar Tage beenden. Zwar war er gerade erst wieder vier Tage fort, doch es kam ihr jetzt schon wie eine Ewigkeit vor. Voller Ungeduld durchlebte sie die viel zu langen Stunden, bis es endlich soweit war und sie ihren "Seelenbruder" wiedersehen würde. Nicci hoffte sehr, diesmal endlich auch die intimste und schutzloseste Seite ihres Freundes kennen zu lernen. Über ein viertel Jahr kannten sie sich nun schon. Viele lange Briefe hatten sie sich geschrieben, waren sich schon oft begegnet, hatten sich gesehen und auch berührt, und die verlängerten Wochenenden erreichten immer öfter dieselbe Länge wie der Rest der Woche. Sogar im Bett waren sie miteinander fast schon von Anfang an regelmäßig gewesen, aber sie hatten bisher immer nur Zärtlichkeiten ausgetauscht, gekuschelt. Aber dann - war immer irgendwie eine Mauer da gewesen! Nicci hatte es bisher noch nicht einmal ernsthaft versucht, diese Mauer zu durchbrechen; ihn zu "richtigem Sex" zu verführen, was sie selber kaum verstehen konnte. Denn irgendwie, da traute sie sich nicht! Sie kannte so was nicht - das war neu für sie! Hemmungen hatte sie bisher noch niemals gehabt, und sie hatte sich bisher auch nicht so viele Gedanken darum gemacht, weil sie es auch so jedes Mal sehr genoss, mit ihrem Freund zusammen zu sein. Sie hatte ihn inzwischen wirklich sehr lieb gewonnen, und sie wusste auch, dass es Kiro nicht anders ging. "Sollte gerade das vielleicht der Grund dafür sein, dass ich so - langsam und vorsichtig bin diesmal?"

Kiro war bisher stets sehr zärtlich und liebevoll zu ihr gewesen. Und das zu genießen, bereitete Nicci jedes Mal unheimlich viel Freude, eigentlich hatte sie in diesen Momenten auch nie etwas vermisst. "Jetzt ist es aber langsam genug mit dem Vorspiel", dachte sie sich nun, "diesmal will ich ihn ganz haben!" Schüchtern war sie gerade auf dem Gebiet ja eigentlich ganz und gar nicht. Und wenn sie manchmal schon zaghaft versucht hatte, seine streichelnde Hand unter den Stoff eines ihrer Kleidungsstücke zu führen, um seine sanften Zärtlichkeiten noch intensiver spüren zu können, dann hatte sie das selber gar nicht so recht mitbekommen. Denn für sie war es ein ganz normaler Teil des Spiels. Gestutzt hatte sie immer erst dann, wenn sie plötzlich sah, dass seine Augen traurig wurden dabei, und seine Hand recht zaghaft, aber doch ziemlich schnell das Innere ihrer Kleidung wieder verlassen hatte und sie fest in den Arm genommen wurde, so dass sie seine Augen nicht mehr sehen konnte. Und ab und zu war ihr der absonderlich anmutende Gedanke gekommen, er könne in diesen Momenten gar weinen... Aber das hatte sie bisher nie so recht wahrhaben wollen. "Ist doch unmöglich! Warum sollte er denn weinen, wenn er mich umarmt? Das wäre ja schrecklich und unsinnig! Das kann ich mir einfach nicht vorstellen!" Nein, dieser Gedanke war Nicci zu fremd, als dass sie ihn hätte ernst nehmen können. Deshalb hatte sie Kiro auch noch nie danach gefragt oder auf andere Art versucht, die Gründe für seine Scheu herauszufinden; wenn er da war, wollte sie ihn einfach nur genießen - alles genießen, was er ihr geben konnte.

Inzwischen jedoch ging ihr langsam auf, dass sie selbst auch ein bisschen Angst vor einer Antwort hatte. "Soll man eine Frage stellen, wenn man die Antwort fürchtet? Eigentlich vielleicht nicht - normalerweise... Aber das ist ja nicht normal! Vielleicht ist er ja einfach nur zu schüchtern, kriegt am Ende gar nicht mit, was ich eigentlich möchte von ihm?" Doch soviel Nicci auch überlegte, diesmal machte es sie nicht klüger. Also beschloss sie, ihm nun ihre Wünsche so vorzutragen, dass er es gar nicht missverstehen konnte! Zwar hatte sie diese lange Zeit der Annäherung sehr genossen, aber nun sollte wirklich endgültig Schluss damit sein. Trotzig und kampfeslustig sprach sie zu sich: "Ich will ihn haben! Schließlich brauche ich mal wieder eine richtig harte Dosis von meiner Lieblingsdroge! Will gerammelt werden!" Andere Männer hatten sie diesbezüglich nämlich seit einiger Zeit gar nicht mehr interessiert! Mit Erstaunen fiel ihr das auf; und mit Mädchen - das war zwar auch immer ganz toll, aber doch inzwischen auch irgendwie etwas einseitig, fand sie. Und Nicci begann, einen Plan zu schmieden!

Wieder war also ein Freitag gekommen, und an diesem Tag kam Kiro inzwischen jede Woche. Wie immer freute sie sich schon riesig auf ihn, seitdem sie früh aus ihrem Netz gekrabbelt war; noch halb schlafend... Wie meistens war sie erst durch die Fahrt zur Omi richtig wach geworden, und ein ganz klein wenig mulmig war ihr heute. Denn sie wollte auf gar keinen Fall einen Fehler machen und vorsichtshalber die Omi um Rat bitten wegen ihres Planes. Aber wie, um alles in der Welt, sagt man so was 'ner Omi?

Draußen im Garten traf sie auf den Kater. "Na Bäckchen, bist du heute auch schon aufgestanden, ja?" Und quakend kam der Kater auf sie zugerannt, um gekrabbelt zu werden! Nachdem er Niccis Händchen auf seinem dicken Kopf gespürt hatte, ließ er sich einfach umfallen und blinzelte sie an, und so musste sich Nicci erst mal hinkauern und dem laut schnurrenden Katertier das Bäuchlein kraulen. Unterdessen war die Oma aus dem Hause getreten und hatte eine Wäscheleine in der Hand, um sie hier draußen auf dem Hof aufzuspannen. "Ah, Nicci. Das ist aber prima! Du kommst wie gerufen", freute sie sich, nachdem sie sich von fern begrüßt hatten. Nicci hatte einfach von ihrem Platz am Boden aus gewinkt und "Hallo" gerufen; schließlich war der Kater ja noch nicht fertig! Doch nun stand Dicke Backe einfach auf und ging davon. Es war ihm genug mit dem Kraulen - für den Moment wenigstens.

Flink sprang Nicci auf und lief zur Oma, nahm ihr die Wäscheleine weg und machte sich daran, diese kreuz und quer über den Hof zu spannen. Wie ein Wiesel rannte sie mit der Leine zwischen den rostigen Haken in der Hauswand und den bröckeligen Betonpfosten vor dem Gärtchen am Ende des Hofes hin und her und war blitzschnell fertig. Die Omi hatte inzwischen den Wäschekorb herausgeschleppt. "Omi! Das hätte ich doch auch machen können! Sollst du denn so schwer tragen?", schimpfte Nicci: "Aber nu lass mich das machen, ja? Schließlich bin ich doch jetzt da. Und - ich brauche heute auch deine Hilfe! Du musst dich also gar nicht genieren, wenn du meine jetzt annimmst."

Gehorsam ließ die Oma Nicci machen und sah zu. Diese Hausarbeit machte Nicci sogar Spaß, denn in ihrem Zuhause konnte sie sich den Luxus, ihre Wäsche im Freien aufzuhängen, gar nicht leisten. Zumindest dann nicht, wenn sie ihre Sachen anschließend wiederhaben wollte. Nicci trocknete ihre paar Klamotten in ihrem Zimmer, wenn sie sie mal mit der Hand unter dem kalten Wasser durchgespült hatte, und manchmal hatte ihr auch eine Kommilitonin Hilfe angeboten, wenn Nicci mal wieder zu staubig im Vorlesungssaal erschienen war. Solche Angebote nahm sie gern an, denn so kam mindestens immer noch ein ausgedehnter Schwatz dabei heraus. Manchmal konnte sich Nicci auch auf ihre ganz besondere Weise bedanken - denn das ergab sich ja fast automatisch, wenn ihre Sachen alle nicht an ihr, sondern in der Waschmaschine waren. Ein höchst angenehmer Nebeneffekt!

Manchmal wusch sie ihr Zeug auch hier bei der Omi, aber das war ihr meist zu umständlich. Denn die alte Dame machte meist ein rechtes Brimborium um die ganze Sache, hielt ihr Kind-wie-läufst-du-bloß-rum-Vorträge, machte irgendwelchen duftenden Krempel ins Wasser, wollte gar jeden kleinen Faden festmachen, der mal lose war, und überhaupt dauerte immer alles ewig lange! Das war Nicci dann doch alles zu viel.

"Nicci, sag, soll ich dir nicht vielleicht mal was geben, und du kaufst dir ein paar schicke Sachen davon?" Nicci verdrehte die Augen; es ging schon wieder los! Geduldig erklärte sie zum hundertsten Mal: "Ach nöö, Oma! Wo soll ich damit hin; ich habe doch keinen Platz dafür! Und eine Sonntag-Nachmittag-aus-Fenster-guck-Hose oder etwas in der Art kann ich doch sowieso nicht gebrauchen."

"Was für ein Ding?" Die Oma stemmte grinsend die Hände in die Hüften.

"Na eben etwas, was ich nur in Extremfällen anziehen kann. Für gut! Was, wo man immer drauf Acht geben muss; was man schonen muss; eine Sonntag-Nachmittag-aus-Fenster-guck-Hose eben! Etwas nur für den Ernstfall! Für ganz besondere Anlässe oder wie man das nennen soll."

"Ja, aber dein Kiro; was sagt der denn eigentlich dazu? Findet der das denn in Ordnung, wie du rumläufst?"

Die Debatte nervte Nicci immer mehr. "Oma! Wenn Kiro das nicht wollte, würde er sich sicher nicht so oft mit mir abgeben, oder? Er hat aber gesagt, dass es ihm gefällt - und es ist ja auch meine Sache eigentlich. Nicht seine. Kann sie mir ja ganz einfach ausziehen, wenn sie ihm nicht gefallen! Hab ich nix dagegen!"

"Also Nicci!", die Oma lachte.

"Und außerdem findet er es eben auch praktisch! Aber wenn du schon unbedingt heute für mich etwas tun willst...", mit verschwörerischer Miene kam Nicci auf ihre Oma zu und schaute sich dabei auch noch nach allen Seiten um; so, als wäre noch irgendjemand hier! Sie war mit ihrer Aufhängerei inzwischen fertig geworden, nun musste sie ja bald damit herausrücken.

"Was hast du denn, Kind? Wo drückt dich denn der Schuh?" Niccis Geheimniskrämermiene hatte die Oma tatsächlich von der Kleidungsfrage abgebracht.

"Psst! Doch nicht hier draußen! Die Wände haben doch hier Ohren, und ich mag heute nicht unbedingt noch mehr zum Straßenklatsch beitragen", zischte Nicci und zog die Oma flink hinter sich her ins Haus.

Drinnen in der Küche wollte die Omi es aber nun auch ganz genau wissen. "Nu erzähl schon, Nicci. Was hast du denn für Sorgen?"

"Ja, gleich!" Nicci grinste, wollte sie nun doch noch etwas zappeln lassen: "Du bist neugierig! Aber wie sagst du: 'Die guten Dinger sollen Weile haben' oder so? Ich setz' uns erst mal Wasser auf für'n Tee! Dabei lässt es sich das doch besser erzählen, oder?" Und die Omi setzte sich. Viel zu schnell für Nicci kochte das Wasser aber schon, und bald stand der Tee dampfend auf dem Küchentisch. Nun musste es heraus.

"Oma, sag mal, hast du nicht zufällig irgendwo noch ein paar Kerzen rumliegen?"

"Aber klar, Nicci. Irgendwo sind bestimmt noch welche. Aber wofür brauchst du die denn gerade heute? Du gehst doch sonst immer in dein Bett, wenn's draußen dunkel wird?"

"Ja, weißt du, das ist so", nun wurde sie verlegen, "Kiro kommt doch heute Abend. Er erscheint, meine ich! Und ich will ihn - also ich will, dass er mich - mit mir so - weißt du?"

"Ach, du willst ihn verführen?" Die Oma lachte. "Und warum macht er das denn nicht? Schließlich ist er doch der Mann!"

Nicci schüttelte verständnislos den Kopf. "Wieso Mann? Ich meine, wieso muss er deswegen... ach ja, ich weiß! Zu deiner Zeit war das ja noch so; manchmal. Aber Omi, sieh mal! Heutigentags, da ist das doch so: ..."

Die Oma lachte wieder: "Schon gut, schon gut; Nicci! Ich weiß doch! Wollt' dich doch bloß mal wieder auf den Arm nehmen! Entschuldige!"

Empört schaute Nicci die alte Dame an. Wieder hatte die es geschafft, sie auszutricksen! Irgendwie musste sich der Computer wohl doch verrechnet haben mit ihrem IQ! "Also Omi, weißt du! Musst du mich denn immer veralbern?" Nicci tat entrüstet: "Und dann noch bei einem so ernsten Thema!" Aber dann lachte sie auch. Zu ulkig war die Vorstellung, die Männer könnten sich heute noch so benehmen wie vor fünfzig Jahren; das wäre zu komisch! Nicci fand sich ganz selbstverständlich gleichberechtigt; ohne jeden Gedanken daran und ohne jede Eifersüchtelei gegen männliche Wesen. Wer was will, der sollte es ganz einfach sagen oder tun! Ganz egal, ob mit oder ohne "Anhängsel"!

Als sie sich beruhigt hatten, besann sich die Oma. "Nicci, ich verstehe schon. Du musst nichts weiter sagen. Komm! Wir gucken, wo die Kerzen sind! Und vielleicht finde ich ja noch ein paar Sachen, damit du es für deinen Freund heute Abend etwas nett machen kannst bei dir." Und sie standen auf und gingen ins Wohnzimmer, wo das alte Büfett mit dem großen Glasaufsatz stand; das mit den vielen alten Sammeltassen und Gläsern drin. Die Omi öffnete die hölzerne Tür, was etwas schwer ging und ein knarrendes Geräusch machte, weil das Möbel seit Urzeiten schon ein wenig schief stand. Dann zog sie eine etwas versteckt liegende Schublade heraus und fand sofort, was sie gesucht hatte. Strahlend übergab sie Nicci ein ganzes Päckchen mit weißen Tafelkerzen. "Die liegen mir schon viele Jahre hier im Weg herum! Zum Wegschmeißen waren sie mir immer zu schade - Gott sei Dank kommen sie endlich fort", erklärte die Oma mit Nachdruck, und Nicci stimmte ihr zu, indem sie heftig mit ihrem Kopf nickte. "Wie du die gleich gefunden hast", staunte sie, "ich finde manchmal schon Sachen nicht, die bei mir in den Klamotten stecken!", und sie zeigte auf ihre vielen Hosentaschen.

"Warte mal, ich glaube, hier unten drin müsste noch irgendwo etwas sein, was du gebrauchen kannst." Ächzend bückte sich die alte Frau, um in den hintersten Winkel des geöffneten Schrankes zu gelangen. "Ja, hier hinten ist das! Aber mach du mal, ich kriege das nicht raus!"

Nicci half ihr auf und kroch dann fast selbst in den Schrank, um zu sehen, was sie meinte. Hinter einem Stapel pieksauberer, leinener Tischtücher lugte tatsächlich auch etwas hervor; ein alter Kerzenständer aus Messing! So vorsichtig sie konnte, versuchte sie das Teil von hinten hervorzuziehen, doch schließlich musste sie doch erst sämtliche Tischdecken herausnehmen, bis es ihr gelang. "Der ist aber schön! Den kann ich doch aber nicht mitnehmen. Wenn der mir nun wegkommt in meiner Bude?"

"Dann ist er eben weg! Ich brauche ihn nicht mehr, und es ist ja eh ein altes Ding." Resolut bestand die Oma darauf, dass Nicci ihn mitnehmen sollte. "Na gut. Wenn du meinst - dann borge ich ihn mir halt. Aber ich bringe ihn dir zurück! In der Bude möchte ich das gute Stück wirklich nicht lassen. Wäre doch wirklich schade drum. Ich putz ihn schön blank, und du stellst ihn dir da oben hin, ja?"

"Er gehört dir. Aber wenn du willst, kannst du ihn gern hier unterstellen, so wie du's gesagt hast. Du kannst ihn ja dann auch jederzeit besuchen kommen!"

Nicci lachte: "Das mach ich!", packte das Teil und wollte gerade tschüs sagen, besann sich dann aber. "Jetzt hab ich doch fast das Wichtigste vergessen! Ich wollte doch eigentlich ganz was anderes fragen. Weißt du, Omi, wenn ich mit ihm zusammen bin, dann - dann denke ich manchmal, dass er irgendwie - dass er es nicht will. Du weißt schon! Dass er Angst hat!"

Die Oma schaute Nicci ernst in die Augen. "Kind! Dann solltest du erst mal rausfinden, ob er wirklich Angst hat, und wovor er Angst hat. Hast du denn schon mal richtig mit ihm darüber..."

"Nee, so richtig eigentlich nicht." Nicci runzelte die Stirn.

"Siehst du! Sag ihm geradeheraus, was du möchtest. Männer mögen nicht Rätsel raten in solchen Dingen! Vielleicht hat er ja nur Angst, dass er dich missversteht? Und sonst - frag ihn! Sei einfach du selbst, aber vergiss nicht, dass Männer manchmal noch viel verletzlicher sind als wir! Wir sind halt wohl doch die stabileren Menschen - meistens wenigstens."

"Tja, eigentlich - du hast Recht. Komisch! Sonst bin ich ja auch immer ganz deutlich gewesen, aber bei ihm..." Hilflos ließ Nicci die Schultern zucken.

"Hast ihn wohl doch noch lieber als die Leute bisher?" Die Omi schmunzelte, und Nicci überlegte: "Macht Verliebtheit denn schüchtern? Naja, muss wohl. Wenn ich mich so anschaue in dieser Sache - hab mich nicht besonders geschickt angestellt. Nicht geschickt genug für ihn. Na dann danke, Omi - und tschüssi. Muss noch Wein holen!"

"Tschüs Nicci - viel Spaß - und viel Erfolg!" Die Omi zwinkerte ihr zu, und weg war Nicci.

Der Kerzenständer klapperte heftig im Plastekoffer, als sie durch die löchrigen Seitenstraßen zu dem kleinen Laden fuhr, in dem sie stets preiswert ein Fläschchen Wein erstehen konnte. Gut schmecken sollte er, keinen Kater machen - und Schüchternheit bekämpfen! Kiros, inzwischen aber auch ihre eigene. Sie musste dafür durch einen Teil der Stadt, den sie wegen des wahnsinnig vielen Verkehrs eigentlich gar nicht mochte, und gerade hatte sie auch eine der eigentlich immer verstopften Hauptstraßen erreicht. Sie hasste es, an der Kreuzung vor den Ampeln warten zu müssen; der Lärm und der Mief der vielen Autos gingen ihr auf den Wecker. Nicht einmal einen Radweg gab es hier; immer musste sie sich an Bussen und Lkws vorbeiquetschen!

An diesem Tag jedoch war es vollkommen anders. Schon als sie auf die Hauptstraße fuhr, waren da viel weniger Autos als sonst. Gar keine eigentlich! Und als sie an die Kreuzung kam, da war die Straße weg, alles war aufgerissen! Ziemlich tief schon! Ganz weit hinten, hinter der Kreuzung, da ruffelte eine große, rote Maschine, die aussah wie ein riesiger Elefant. Auf Kettenfüßen und mit einem Laufbandrüssel bummelte sie dahin, und viele große Zähne musste sie haben, denn sie spie die Straße krümelweise wieder aus; in einen träge voranschleichenden Laster hinein! Und hinter dieser Elefantenmaschine, da gab ein großer Bagger der Straße den Rest!

"Endlich machen die mal die ganzen Schlaglöcher kaputt!" Nicci freute sich. Direkt rüber über die Kreuzung konnte sie nun zwar nicht mehr, doch man hatte die Fußwege mit kleinen Wällen aus Kies provisorisch miteinander verbunden, und es machte ihr Spaß, über diese Wälle zu fahren! An dem gelben Zeitungskiosk auf der anderen Seite hielt sie an. Sie sah sich um; das musste sie der Omi schließlich alles ganz genau erzählen! Die ganze Kreuzung sah aus wie eine wilde Kiesgrube; Sandberge, Erdhaufen, hier und da noch ein paar alte Pflastersteine aus der Zeit, als man noch keinen Teer auf die Straßen gekippt hatte. Die Ampeln standen tatenlos inmitten dieser Mondlandschaft herum und machten den Eindruck, als fühlten sie sich total überflüssig und nutzlos. "Wenn die mal nicht suizidgefährdet sind!", frotzelte Nicci leise und griente bei dem Gedanken an sich selbst mordende Verkehrssicherungsanlagen! Würden sie sich wohl aufhängen oder erschießen oder...?

Drüben, auf der Seite, wo das Krankenhaus war, stand ein verlassener blauer Bagger, der stumm auf eine Beschäftigung zu warten schien. Ja, es war überhaupt diese Stille, die Nicci besonders angenehm auffiel. Sie konnte das Tschilpen der Spatzen hören, die in den großen Pappeln und den Büschen im verlassenen Kindergarten hinter dem Kiosk saßen, zwei ältere Frauen erzählten miteinander und mit der Frau im Kiosk, dort knirschte ein Fahrrad durch den Sand - nur da hinten, weit weg, ruffelte der rote Elefant die Straße kaputt.

Vergnügt nahm Nicci all das in sich auf. Und dann spitzte sie die Ohren ein wenig, um herauszubekommen, worüber die Frauen am Kiosk gerade so angeregt tratschten: "... Enkelin, ... gerade mal siebzehn! Schon wieder 'n neuen..."

"... unglaublich! Wohin soll das bloß..."

"Na, euch will ich mal richtigen Stoff geben zum Tratschen!", überlegte sich Nicci und machte ein grimmiges Gesicht: "Die tun ja so, als wären sie in ihrer Jugend die puren Unschuldslämmer gewesen!" Feixend ging sie zum Kiosk, grüßte die Umstehenden mit strahlendem Lächeln - und verlangte mit klarer, vernehmlicher Stimme ein Magazin für Sexkontakte! Die Zeitungsfrau war solche Dinge gewohnt, nur eine ihrer Augenbrauen zuckte etwas. Doch dann bückte sie sich, holte Nicci das Gewünschte hervor und überreichte es ihr mit einem breiten Grinsen. Sie hatte Nicci durchschaut!

Nicci nahm das Heft so in die Hand, dass die anderen beiden das Titelblatt, auf dem die üppigen und unverhüllten Reize eines Blondchens prangten, auch ja richtig sehen konnten! Sie fing an, ganz offen darin herumzublättern und beobachtete dabei heimlich die beiden Tratschweiber, deren Gespräch inzwischen längst verstummt war. Sie musste sich sehr zusammennehmen, um nicht loszuprusten, denn den beiden Damen entgleisten vor Empörung sofort sämtliche Gesichtszüge!

Nicci amüsierte sich eine Weile, klappte dann das Heft wieder zu und murmelte vernehmlich vor sich hin: "Nein, also die Kerle hatten auch schon mal mehr zu bieten!" Dann gab sie das Magazin zurück, lächelte die beiden Alten mit fröhlicher Unschuldsmine an, sagte auch noch ganz artig tschüs und hörte gerade noch mit spitzen Ohren etwas wie "...unverschämtes Gör..." und "...die heutige Jugend...", als sie sich schon entfernte und sich kichernd wieder ihrem Fahrrad zuwandte. "Das muss ich der Omi erzählen, die lacht sich krümelig!" Nicci setzte sich noch kurz auf die kleine Mauer, die gleich neben dem Kiosk eine Stiefmütterchenrabatte umrahmte, schnupperte nach der Würstchenbude, die gleich nebenan war, und genoss die Sonnenstrahlen, bevor sie vergnügt weiter entlang der tief aufgewühlten Straße in Richtung Weinladen fuhr.

Der Laden war eigentlich gar kein richtiger Weinladen. Eher eine Art winziges Supermärktchen, in dem sie schnell etwas Passendes aus einem Karton gezaubert hatte. Ein richtig teures Fläschchen wäre zwar schöner gewesen, aber auch unter den preiswerten Sachen hier fand sich manches recht schmackhafte Tröpflein. So griff Nicci auf Altbewährtes zurück und machte sich auf den Weg nach Haus. Sie wollte ausnahmsweise ihr Zimmer aufräumen und sich noch ein Stündchen aufs Ohr legen, bevor sie Kiro vom Bahnhof abholen würde.

Zimmer zurechtmachen; das war etwas, das sie zumeist als höchst überflüssiges Tun ansah. Denn ordentlich war es sowieso meistens bei ihr - so gut wie zumindest. Nicci hatte ja nichts, was unordentlich hätte sein können. So genügte ein alter Besen, der aus den besseren Tagen des Hauses noch in einer Kellerecke herumstand, um ihre nackten Holzdielen zu entstauben. Vorher pustete Nicci noch schnell über die Kiste, die ihr zugleich Bücherregal und Tisch war, und wunderte sich; das Wölkchen war gar nicht mal so groß! Sie rubbelte den Kerzenleuchter blank, steckte die weißen Kerzen hinein und stellte ihn auf die Kiste. "Mist! Zwei schöne Gläser hätte die Omi sicher auch noch für mich gehabt. Aber so ist's auch gut. Wären vielleicht noch kaputt gegangen unterwegs; und zusammen aus einer Flasche trinken, das hat ja schließlich auch was Intimes!"

Sie schaute sich um. Ihre Decke lag zusammengeknurkelt im Netz, aber die brauchte sie ja gleich noch für ihr Nickerchen. Der Rucksack stand ordentlich an der Wand, und ihre zwei kleinen Feldtaschen hingen an einem großen, alten Nagel. "Prima! So räumt man auf", lobte sie sich, stellte die Flasche Wein auf den Kistentisch - und fertig waren die Vorbereitungen. "Ach, duschen sollte ich vielleicht auch noch", fiel ihr ein, als sie gerade ihre Schuhe auszog und ihre staubigen Füße sah, "mal sehen, ob das Wasser im Keller noch läuft!"

Sie versperrte ihr Zimmer und rannte die Treppe hinunter in den düsteren Keller, wo in dem alten Waschraum, gleich neben einem löcherigen Waschkessel, die einzige noch funktionierende Wasserquelle war. Flink zog sie sich aus, als sie nachgeschaut hatte, ob vielleicht doch irgendwo hier noch jemand wäre, der sie stören könnte; drehte den alten Wasserhahn auf und beugte sich mutig nieder, um das eiskalte Nass über ihren Körper laufen zu lassen. Sehr schnell fing Nicci vor Kälte an zu zittern, aber sie war es ja gewohnt und biss auch diesmal tapfer ihre Zähne zusammen. "Ich kann wieder gar nicht so schnell zittern, wie ich friere", knurrte sie nur, ehe sie behände unter dem eisigen Strahl hervorsprang, um sich einzuseifen. Für diesen Zweck gab's hier unten einen beträchtlichen Vorrat an Kernseife, den sie vor einiger Zeit in einer dunklen Ecke entdeckt hatte. Die Zeit hatte diesen Vorrat zwar knochenhart werden lassen, aber so reichte er umso länger. Auch noch für alle anderen Sauberkeitsfanatiker hier.

Sie spülte sich ab, drehte den Hahn zu und beäugte sich kritisch: "Na bitte! Ist doch wie geleckt! So gut wie neu." Mit ihren Händen wischte sie sich so gut es ging die Wassertropfen von ihrer Haut und schlüpfte dann schnell in ihre Sachen, damit ihr endlich wärmer würde. Dann rannte sie wieder die Treppe hinauf und legte sich in ihr Netz; rollte sich in ihre Decke, und als sie endlich nicht mehr fror, schlummerte sie ein.

Es dauerte nicht lange, bis Nicci anfing zu träumen; und diesmal war es ein absolut blödsinniger Traum, den sie hatte! Sie fand sich auf einer Anhöhe wieder; Almwiesen ringsum und Kirchenglockengebimmel aus der Ferne... "Gott, was für ein kitschiger Traum!", dachte sich Nicci. Sie wandte sich um und wurde eines vielleicht zehnjährigen Bürschleins gewahr, welches - mit einem überdimensionalem Stecken in der Hand, einem alten Hut mit Feder auf dem Kopf und Rucksack auf dem Rücken - auf sie zugewandert kam! Hinter ihm bildeten zwei großen, dunkle und teilweise mit Schnee bedeckte Berge eindrucksvoll die Kulisse. "Schade! Nur ein Schwarzweiß-Traum!"

Heftig mit dem Stecken winkend, kam das Bürschlein auf sie zugetrabt, und es grinste! "Meine Güte, wenn das kein Lächeln ist", dachte sich Nicci, denn des Knaben Gebiss sah wirklich beängstigend aus! Eineinhalb Zähne fehlten im Oberkiefer mindestens, dafür waren zwei andere übergroß und drängelten sich egoistisch nach vorn. "Na, ich wette, du bist auf dem Weg zum Zahnarzt!"

"Naa, i bin af'm Weg zu mei'm Großvodder, der mocht dos!", erwiderte das Bürschlein keck und ging dann einfach weiter seines Weges.

"Na dann; viel Erfolg", konnte Nicci ihm gerade noch nachrufen.

An den Rest des Traumes konnte sie sich nicht mehr erinnern, als sie nach einer Stunde Mittagsschlaf wieder erwachte. Doch Nicci besann sich nicht darauf, beim Aufwachen schon jemals so gelacht zu haben! Denn das ulkige Bild des kleinen Kerls war ihr noch immer gegenwärtig. Und sie wunderte sich, wie um alles in der Welt sie solchen Unsinn hatte träumen können! Ungeduldig sah sie auf die Uhr: "Mann! Sind das immer noch zwei Stunden! Was soll ich denn bloß noch so lange hier? Ich hau jetzt ab!" Eigentlich war es ja noch viel zu früh, um zum Bahnhof zu fahren, aber draußen war es ja schön, und so könnte sie sich dort noch auf eine Bank setzen, den Zügen nachsehen und sich die vielen Menschen anschauen.

Schnell hatte Nicci ihre Schuhe wieder angezogen und ihr Zimmer verschlossen. Sie schleppte ihr Fahrrad nach unten und stand flugs draußen vor der Tür. Schmerzhaft hell blendeten die grellen Sonnenstrahlen ihre Augen; Nicci merkte, dass sie immer noch nicht wieder richtig munter war. Sie kniff die Augen zusammen und gähnte: "So! Nu bin ich aber munter!" So hatte sie es beschlossen - und ab ging es zum Bahnhof.

Der Weg dorthin war auch mit dem Fahrrad kein Katzensprung; selbst bei ihrem Tempo brauchte Nicci über eine viertel Stunde bis zu ihrem Ziel. Endlich dort angekommen, war ihr sehr warm, und so war sie recht froh, dass es im Inneren der großen, alten Vorhalle wie immer schön kühl war. Dies war vor allem jetzt im Sommer eine Wohltat. Sie schlenderte ein Weilchen durch die Halle, sah sich die bunten Zeitungen an, die sich in schillernden Hochglanzfarben den Vorübereilenden aufzudrängen suchten, sie schnupperte genüsslich den Duft der vielen Fressbuden - beinahe auf jeden Meter roch es anders! Der Duft nach Kaffee mischte sich bald mit dem Wohlgeruch frischer Brötchen von einem Backstand - Nicci blieb kurz stehen und schloss für einen Moment die Augen, schnurrte wohlig wie eine Katze, die man streichelt. Dann roch es auch nach Kuchen, und ein Stückchen weiter hinten auch noch nach gebratener Wurst... Ihr Magen knurrte vernehmlich! "Nix gibt's! Du hast Frühstück bekommen, das reicht!", schimpfte sie leise mit ihrem unartigen Bäuchlein, denn sie mochte in diesem Moment gar nicht daran erinnert werden, dass sie nicht im Luxus lebte und nicht jedem ihrer Gelüste freien Lauf lassen konnte. Entschlossen drehte sie sich weg von alledem und lief so schnell es ging mit ihrem Fahrrad auf den Bahnsteig hinauf; hier gab es wenigstens nur Futterautomaten. Und die rochen nach gar nichts.

Hier oben war es nicht mehr ganz so kühl wie unten in der Halle, aber es war immer noch angenehm. Eine frische Brise wehte hier beinahe ständig, und auch das Bahnsteigdach spendete genug Schatten. Der Bahnsteig war menschenleer; bis Kiros Zug ankommen würde, war ohnehin noch über eine Stunde Zeit. Die Anzeigetafel verriet, dass in dreißig Minuten noch ein D-Zug hier halten würde für gerade mal eine Minute - die Menschenleere würde also sicher bald verschwinden für eine Weile. Nun jedoch konnte sich Nicci noch in aller Ruhe einen Platz auf der Bank mit der besten Aussicht aussuchen.

Neben ihr auf dieser Bank lag eine zusammengeknüllte Zeitung, die hier wohl jemand vergessen hatte. Nicci schlug sie auf; das Blatt war nicht glänzend und nicht bunt wie die Illustrierten unten in der Bahnhofshalle, doch der Inhalt war auf den zweiten Blick ebenso reißerisch. "Ist ja voll mein Niveau!", dachte Nicci grimmig und wollte das Blatt eben wieder zusammenfalten, um es in den nächsten Papierkorb zu werfen, doch da sprang ihr eine gar sonderbare Schlagzeile ins Auge: **Wunderlicher Oberbayer (80) als falscher Dentist entlarvt!**

Neugierig blätterte sie um, suchte die angegebene Seite und erblickte - über alle Maßen erstaunt - das übergroße Schwarzweißfoto eines kleinen Jungen mit Stecken, Rucksack und Federhut! Ihren blödsinnigen Traum von vorhin hatte sie schon längst wieder vergessen - und nun das! "Wenn das kein Ding ist - komisch! Garantiert eine gute Story für die nächste Psychologievorlesung! Das sollen die Profs mir mal erklären, wie so was geht!" Sie feixte bei dem Gedanken, die Professoren mit solch Unerklärlichem zum Schwitzen zu bringen, knurkelte die Zeitung entschlossen zusammen und warf sie dahin, wo sie hingehörte; in den Mülleimer.

Allmählich füllte der Bahnsteig sich mit Menschen. Nicci sah ihnen zu. Manche schlenderten planlos umher, einige blieben reglos stehen, wenn sie einen Platz gefunden hatten, und warteten darauf, dass die Minuten vergingen. Die meisten dieser Menschen waren allein, nicht alle jedoch. Manchmal zu zweit, manchmal auch zu mehreren, blieben einige dennoch stumm. Andere hingegen sprachen miteinander, und hier und da küssten sich auch welche. Vor allem denen schaute Nicci interessiert zu - und sie freute sich, dass auch sie bald zu jener Gruppe Auserwählter gehören würde! Zu jenen, denen ein anderer Mensch erlaubte, dies mit ihm zu tun...

Bald war der Bahnsteig proppevoll. Knarrend verkündete die Stimme aus dem Lautsprecher, dass der D-Zug nun Einfahrt und man sich an der Bahnsteigkante vorzusehen habe. Nicci stand auf und trat zu den anderen nach vorn. Sie spähte den Gleisen nach, und tatsächlich! Ganz weit hinten konnte sie schon die knallrote Elektrolok sehen, die auf den Bahnhof zuratterte! Nur wenige Augenblicke, und die stromlinienförmige Maschine hatte mit quietschenden Bremsen schon den Bahnsteig erreicht, rollte - eben langsamer werdend - an Nicci vorbei, bis schließlich die viel zu überschaubare Reihe silberner Wagen vor ihrer Nase stehen blieb. "Warum machen die da nicht mehr Hänger dran?" Sie trat wieder zurück, um den Reisenden, die gerade ausstiegen oder einsteigen wollten, nicht im Wege herumzustehen, und schaute. Viele neue Menschen quollen aus dem übervollen Zug, und alle hatten es eilig. Für einen Augenblick fühlte sich Nicci, als stünde sie hier hinten bei ihrem Fahrrad an der Bahnsteigbank in einer Blase aus Zeit, in der alles stillstand; während ringsum alles in rasendem Tempo weiterging!

Bald waren die Ankommenden in Richtung der Treppe verschwunden, und die, die wegfahren wollten, hatten die Waggons geschluckt.

Hier und da knallte noch eine Tür, und nur wenige Menschen waren noch auf dem Bahnsteig zurückgeblieben; sie fingen an zu winken, als der Zug sich nach einer Minute schon wieder in Bewegung setzte. Rasch wurde er schneller, und schon rollte der letzte der Waggons rumpelnd an Nicci vorüber. Sie sah ihm nach, sah, wie er langsam hinter der Gleisbiegung verschwand, die gleich hinter dem Bahnsteig war...

Nicci konnte sich nicht satt sehen an Eisenbahnen! Sie selbst wusste nicht genau, warum sie - als weibliches Wesen - Züge so liebte; eigentlich alles liebte, was mit Bahnen zusammenhing. Selber mit dem Zug fahren, das konnte sie viel zu selten für ihren Geschmack. Denn das war teuer. Viel zu teuer! Nicci wusste nur noch aus Erzählungen der Omi und anderer alter Menschen von einer Zeit, in der Eisenbahnen ein preiswertes Massenverkehrsmittel für jedermann gewesen waren, mit denen man beinahe jedes Ziel erreichen konnte; zu jeder Zeit... Sie konnte sich so etwas gar nicht mehr so recht vorstellen. "Die meisten Menschen gurken heute ausnahmslos mit ihren Autos durch die Gegend!" Es machte sie traurig, dass es nicht mehr so war wie früher; dass die Menschen heute lieber Auto als Eisenbahn fuhren und so offensichtlich eine weitere Chance für immer vertan war, schonender mit dem Planeten Erde umzugehen. Mit dieser Bahn zu Kiro zu fahren, war für sie höchstens ab und an mal drin. Klar. Natürlich hätte sie auch schwarzfahren können. Aber das wollte sie nicht, hätte es nicht richtig gefunden - also ließ sie es sein und schaute sich die Eisenbahn halt nur an, denn schon das bereitete ihr Freude.

Inzwischen waren auch die restlichen Menschen verschwunden, und Nicci war wieder allein auf dem Bahnsteig. Die Anzeigentafel klapperte leise und zeigte nun schon den Zug an, auf den Nicci wartete; den Zug, in dem Kiro sitzen würde! Doch bis dahin war immer noch eine halbe Stunde Zeit, und so schnappte sie ihr Rad und schlenderte den Bahnsteig entlang bis nach vorn zum anderen Ende. Bald hatte sie das Bahnsteigdach hinter sich gelassen und trat hinaus in die grelle Sonne. Sie bummelte weiter, bis es nicht mehr weiter ging, und schaute hinaus auf das große Weichenfeld. Dort war eigentlich nichts los. Rot funzelnde Signale faulenzten in der flirrenden Luft, Grillen zirpten in den Kräutern, die hier und dort aus dem schmutzigen Schotter ragten; ein paar lange, halb vertrocknete Grashalme schaukelten leicht im Wind. Nur dort hinten, ganz weit draußen, brummte leise eine orangefarbene Rangierlok, die ein paar Waggons vor sich her schob.

Sie wandte sich wieder um und setzte sich auf die letzte, alte, grün lackierte Holzbank, von der schon vor Jahren die Farbe begonnen hatte abzubröckeln. In ihrer Nähe tschilpten ein paar Spatzen, die sich um ein großes Stück von einem Brötchen zankten, das auf der Erde lag. Sie zogen und zerrten und kullerten es so lange auf dem Bahnsteig herum, bis es über die Kante hinunter zwischen die Schottersteine fiel! Einer der Spatzen hatte blitzschnell die veränderte Lage erkannt und gleich für sich genutzt; war hinterhergeflattert und erhob sich eben wieder, das Brötchenstück im Schnabel. Er flog mühsam einige Meter, bis seine übergroße Beute ihm auf dem gegenüberliegenden Bahnsteig plötzlich herunterfiel und die anderen Piepmätze sich schimpfend wieder darüber hermachten.

Nicci freute sich über die Spatzen und sah erst nach einer ganzen Weile wieder auf, als die Sperlinge das Futter unter sich klargemacht hatten und abgehauen waren. Sie schaute wieder den Bahnsteig entlang - inzwischen hatten sich die nächsten Reisenden eingefunden. Und die warteten nun auch alle auf den selben Zug wie sie. Auch die Zeiger der Bahnsteiguhr waren weitergerückt, keine zehn Minuten mehr würde es noch dauern, bis der Zug endlich kommen würde; voraussichtlich kommen würde.

Die Vorfreude ließ ihr Herz schneller schlagen, vor Ungeduld und Spannung wurde ihr schon beinahe etwas übel. Zwar holte sie Kiro heute ja nicht zum erstem Mal vom Zug ab, doch irgendwie war es ihr immer noch, als sei es eben dieses erste Mal; denn das, was sie heute geplant hatte, war ja auch ein erstes Mal. Ein ganz besonderes erstes Mal sogar! Allein der Gedanke daran war schon aufregend: „Ob er das verkraftet, wenn ich so direkt werde? Er ist doch so schüchtern..." Wieder bekam sie Angst, Fehler zu machen - gerade bei dieser Sache, die ihr so wichtig war und die ihr Herz schon jetzt so heftig pochen ließ. Die knarrende Lautsprecherstimme kündigte den Zug an und riss sie aus ihren Gedanken, sie ballte ihre Hände und biss sich auf die Unterlippe vor Lampenfieber!

Plötzlich bemerkte Nicci, dass sie ja noch immer ganz weit hinten auf dem Bahnsteig stand! Sie drehte sich um und rannte in Richtung der Treppe, an der sie ja wie immer warten wollte, um ihren Freund nicht zu verfehlen! Die Leute drehten sich verwundert nach ihr um, als sie im Laufschritt mit ihrem Fahrrad an ihnen vorbeiflitzte! Atemlos war sie endlich an der Treppe, als auch schon die Lokomotive des Zuges mit quietschenden Bremsen an ihr vorbeifuhr; ein Augenblick noch, dann hielt die Bahn.

Direkt vor ihr öffnete sich die Tür des ersten Waggons, und diesmal stieg ihr Kiro als Allererster aus! "Hat er also schon gelernt, dass er vorn in den Zug einsteigen muss", freute sie sich, als sie auch schon auf ihn zurannte, ihre Arme ausbreitete und ihn ansprang, als er sie eben erst mitbekommen hatte. Und wie jedes Mal erschrak er etwas: "Meine Güte, du bist vielleicht stürmisch! Aber ich freu' mich auch, dich zu sehen!" Und leise fügte er hinzu: "Du hast mir sehr gefehlt, Nicci!"

Davon allein wurden Nicci schon fast die Knie weich. Wenn er nur ahnen könnte, auf welche Weise er ihr gefehlt hatte... Sie schaute ihm tief und ganz ernst in die Augen: "Was glaubst du, wie sehr ich dich vermisst hab?" Und vor allen Leuten, die um sie herum hektisch aus dem Zug quollen und sich drängelten mit denen, die einsteigen wollten, küsste sie ihn lange und innig. Vergaß für einen Moment alles um sich her; fühlte nur noch seine Lippen und ihre Zunge, die sanft - und doch hungrig mit seiner spielte.

Bald war der Zug wieder abgefahren, auch die Menschen waren alle verschwunden. Sie waren die Letzten, die die Bahnsteigtreppe hinunterliefen. Unten in der Halle duftete es immer noch verführerisch nach Futter, und Kiro bemerkte, wie Nicci verstohlen schnupperte und wieder für einen Moment lang genießerisch die Augen schloss. "Du siehst hungrig aus! Willst du vielleicht etwas essen?"

"Nein, danke schön. Aber ich habe doch heute schon etwas gegessen! Heute früh nämlich."

"Aber Nicci! Jetzt ist doch schon bald Abend! Und dann muss man doch wieder etwas essen!"

"Muss man? Mach ich aber nur selten! Denn wenn man so spät noch was isst, dann wird man dick!" Und dazu machte sie ein unglaublich naives Gesicht!

Kiro sah sie nur verständnislos an, legte seine Hand auf ihren nackten Bauch und fuhr langsam ein Stück nach oben, zu ihren Rippen:

"Dick? Ja wirklich - nicht mal die Wirbelsäule finde ich von vorne! Ernsthaft; du denkst nicht wirklich über so was nach? Ich meine, ich mag es ja, dass du so schlank bist, Nicci, aber ein bisschen mehr essen könntest du schon! Also keine Widerrede! Komm!"

Sie sträubte sich immer noch, als er sie hinter sich her an den nächsten Stand mit Bratfischen zog: "Nein, bitte - das ist hier auch viel zu teuer. Und da schmeckt mir das dann auch gar nicht." Kiro drehte sich um und schaute sie an: "Na aber ich will dich doch einladen zum Essen! Hatte ich das nicht erwähnt? Schließlich gewährst du mir ja heute Nacht Obdach, oder nicht? Sogar mit persönlicher Betreuung!" Und weil er wusste, dass das kein sonderlich starkes Argument für Nicci war, fügte er hinzu: "Lass mich doch einfach mal! Andere Männer bringen Frauen jedes Mal Blumen mit, und du willst nicht einmal 'nen Bratfisch von mir haben? Und Geld; vielleicht habe ich ja diesmal etwas mehr davon als sonst?" Er machte ein geheimnisvolles Gesicht, und so gab sich Nicci schließlich geschlagen und folgte ihm brav.

Bald hatte sie endlich auch so einen Fisch in der Hand - genau wie einige der Umstehenden, für die das wohl allerdings längst nicht so etwas Besonderes war wie für sie. Nun konnte sie doch all die leckeren Düfte genießen, ohne traurig zu sein! Nicci sah sich den Fisch an, freute sich an dem appetitlichen Anblick, dann schloss sie wieder die Augen und beschnupperte ihn von allen Seiten. Und dann schlug sie wie ein Raubtier ihre scharfen Zähne in das leckere Abendbrot! Und das schmeckte! Inzwischen auf einer Bank in der Bahnhofshalle gelandet, schaltete sie total ab und genoss. Nicci saß einfach da und aß; freute sich wie ein kleines Kind, das nach langer Zeit das erste Stück Schokolade bekommt. Kiro betrachtete sie von der Seite, lächelte - und staunte darüber, dass sie sich über so etwas Banales derart freuen und es so sehr genießen konnte. Er wagte nicht, sie zu stören; er bewunderte sie für diese Fähigkeit. Und er war glücklich, dass er so ein tolles Wesen kennen gelernt hatte: "Was für einen Luxuscharakter sie doch hat!"

Nicci saß derweil immer noch genüsslich an ihrem Fisch, auch als Kiro schon längst fertig war. Sie ließ sich viel Zeit; das Tier schmeckte ihr zu gut! Es war knusprig und heiß, doch trotzdem verbrannte man sich nicht. Auch das Brötchen war ganz frisch gebacken, und es knackte, wenn sie hineinbiss. Und erst die leckere Soße; die schmeckte so wunderbar nach Dill... Geduldig schaute Kiro der Genießerin zu, bis diese endlich den letzten Happen Brötchen in den Mund gesteckt und ihre Finger - einen nach dem anderen - genüsslich abgeleckt hatte. Dann aber musste er es ihr einfach sagen. "Du siehst süß aus, wenn du isst!"

"Du spinnst!" Sie lachte und gab ihm einen Fischkuss auf die Wange. "Danke für das schöne Essen! Aber nun komm, lass uns gehen! Ich habe nämlich eine Überraschung für dich!" Sie tat geheimnisvoll, nahm seine Hand und ihr Fahrrad und marschierte entschlossen in Richtung Ausgang.

Hand in Hand spazierten sie gemütlich nach Hause. Sie genossen die spätnachmittäglich warme Sommerluft und setzten sich noch eine Weile in den Park, um die Abendsonne zu genießen. Und dann musste Nicci ihrem Freund plötzlich unbedingt die Geschichte erzählen; die von dem Pornoheft und den zwei alten Damen! "Stell dir vor, da haben die sich doch tatsächlich über mich aufgeregt! Selber lesen sie Zeitungen, wo nix drin steht außer Mord, Totschlag, Tratsch, Halbwahrheiten und Kreuzworträtseln - und regen sich auf! Über mich! Bloß, weil mir zehn spritzende Schwänze lieber sind als ein toter Mensch!"

Kiro lachte, doch Nicci regte sich auf: "Ich verstehe das nicht! Warum wirft man überhaupt Sex und Gewalt immer in einen Topf? Sind doch zwei ganz verschiedene Paar Schuhe! Nicht nur, weil ich mich für das eine gerne hinlege und für das andere nicht. Weißt du, jedes Mal, wenn ich so was mitkriege", und sie machte ein ganz grimmiges Gesicht, "dann möchte ich eine Kiste finden mit lauter Fahrradspezialzubehör! Du weißt; Maschinengewehre, Panzerfäuste, Granatwerfer und so! Und überall, wo ich auf meinem Wege der Dummheit begegne, da möchte ich voller Genuss aufs Knöpfchen drücken! Nur schade, dass das nicht geht, auch weil es unlogisch ist. Denn ich finde keine solche Kiste, mein Fahrrad wird das nicht aushalten, und schließlich - schließlich müsste ich mich am Ende konsequenter Weise selber erschießen. Das kann's also auch nicht sein. Aber manchmal, da ist mir wirklich so! Kannst du das verstehen?" Und sie sah ihn mit ernsten Augen an.

Kiro nickte nur stumm, legte den Arm um sie und schwieg. Sie sahen noch eine Weile den Menschen zu, die hier um diese Zeit spazieren gingen; Liebespärchen schlenderten Hand in Hand unter den alten Bäumen dahin, einige Leute trieben Sport und rannten in Grüppchen die Wege entlang, und es gab auch Pärchen, bei denen ein Partner vier Pfoten hatte und sich an einer ledernen Leine ausführen ließ. Aber auch einsame Menschen sahen sie; Menschen, die keinen Partner hatten. Manchen hatte wohl das Schicksal das geliebte Wesen entrissen, andere hingegen waren ihm noch nicht begegnet. Und einige hatten sicher schon das Vertrauen verloren und vermochten so nicht mehr, einem anderen Menschen Partner zu sein. Diese einsamen Menschen stimmten Kiro und auch Nicci noch nachdenklicher. Und als die Sonne immer tiefer sank und die Luft schon etwas kühler wurde, da standen sie schweigend auf von ihrer Bank, fassten sich an den Händen und liefen nach Hause.

Auf einmal - keiner der beiden wusste eigentlich so recht, warum - hatten sie es eilig! Sie rannten die Treppe hinauf bis zu Niccis Zimmer; hastig schloss sie auf und als sie drin waren, gleich wieder zu! Etwas außer Atem schauten sie sich in die Augen, und wie auf Kommando fielen sie sich um den Hals und küssten sich, ganz innig. Dabei fiel Nicci wieder ein, was sie geplant hatte; und sie musste sich förmlich zwingen, ihre Hände im Zaum zu halten! Sie schob ihn zu ihrem Netz: "Setz dich da hin!", kramte aus ihren Taschen ein Feuerzeug hervor und zündete die Kerzen an, die auf dem Kistentisch standen. Dann fischte sie auch ihr großes Taschenmesser aus der Hose, ließ sich im Schneidersitz auf dem Boden vor der Kiste nieder, klappte den Korkenzieher heraus und drehte ihn der Weinflasche tief in den Hals. "Möchtest du vielleicht?" Sie hielt die fertig vorbereitete Flasche ihrem verdutzt dreinschauenden Liebling hin, der auch gleich aufstand und sich neben sie auf den Boden setzte. "So kenne ich dich ja noch gar nicht! Bist doch sonst immer so selbstständig?" Lachend nahm er ihr die Flasche ab und zog den Korken heraus. "Und die Gläser?", fragte er belustigt, immer noch überrascht von Niccis romantischer Anwandlung.

"Haben wir nicht! Gieß einfach da rein", und sie deutete mit ihrem Zeigefinger auf ihren Mund, den sie ganz weit aufriss.

Amüsiert wollte Kiro das auch wirklich gleich versuchen, als Nicci ihn feurig anguckte, ihm die Flasche sanft aus der Hand nahm und sie ansetzte. Sie nahm einen Schluck in ihren Mund, trank ihn aber nicht. Nein, sie stellte die Flasche weg und wandte sich Kiro zu, nahm seinen

Kopf in ihre Hände und sah ihm einen Augenblick lang tief in seine Augen. Dann klappte sie ihre zu, drückte in einem leichten Kuss ihre gespitzten Lippen auf seine Lippen und ließ den Wein aus ihrem Mund in seinen rinnen! Sehr vorsichtig tat sie das und war darauf bedacht, ihn nicht zu bekleckern - und Kiro schluckte, weil ihm gar nichts anderes übrig blieb. Und er fand es ganz toll! Auf diese Weise hatte ihm noch nie zuvor jemand Wein angeboten! "Nun musst du aber auch richtig was trinken, sonst bekommst du ja gar nichts ab", flüsterte er mit bebender Stimme, als sie sich wieder von ihm getrennt hatte. Artig nahm sie die Flasche und trank auch einen kleinen Schluck.

"Sag, wie komme ich denn überhaupt zu so einem romantischen Abend, Nicci? Wein, Kerzen sogar; hast du vielleicht was zu feiern?"

"Nein, eigentlich nicht", sagte das Mädchen ernst, "eigentlich - eigentlich habe ich vor, dich heute zu - naja, zu verführen, weißt du? Kiro, ich - ich möchte Sex haben mit dir!"

"Was - jetzt gleich, hier?" Und wieder spürte sie, dass ihn das erschreckte; wieder fühlte sie, dass er Angst hatte! Sie legte ihm die Hände auf die Schultern und sah ihn sehr ernst, fast traurig an. "Kiro, was hast du denn nur? Gefalle ich dir nicht? Sag mir doch - ist doch nicht schlimm. Wenn du das wirklich nicht willst, ich kann..."

"Nein, nein, Nicci! Du bist doch das nicht! Es ist nicht deine Schuld! Bestimmt nicht! Ich möchte schon auch sehr gern mit dir..., wahnsinnig gern mit dir schlafen. Ich meine natürlich nicht bloß schlafen, sondern eben..., naja, das eben! Aber ich...", er holte tief Luft, "ich kann nicht!"

Nicci spürte schmerzhaft, dass ihn etwas sehr quälte - und da nahm sie ihn einfach in die Arme. Hielt ihn fest! Denn sie spürte, dass dies in diesem Augenblick das einzig Richtige war, das sie tun konnte. Aber noch immer hatte sie nicht die leiseste Ahnung, was los war mit ihm. "Was kann nur so schlimm sein, dass es ihn davon abhält, etwas so Schönes zu tun, was so viel Spaß macht?" Und während Nicci grübelte und ihn im Arm hielt, merkte sie deutlich, dass er wieder dagegen ankämpfen musste, zu weinen. Und es dauerte eine Weile, bis Kiro sich wieder einigermaßen gefangen hatte. Er ließ Nicci los und legte seine Hände auf ihre Schultern. Dann schaute er ihr tief in die Augen und wollte anfangen, sich ihr zu erklären - aber es fiel ihm unendlich schwer. Nicci wollte aber nicht, dass er sich damit quälte! Da plötzlich - wie ein

Blitz traf sie der Gedanke - wusste sie, was ihm fehlte! Sie wusste es einfach; es musste irgendetwas mit Vertrauenkönnen zu tun haben! Wer konnte schon wissen, was er alles schon erlebt hatte mit anderen Menschen? Sie bemerkte erschrocken, wie wenig sie doch eigentlich wusste; sogar über ihn, ihren liebsten Freund! Und es tröstete sie nicht, dass im Grunde genommen eigentlich alle Menschen sehr wenig wissen - fast nichts. Über was auch immer.

"Schon gut", beschwichtigte sie ihn, "nicht jetzt. Erklär's mir - irgendwann mal. Wenn du es möchtest. Du musst jetzt nicht... Weißt du, lass mich doch ganz einfach mal machen! Und wenn es nicht klappt; egal! Hörst du? Vollkommen gleichgültig. Schau mich einfach an und tu - einfach nichts - oder alles, was du willst. Es ist okay, hörst du? Ich tu dir auch bestimmt nix Böses! Tu einfach so, als geht dich das alles nichts an! Lass dich einfach fallen; stell dir einfach vor, du würdest träumen oder so! Versuch es - und kuscheln tust du doch wirklich gern mit mir, oder nicht?"

"Na klar!" Er nickte heftig. "Daran darfst du nicht zweifeln! Danach bin ich doch schon süchtig; kann mir nichts Schöneres vorstellen, als zärtlich zu sein mit dir - auch wenn du's mir nicht glaubst." Er holte wieder tief Luft: "Also gut. Tu, was du nicht lassen kannst. Aber bitte, beklag' dich hinterher nicht, ja? Und sei nicht sauer, wenn ich - mich nicht fallen lassen kann..."

"Quatsch! Ich werde nicht sauer, versprochen! Kann ich gar nicht, weil es gar keinen Grund geben kann. Es sei denn, du hältst mich nicht in deinen Armen, wenn wir nachher schlafen gehen! Dann allerdings - werde ich leider nicht umhin können, dich zu ermördern!" Und da musste er lachen.

Kiro ließ sich ein. Er setzte sich kerzengerade hin und schaute neugierig auf Nicci, die gerade wieder die Weinflasche hinstellte. "Nun hast du mich aber doch neugierig gemacht. Was hast du denn nun vor?" Aber Nicci sagte nichts mehr. Und bald wurden seine Augen immer größer bei dem Anblick, den sie eben begann, ihm zu bieten...

Nicci hatte sich aufrecht hingekniet; ganz nah vor ihn. Sie sah ihn an, senkte dann ihren Kopf etwas und spielte mit ihren zierlichen Fingern an den Knöpfen ihres grünen Oberteils. Ein paar Strähnen ihrer grünen Mähne fielen über ihr Gesicht; ließen ihr Antlitz kindlich-verschämt und unglaublich verführerisch zugleich erscheinen. Ihre dunklen Augen funkelten im Licht der Kerzen; sie öffnete leicht ihren Mund, und Kiro spürte ihren Atem, der unmerklich schneller wurde... Er wollte sie anfassen, aber sie wich sofort ein Stückchen zurück. "Pfui! Pfoten weg - du darfst nur gucken - jetzt..." Gehorsam wich Kiro zurück; ihre raue, flüsternde Stimme und das, was sie tat, ließen sein Herz immer schneller schlagen! "Nicht böse sein - du wirst es nicht bereuen", hauchte Nicci, als ihre Finger ganz langsam - verlegen fast - die paar Knöpfe ihres Oberteils aufmachten, bis es beinahe wie von selbst von ihren Schultern glitt. Zwar hatte Kiro Nicci schon längst ohne ihre Sachen gesehen, aber noch nie zuvor war ihr Anblick ihm so unglaublich schön und verführerisch erschienen! Ihre Anmut war geradezu überirdisch, und die Kerzen tauchten ihre zarte, blasse Haut in so unwirkliches Licht, dass Kiro tatsächlich anfing zu glauben, er würde träumen...

Unterdes hatte Nicci wieder einen Schluck Wein in ihren Mund genommen. Ein kleiner Tropfen davon rann an ihrem Kinn entlang, und in diesem kleinen Tropfen brach sich das Licht der Kerzen. Kiro sah wie hypnotisiert auf diesen kleinen, glitzernden Tropfen; Nicci kam ihm ganz nahe, stupste ganz leicht mit ihrer Nasenspitze an seine Stirn und ließ seiner Zunge zuerst diesen Tropfen - um dann wieder ihre feuchten Lippen auf die seinen zu drücken und ihm auf diese unglaublich schöne Art zu trinken zu geben! Aus dem Trinken wurde ein Kuss, und während ihre Zungen sich zärtlich berührten, ließ Nicci ihre Hände ganz sacht über seinen Körper gleiten. Und schon spürte Kiro, wie diese kleinen Hände ihm sein Hemd aufknöpften! Sie küssten sich noch immer, als das Hemd schon längst von seinen Schultern geglitten und die neugierigen Hände an ihrem Ziel angelangt waren. Endlich konnte sie ihm noch näher sein; so nahe, dass die Spitzen ihrer kleinen Brüste seine Haut gerade eben berührten. Wieder erschrak Kiro; zuckte zusammen - doch er ließ Nicci gewähren. Schließlich hatte er es ihr versprochen, und er zwang seine Angst in die hinterste Ecke seiner Seele, bis er sie tatsächlich fast vergessen hatte. Und es erstaunte ihn, dass das gar nicht so schrecklich schwer war! Nicci hatte es tatsächlich schon beinahe geschafft, für eine Zeit seine quälenden Gedanken zu besiegen.

Ihre Zungen spielten noch einen langen Augenblick miteinander, und das Gefühl ihrer nackten, weichen Haut elektrisierte Kiro geradezu! Schon wollten seine Hände sie wieder berühren, streicheln, festhalten - kaum konnte er sich noch beherrschen, sie anzufassen... Keine Sekunde zu früh löste Nicci sich plötzlich und stellte sich vor ihm auf. Ganz dicht vor seinen weit aufgerissenen Augen ließ sie ihre Finger nun zu ihrer silbernen Fledermaus gleiten, die bald mit einem Ruck den Gürtel losließ und mit diesem leise polternd zu Boden fiel.

Nun war die Tarnhose dran. Unendlich langsam drückten Niccis Finger den obersten Knopf durch sein Loch; beinahe so, als wollte sie den anderen Knöpfen schon mal zeigen, was ihnen gleich blühen würde! Und bald hatte diese auch dasselbe Schicksal ereilt wie ihren Häuptling, und das alte, grüne Stück Leinen glitt über Niccis Hüften bis hinunter auf den Boden. Mit einem Fuß schob Nicci die alte Hose beiseite, und Kiro bemerkte, dass nur noch ein einziges, kleines Stückchen Stoff ihn von dem Augenblick trennte, in dem dieses faszinierende, liebe Geschöpf vollkommen und ganz und gar nackt vor ihm stehen würde! Nicci spürte, wie sehr er diesen Augenblick herbeisehnte, und sie genoss seine Spannung; verlängerte seine ungeduldige Vorfreude noch ein wenig mehr. Wieder ging sie vor ihm in die Knie, nahm seinen Kopf und küsste ihn zärtlich - um dann erneut gerade rechtzeitig vor seinen Händen zurückzuweichen. Rasend schlug sein Herz, als Nicci sich wieder erhob. Seine Blicke fixierten ihren nackten, zierlichen Bauch; zu gern hätte er ihn in diesem Moment geküsst! Und Niccis Finger begannen ein neues Spiel - eines, das diesmal ihr Slip nicht gewinnen würde.

Das zierliche Teil passte eigentlich gar nicht zu ihren alten Armeeklamotten. Unschuldig weiß, ganz zart und mit ein ganz klein wenig Spitze an den Rändern, war es so ganz anders als der abgewetzte, grobe, grün gefleckte Leinenstoff ihrer restlichen Kleidung. Und Kiro war begeistert von diesem Kontrast! Denn der gehörte zu ihr. Stand nicht die sensible und zerbrechliche Tiefe ihres Wesens in genau demselben Kontrast zu ihrer oberflächlich oft etwas rau und frech wirkenden Schale? Und eben diese so unterschiedlichen Facetten bildeten Niccis einzigartiges, bezauberndes Ganzes, fand er.

Verlegen knabberte Nicci auf ihrer Unterlippe, während ihre Finger mit ihrem Höschen spielten. Dieses letzte Stückchen Stoff schien sich fast ein bisschen zu sträuben, Kiros Augen nun endlich auch den Anblick ihres intimsten, nacktesten und schutzlosesten Körperteils zu gönnen - aber schließlich hatte es keine Chance. Nach Sekunden, die Kiro beinahe endlos erschienen waren, stand Nicci endlich vollkommen pur vor seinen Augen! Unmöglich konnte er seine Blicke von ihrem Geschlecht abwenden, so sehr war er verzaubert. Nicht ein einziges Härchen hatte sie daran gelassen; jedes einzelne von ihnen hatte Nicci entfernt, um so noch nackter für ihn zu sein. Und endlich wich sie auch nicht mehr vor seinen Händen zurück. Sie kam auf ihn zu, um nun endlich berührt, angefasst zu werden von seinen lieben Händen... Behutsam nahm sie seinen Kopf und drückte sein Gesicht auf ihren Schoß, als diese Hände vorsichtig ihr Hinterteil festhielten - und zum zweiten Mal an diesem Tag musste Nicci ihre Augen schließen und leise schnurren vor Wonne; diesmal, weil sie so unheimlich heiß geküsst wurde!

Niccis nackter Körper; seine Zartheit, sein Duft, sein Geschmack raubten Kiro fast die Sinne. "Und? Gefällt dir das?", fragte sie schelmisch, als sie ihn nach einigen Minuten wieder freigelassen hatte - freilassen musste, weil ihre Knie inzwischen ziemlich weich geworden waren. Und Kiro hatte auch deutlich ein leichtes Zittern in ihrer Stimme gehört! Er schluckte und nickte nur heftig. Sie kauerte sich wieder neben ihn, legte eine Hand in seinen Nacken und pustete ihm sacht in sein Ohr, während sie die andere Hand wie zufällig zwischen seine Beine gleiten ließ. Sie war neugierig und ein bisschen ungeduldig - und schnell fühlte ihre Hand, wonach sie gesucht hatte! Nun war Nicci es, die vor Erstaunen schlucken musste: "Also nun möchte ich wirklich mal wissen, warum er so schüchtern ist - er muss da eigentlich nicht derjenige sein, der Angst hat...", doch gerade in diesem Moment überfiel ihn ebendiese Angst wieder! Ihr Griff hatte sie geweckt; wie ein Raubtier aus der Deckung sprang sie ihn an; jäh war er ihr ausgeliefert.

Nicci spürte das sofort, und sie sah sie wieder; die Angst in seinen Augen, als er ihre Hand festhielt. Es war nicht wegen ihr, das fühlte sie jetzt ganz deutlich, als er ihre Hand dort wegnahm und sie verlegen küsste. Es war nicht ihre Schuld, dass er Angst hatte, und es war auch nicht seine. Kiro schaute sie traurig und zerknirscht an, hielt aber ihre Hand immer noch fest; warm und liebevoll. Und sie wurde traurig, weil sie spürte, wie traurig er war. So schwer es war; sie wollte eben wieder von ihm lassen, um seine Angst nicht noch zu vergrößern - da aber hielt Kiro sie fest!

Dafür war Nicci ihm sehr dankbar, denn seine Nähe wollte sie jetzt um keinen Preis missen! Fast hätte nun sie schon Angst bekommen; Angst, er könnte ihr diese Nähe verwehren... Doch nun setzte sie sich breitbeinig auf seinen Schoß, nahm seinen Kopf in beide Hände und sah ihn an. Dass sie völlig nackt war, hatte sie dabei schon wieder ganz vergessen. "Kiro, was hast du denn nur? Wieso lässt du mich denn nicht endlich deinen Körper kennen lernen; so ganz und gar?" Dabei piekste sie sacht mit ihrem Zeigefinger zwischen seine Beine.

"Ach Nicci, weil da - einfach nichts ist, was man kennen lernen müsste."

"Du spinnst!" Im ersten Augenblick dachte sie, er wollte sie auf den Arm nehmen. Das verstand sie nicht! Sie wollte doch nur zärtlich sein zu dem Menschen, den sie so lieb hatte. Vielleicht glaubte er ja, irgendetwas tun zu müssen, von dem er dachte, dass er es nicht könne oder so... Etwas. Aber was? Das müsste sie herausfinden. Und wie? Würde nicht ganz leicht sein, sogar mit ihrem IQ...

"Kiro!" Sie setzte sich kerzengerade hin und legte ihre Hände auf seine Brust: "Ich weiß ja nicht, was du glaubst, das ich so genau von dir erwarte. Sicher denkst du, dass ich jetzt unbedingt mir dir schlafen will. Dass ich da drauf bestehe, dass du mich nun sofort flach legst und über mich herfällst..."

"Ja sicher. Oder willst du das abstreiten?"

"Hm; nein. Ich streite es ja gar nicht ab. Habe ja auch gesagt, dass ich mir Sex wünsche. Aber ich will's doch nur, wenn du auch heiß drauf bist - und es dich glücklich machen würde! Und wenn nicht, ist es auch nicht schlimm. Meine Güte, du bist doch lieb zu mir! So lieb - ich möchte einfach nur alles tun, damit auch du dich wohl fühlst und glücklich bist. Erwarten tu ich eigentlich generell nichts, deswegen kannst du mich auch gar nicht enttäuschen. Logisch, oder? Will einfach etwas tun können gegen deinen Kummer. Du musst mir auch nicht erklären jetzt, was mit dir ist. Aber du kannst, verstehst du? Du kannst mit mir machen, was immer du magst - ich bin für dich da. Ich meine; ich will, dass du weißt, dass ich dich verstehen werde, Kiro! Egal, was du mir - heute oder irgendwann - einmal erklären wirst. Ich bin ja weiblich, wie du siehst, und da kann ich doch gar nicht alles wissen, was männliche Wesen so für Probleme haben können! Also bliebe mir gar nichts weiter übrig, als es zu akzeptieren, oder?" Zwar wusste Nicci sofort, dass ihre Worte recht kühn waren. Doch im selben Augenblick wusste sie auch, dass es ihr ernst damit war. Dann setzte sie wieder ihr schelmisches Grinsen auf: "Übrigens hatte ich gerade schon, was ich wollte! Oder war das vielleicht kein Sex? Das", und sie piekte ihn wieder, "ist also im Grunde genommen vollkommen überflüssig, wenn man's genau nimmt!"

"Aha. Überflüssig also. Ja, wenn man es genau nimmt", erwiderte er nachdenklich, "dann hast du mir eben einen riesengroßen Teddy aufgebunden!" Er lachte unsicher. "Aber du bist - unheimlich lieb. Unheimlich verständnisvoll und - unheimlich frech. Willst, dass ich mich ausziehe, lässt mich aber nicht mal aufstehen!" Erstaunt riss Nicci ihre Augen auf - schüttelte dann aber den Kopf: "Nein! Erst, wenn ich fertig bin. Weißt du, ich will nur, dass du weißt, dass ich dich unheimlich lieb habe und du alles mit mir anstellen darfst, was du willst. Aber du musst nichts - außer zärtlich sein zu mir! Das musst du, denn ohne das kann ich doch nicht leben! Und ich glaube, das ist doch nicht schlimm, oder? Das macht dir doch auch Spaß! Das weiß ich, weil du sonst gar nicht so tierisch gut wärst darin!"

"Ist ja gut, Nicci! Ist ja gut - ich glaube dir ja! Du musst nichts mehr sagen..." Und das konnte Nicci nun auch nicht mehr, weil sie geküsst wurde. Sie seufzte leise, als seine warmen Hände wieder anfingen, ihre nackte Haut zu streicheln, und sie drückte ihn ganz fest an sich. Stundenlang konnte sie das genießen, und ihm ging es genauso. Und so wunderte sich Nicci, als er sie plötzlich sanft, aber bestimmt von sich weg schob.

Kiro war sehr tapfer. Ehe Nicci es recht fassen konnte, war er aufgestanden und hatte sich auf einmal - ganz flink - von all seinen Sachen getrennt. Etwas verlegen lächelte er sie an: "Naja, sonst wäre es ja irgendwie unfair. Und so kann ich dich noch viel intensiver fühlen..." Und da strahlte Nicci vor Freude! Ihre Augen funkelten, denn ihr gefiel, was sie sah - und sie hielt es nun kaum noch aus, wollte ihn endlich ganz nah - und sich auf ganz besondere Weise bedanken. Doch bevor sie damit auch nur anfangen konnte, ergriff Kiro selbst die Initiative! Denn so konnte er wenigstens für ein Weilchen selbst bestimmen, was passierte...

Verzückt ließ sich Nicci von ihm auf den Rücken legen und klappte ihre Augen zu, als sie seine Lippen auf ihrer Stirn spürte. Leise stöhnend packte sie seinen Kopf, als sie seine Zunge auf ihrer Brust fühlte und seinen heißen Atem; und als sich ganz plötzlich ein Finger keck bis in sie hinein wagte, explodierte Nicci schon fast vor Lust! Sie konnte sich nun einfach nicht mehr beherrschen und schob ungeduldig seinen Kopf nach unten, zwischen ihre Schenkel, und nur zu gern ließ Kiro sich dort hinführen. Er küsste sie; küsste sie so zärtlich, innig und frech er nur konnte, und er ließ sich Zeit. Zeit, ihr so viel Zärtlichkeit zu schenken, dass sie schon sehr bald vollkommen die Kontrolle über sich verlor. Kiro genoss es, und er spürte nicht den Schmerz, als Nicci sich plötzlich mit aller Kraft an seinem Kopf festkrallte, leise aufschrie und sich wie eine springende Wildkatze unter ihm aufbäumte.

Das war ganz toll! Kiro konnte nicht genug davon bekommen, Niccis Körper immer heftigere Reaktionen zu entlocken! Schließlich konnte sie nicht mehr; war total fertig und schnappte nach Luft. Mit letzter Kraft konnte sie gerade noch seinen Kopf von ihrem Schoß weg, hin zu ihrem Mund führen. Und als Kiro das erschöpfte Wesen küsste, konnte es nur noch flüstern: "Du musst - jetzt bitte aufhören! Ich kann - nicht mehr. So stark - bin ich doch auch nicht...", und sie legte die Hand auf ihre Brust, "sonst brauch' ich noch Medizin! Bin doch auch nur ein armes, krankes Wesen!"

Er erschrak, "Oh Nicci, verzeih! Ich hab nicht dran gedacht..."

Aber Nicci lachte: "Spinner, du! Das war doch bloß ein Witz! Sowas ist gesuuund... Außerdem solltest du ja auch nicht denken! Es war toll! Ach, und übrigens; was hast'n du da?" Sie hatte gleich etwas an ihrem Schenkel gespürt, als er sich neben sie gelegt hatte; etwas, das nun erst auch er selbst mitbekam. "Au fein", kicherte Nicci, "ich habe ein gelöstes Problem gefunden!" Er lachte, doch es klang etwas bitter: "Siehst du, so ist das immer! Jedes Mal! Wenn er will, dann soll er nicht. Und wenn er soll, dann will er nicht. Weißt du, wie das nervt? Das ist schon nicht mehr lustig. Je mehr man es sich wünscht, dass das Problem sich löst, desto größer wird es. Und genau das ist sehr belastend, weil..."

"...es nur zwei kleine Wörtchen sind! Es soll klein und ER soll groß werden!", lachte sie. "Das kommt bloß daher, weil du eben zu viel denkst dabei!" Sie lächelte, "Mach dir doch darum einfach keine Sorgen. Denn Nicci weiß natürlich schon ein Mittel dagegen! Du musst eben einfach viiiel üben! Und ich bin mir inzwischen sicher, dass - selbst wenn du ewig üben müsstest - es mir Wurscht wäre! Und du weißt ja selber, dass du das nicht musst - es geht auch anders auf geradezu atemberaubende Weise, wie du mir ja eben erst selbst so eindrucksvoll gezeigt hast! Und zur Not gäb's ja auch noch die kleinen, bunten Freunde von der Pharmaindustrie, nicht wahr? Aber auch ohne diese ist's mir egal! Weißt du? Weil - ich liebe dich! Und; ich fange an zu frieren. Lass uns ins Netz gehen!"

Sie standen vom Fußboden auf, und fix befriedigte Nicci noch ihre brennende Neugier! Ganz verstohlen schielte sie für einen Moment auf das, was sie sich bisher nur in ihren heißesten Träumen ausgemalt hatte - so verstohlen, dass er es sofort bemerkte und lachen musste, während sie ihn nun schon offener musterte: "Eigentlich ist das dicke genug für mich! Wieso hat er nur Komplexe? Männer!" Aber das dachte sie sich nur still; sagte es nicht laut, als sie ihren Lusthasen so vollkommen sprungbereit betrachten konnte... "Du gefällst mir!" hauchte sie, als sie sich zusammen in ihre Decke gewickelt hatten. "Alles an dir gefällt mir!" Für eine Weile kuschelte Nicci sich an ihren Freund und ruhte sich aus, aber dann erwachte erneut der Tatendrang in ihr. Seinen leisen Protest erstickte sie gleich im Keim: "Du hast selbst gesagt - unfair! Wie du mir, so ich dir - und jetzt bist du dran. Es hilft dir nix! Mich armes Geschöpf hast du fix und alle gespielt, und jetzt will ich Rache! Das muss leider sein..." Sie strahlte ihn an und war flugs unter der Decke verschwunden, nachdem sie ihm noch mal kurz ihr Zünglein zwischen die Lippen geschoben hatte.

So richtig mochte Kiro sich auch gar nicht dagegen wehren, als Nicci recht flink mit ihrer Schnute das "Problem" erfasst hatte. Wieder wollte sein Kopf anfangen zu denken, doch der Wein hatte ihn ein ganz klein wenig müde gemacht; Gedanken fanden keinen rechten Halt mehr in seinem Geist. Sie waren zwar da; aber irgendwie, da waren sie ihm egal. Sie begannen, ihre Macht zu verlieren. Nicci unterdes vergnügte sich - ihren ganzen Erfahrungsschatz hervorkramend - sehr gekonnt, lieb und tabulos als Fellatrice. Durch nichts ließ sie sich beirren! Sie wusste, was sie tat, und als sie Kiros Hände auf ihrem Kopf fühlte, spürte sie ganz deutlich, wie sehr es ihm gefiel.

Sie ließ sich sehr viel Zeit und genoss ihre eigene Ausdauer, und als sie spürte, wie sein Atem schneller wurde, spornte es sie noch mehr an! Und bald, da hatte sie ihn - geschafft! Seine Hände streichelten ihren Kopf auf einmal nicht mehr, sondern sie hielten ihn fest, so dass sie nicht fort konnte - aber das wollte sie auch gar nicht! Sie hielt ganz still und ließ ihn gewähren; genoss es sehr, nun ihm jegliche Kontrolle zu rauben; und als er endlich ermattet ihren Kopf freiließ, da war sie glücklich! Nicci freute sich wie ein kleines Kind! Sie krabbelte wieder unter der Decke hervor, legte sich auf seinen bebenden Körper und gab ihm wieder einen Kuss. Und als sie nach einem sehr langen Augenblick damit fertig war, ihn zu küssen, strahlte sie ihn an: "Siehst du, nun habe ich noch andere Sachen als Wein, die ich mit dir teile!" Und dann lachte sie wieder und leckte sich ihre klebrigen Lippen. Sie schaute ihn an und sah, wie sehr ihn dieser ganz besondere Kuss verwirrt und - begeistert hatte!

Inzwischen war es Nacht geworden. Nicci hatte mittlerweile noch flink die Weinflasche ans Bett geholt - schließlich war man durstig nach alledem; nach so viel Zärtlichkeiten, so viel Lust! Der Rest aus der Flasche war bald ratzekahl vernichtet, und Kiro war nun besonders müde: "Bleiben wir gleich liegen oder gehen wir ins Bett?", gähnte er, und Nicci lachte: "Also ich stehe nicht mehr auf! Hab keine Lust - außerdem stören wir jetzt nur die Ratten." Tatsächlich; in einer Ecke raschelte es schon, als gerade eben die letzte Kerze verloschen war! Für eine Weile lagen die beiden ruhig aneinandergekuschelt und schwiegen, immer noch erfüllt von dem, was sie erlebt hatten.

"Danke", flüsterte Kiro seinem Liebling schließlich ins Ohr; als er dachte, sie wäre eingenickt. Aber dann bemerkte er, wie Niccis Augen ihn anfunkelten in der Dunkelheit: "Hä? Wofür bedankst du dich denn? Wir haben uns doch gegenseitig Drinks spendiert", lachte sie - und erntete einen Puff: "Na, für das, was du gemacht hast. Du bist so lieb, so verständnisvoll - fantastisch einfach! Und ich..."

"Pscht!", flüsterte sie und legte ihm sacht ihre Hand auf den Mund: "Sei still. Du musst dich doch nicht bedanken für solche Nebensächlichkeiten! Weißt du, ich mach das zwar alles tierisch gern. Aber irgendwie - andererseits - ist es nicht doch nur - eine Nebensache? Zwar eine tolle Nebensache, aber eben eine Nebensache, verstehst du? Ich denke, du brauchst einfach für manches mehr Zeit. Und du, du sollst alle Zeit haben, die du brauchst, Kiro, hörst du? Du musst nun nicht weiter nachgrübeln. Ich stelle mir gerade vor, ich kann auch mal nicht alles tun. Kann doch sein. Und dann; würdest du das denn umgekehrt nicht ähnlich sehen wie ich jetzt?"

Kiro überlegte: "Abgesehen davon, dass ihr Frauen ja eigentlich immer könnt, hast du Recht. Ja, wirklich... Es ist toll, wie du denkst, weißt du das? Und nun - hab ich dich noch mehr lieb!"

"Wir können auch nicht immer, wie wir wollen", widersprach sie leise, "aber das erkläre ich dir vielleicht mal später. Lieb hab ich dich aber auch unheimlich - und jetzt hältst du die Klappe und schläfst!"

"Zu Befehl!", flüsterte Kiro. "Schlaf gut..." Aber Nicci antwortete nicht mehr. Sie schmiegte sich nur noch enger an ihn, legte eine Hand auf seine Brust und war schon weg; unterwegs in ihre Träume. Und bald war auch Kiro eingeschlafen.

Lange und tief schliefen die beiden und hielten einander fest. Diese gemeinsame Nacht gab ihnen viel Kraft. Keiner von beiden konnte ahnen, wie viel davon die nächsten Wochen ihnen abverlangen würden... Doch noch war der Tag nicht herangekommen, an dem die kleinen Kümmernisse des vergangenen Abends zur Bedeutungslosigkeit verblassen würden im Angesicht dessen, was Nicci bevorstehen sollte.

Sechstes Kapitel

"Der Atem einer Nacht" und sein Zauber,
Blaulicht und Finsternis, die heller wird

Am nächsten Morgen, als sie erwachten, waren Kiro und Nicci noch ganz im Zauber des vergangenen Abends gefangen. Sie blieben noch ein Weilchen in Niccis Netz und begannen den Tag mit einer ausgiebigen Schmusestunde. Endlich hatte auch das Wochenende richtig begonnen; es war Samstag! Und wieder hatte Nicci bereits einen verführerischen Plan; vor allem für den Abend. Verzaubern lassen wollte sie sich und ihren Freund diesmal allerdings von anderen, auf eine gänzlich andere Art und Weise.

Für diesen Tag hatte sich die Truppe eines Freilicht-Theaters, das den Namen Helmnot-Theater trug, zu einem Gastspiel in Kethlon angekündigt. Schon im vergangenen Jahr hatte Nicci eine Aufführung dieser bunten Truppe miterlebt und war total begeistert gewesen. Und sie wollte auch das neue Stück auf keinen Fall versäumen! Es sei zwar schon ein Stück aus dem vergangenen Jahrtausend, dennoch wäre es durchaus experimentell, erklärte sie Kiro gleich nach dem Aufstehen. Denn so habe es in der Werbung gestanden, und eines wolle sie ja auf keinen Fall haben; etwas Normales.

Die beiden freuten sich den ganzen Tag lang schon auf das Theater, und recht schnell war der Abend herangekommen. Es dämmerte bereits, als sie sich auf den Weg zu dem alten Wasserschloss machten, in dessen Hof das Stück aufgeführt werden sollte. Die Dunkelheit der Nacht hatte bereits alles ringsum in sich aufgenommen, als sie nach einer dreiviertel Stunde am Schloss ankamen. Sie liefen über die uralte, steinerne Brücke, die über den Schlossgraben führte und die zu beiden Seiten von großen Fackeln erleuchtet war; bezahlten unter dem hochaufgewölbten, dunklen Torbogen ihren Obolus und traten hinein in den Schlosshof. Auch hier war flackernder Feuerschein, wohin man auch sah; es war gerade hell genug, damit jedermann sehen konnte, wohin er seine Füße setzte. Nur in einer Ecke des Hofes, da flimmerte kalt und fremd das Neonlicht eines Getränkestandes. Und gleich daneben stieg

Rauch aus einem plastenen Pavillon, unter dem Fleisch gegrillt wurde. "Hätten die das nicht noch unpassender machen können?", knurrte Nicci und winkte dann ab.

"Nee, das wäre ja Kunst!", entgegnete Kiro, und sie lachten beide, als sie weitergingen, um sich auch alles Übrige anzuschauen.

An zwei Seiten des Schlosshofes waren Konterbühnen aufgebaut, von denen vor allem die eine die Neugier der Zuschauer jetzt schon erweckte. Denn sie sah aus wie die riesige Knospe einer purpurnen Tulpe! Magisch angezogen, gingen auch Nicci und Kiro darauf zu. Schatten aus Licht, die aus dem Inneren kamen, huschten geheimnisvoll über die seidene Oberfläche. "Das ist bestimmt der Kokon!", meinte Nicci, staunend wie ein Kind.

"Wieso Kokon?"

"Weil das Stück KASCH-KA-KOKON, DER ATEM EINER NACHT heißt. Komm, lass uns schnell noch ein Weinchen holen, und dann sehen wir uns noch rasch die andere Bühne an, bevor es losgeht."

Ihre Pappbecher in den Händen, liefen sie am Technikwagen vorbei zur gegenüberliegenden Seite des Schlosshofes. Die zweite Bühne sah nun vollkommen anders aus als die erste, und Nicci raunte: "Is ja 'n komisches Ding!" Und in der Tat mutete das Ganze gar seltsam an. Zu beiden Seiten ragten zwei über fünf Meter hohe Türme düster in den sternklaren Nachthimmel. Einer von ihnen trug einen riesigen Käfig, dessen metallene Stäbe im Schein der Fackeln glänzten und funkelten - was in ihm war, verbarg jedoch Finsternis. Und der andere Turm, der war vollkommen dunkel. Wie ein mächtiger Klotz ragte er in die Höhe, und nur die Silhouette seines Kopfes ließ erahnen, was sich dort befand; irgendwie sah es dort oben nach einem Schornstein aus, in den jemand ein meterlanges, dünnes Rohr gesteckt hatte.

Nicci und Kiro suchten sich flink einen Platz, von dem aus sie alles gut sehen konnten. Nicci zog ihren Freund hinter sich her an den Rand des Schlosshofes, der an einer Stelle etwas anstieg. Sie schauten hinab auf die Menschen, die zwischen den alten Kastanienbäumen herumstanden, lauschten dem hundertfachen Gemurmel, das - noch allgegenwärtig - diesen Augenblick Nacht erfüllte; sie freuten sich am flackernden Feuerschein, der das Grün der Schlosshofbäume lebendig werden ließ; Tausende und Abertausende kleiner, flinker Schatten liefen und sprangen zwischen den Blättern umher! Und eben ging über der finsteren Silhouette des Schlosses der Vollmond auf.

"Schau doch nur", rief Nicci begeistert und zeigte mit dem Finger auf den gelb leuchtenden Erdtrabanten, "sieht der nicht geil aus?"

"Geil?" Kiro lachte. "Aber ist das denn nicht etwas anderes?" Dann zuckte er zusammen, weil Nicci ihn etwas unsanft in die Rippen geknufft hatte! Kaum hatte sie ihm wieder den Rücken gedreht, hielt er sie fest, und da hielt sie ganz still, schmiegte sich an ihn und schaute neugierig wieder hinüber zu der finsteren Bühne. Denn inzwischen geschah dort etwas! Auch das grelle Licht des Bierstandes verlosch endlich, das Gemurmel der vielen Menschen auf dem Schlosshof verstummte - das Spiel; es begann!

Skurrile Laute einer seltsamen Musik, überfröhlich und bedrohlich zugleich, öffneten das Tor zu jener geheimnisvollen Welt von KASCH, KA und dem KOKON und erschreckten, verstörten mit ihrer Plötzlichkeit die Menschen! Mitten unter ihnen tauchten auf einmal bunte Gestalten auf; sie sangen und tanzten; schienen etwas zu feiern. Es war der Geburtstag der Tochter des Großen Spielers, der die Menschen unversehens von Zuschauern zu Geburtstagsgästen werden ließ. Auch Nicci und Kiro konnten sich diesem unheimlichen Zauber bald nicht mehr entziehen; auch sie wären beinahe zu jener Gruppe ausgelassen Feiernder hingerannt wie viele andere - doch ebenso jäh, wie es begonnen hatte, endete das Fest schon wieder! Der Große Spieler war auf einmal ganz allein. Verlassen zwischen den beiden finsteren Türmen, hielt er sein neugeborenes Kind im Arm. Aber nein; dort war noch etwas! Ein Geschenk war da noch; eben erstrahlte es in geheimnisvoll roten Lichte! Und es war von derselben Gestalt wie die große Tulpenknospe auf der anderen Seite des Schlosshofes. Eine Spieluhr war es; eine Spieluhr für das Kind. Nur für das Kind, für das Kind allein; denn nur das Kind würde ihr Spiel ohne Leid überstehen können. Dennoch; der Große Spieler selbst zog die Spieluhr auf! Und die harmlose, kindliche Klimpermelodie; sie erwachte zu bedrohlichem Leben. Zwei Wesen entstanden aus den Noten; die Wesen KASCH und KA!

KASCH, der Rastlose, Finstere; er war besessen. Besessen von dem Traum, fliegen zu können war er - und so schuf sich dieses Wesen eine Welt, in der der klopfende Takt von Maschinen die Zeit bestimmte. Denn nach unendlich langer Zeit hatte KASCH nun in dem Spieler ein Opfer gefunden, aus dessen Kraft, aus dessen Blut er imstande sein würde, sich Flügel zu erschaffen. Gespenstisch erschien er auf einem seiner Türme und frohlockte ob seines Triumphes, während im Inneren des anderen, des Käfigturmes, ihm ähnliche Wesen emsig werkelten an der Erfüllung seines grausig-schönen Traums! Plötzlich war die Finsternis aus dem Käfig gewichen und ließ aller Blicke in das Innere hinein, so dass man in düsterem Lichte die Wesen darin beobachten konnte. Bald schon befand KASCH sich oben auf dem Käfig zu ihren Häuptern, und tatsächlich; es wuchs ihm der Kopf eines Vogels! Und auch die latexschwarze Oberfläche seines Leibes veränderte sich, bis er ganz und gar ein Wesen der Lüfte geworden war.

Ganz Vogel geworden, lockte er KA, dessen Mythos er fürchtete und den er als letztes, den Vögeln gleiches Wesen in Freiheit wusste, in seine künstliche Welt. Denn KASCH glaubte, KA die Weite entreißen, ihm seine Freiheit nehmen zu können. Doch das bunte, schillernde Wesen KA erkannte den heimtückischen Plan und floh; zurück in seine Heimat! Hin zu dem großen Kokon; jenem Gespinst, das der riesigen Blume glich. Und KASCH folgte ihm! Riesig groß, mit eisernen Flügeln schlagend, ritt er auf dem Rumpf eines alten Bombenflugzeuges dem davoneilenden KA nach. Bis endlich - inzwischen selbst von der finsteren Gestalt und Größe KASCHs - KA ihm den Weg versperrte, und es zum Kampf kam!

Gespenstisch projizierte das Licht der Scheinwerfer die Schatten der riesigen Vögel auf die Mauern des Schlosses. Und auch diese Schatten schienen wahrhaftig lebendig zu werden durch den zuckenden Lichtschein der Fackeln ringsum - und Nicci war froh, dass jemand sie festhielt. Denn all das jagte ihr kalte Schauer den Rücken entlang. Doch so konnte sie für einen Augenblick ihre Augen schließen, sich fallen lassen in die Geborgenheit ihres Freundes, und tatsächlich; für einen kurzen Moment waren all die skurrilen Bilder und Töne um sie herum einfach verschwunden.

Plötzlich - ein wahnsinnig lauter Knall! Ein Krachen, das alle Atmosphäre, alles sich Geborgenwähnen jäh zerfetzte. Hart wurde Nicci in die schaurig-schöne Wirklichkeit zurückgerissen, in der eine Wand aus Hitze beinahe schmerzhaft auf ihr Gesicht traf! Aus dem unscheinbaren Rohr, das bisher stumm und scheinbar nutzlos aus dem einen Turme ragte, war eben eine riesige Flamme emporgestiegen, und auch auf dem Käfig entflammte grell leuchtend ein Feuerwerk! Der Kokon gegenüber erstrahlte in noch roterem Rot - und er begann, sich zu öffnen; sein Geheimnis zu offenbaren!

Bunt schillernde Riesenvögel räkelten sich; gleich vier an der Zahl! Es waren die Kinder des KA! Und der Kampf der beiden Wirklichkeit gewordenen Fantasiewesen endete, ohne dass KASCH hätte obsiegen können. Ein Feuerwerk, viel schöner, bunter und prächtiger noch als jenes zuvor, entzündete die Finsternis hinter dem Kokon; dem Hort der Freiheit und Weite. Bunte Raketen, schillernde Fontänen und gleißende Feuerräder erleuchteten das alte Schloss mit all seinen Besuchern und Bäumen, Mauern und Bühnen; und als sei dies alles noch nicht prachtvoll genug, leuchtete sein Widerschein aus dem glitzernden Wasser des Schlossgrabens empor!

Kiro und Nicci waren gefangen von diesem Zauber. Dieses fantastische Spektakel aus einer Welt, die so fern ihrer Realität zu sein schien und die dennoch ein Teil von ihr war, hielt sie noch einen langen Augenblick in seinem Bann - bis mit greller Gewalt das kalt aufflammende Licht des Bierstandes den Traum verjagte und die Wirklichkeit wieder erweckte. Schmerzerfüllt kniff Nicci die Augen zusammen und wandte sich ab; legte ihre Stirn auf Kiros Schulter: "Komm, lass uns bloß hier verschwinden! Das ist ja abartig!" Und schnell huschten sie davon; vorbei an dem alten und nun verlassenen Flugzeug, vorbei an den vielen Menschen, den bunten Schauspielern, die rauchend an der Technik beieinander standen - und vorbei an einem niedlichen weiblichen Wesen in rotem Overall, das Kabel aufrollte. Sie liefen über die Brücke und hinaus in den dunklen Schlosspark. Erst dort, wo nur noch große, dunkle Bäume und das im Mondlicht glitzernde Wasser des Grabens ihnen stumme Gesellschaft leistete, kehrte ein Funken des Zaubers wieder, und sie blieben stehen.

"KASCH, KA und KOKON haben wir nun kennen gelernt. Und das hier; ist das - der Atem einer Nacht? Ich weiß nicht... Aber es war ganz toll! Auch wenn ich gestehen muss - so recht verstanden hab ich's wohl nicht."

"So? Hast du nicht? Ist aber schwach", Nicci lachte, "das Dumme ist nur, ich hab's auch nicht so richtig verstanden, glaub ich. Es ging um die Freiheit der Wesen, die niemand sich aneignen darf! Aber sonst - ich weiß nicht! War die Moral von der Geschicht'; kaufe nie 'ne Spieluhr nicht? Oder; mache nie was künstelich, was es gibt in Echt an sich?" Nun mussten beide lachen. "Trotzdem war's toll. Man muss nicht jedes erklären. Und hier", hauchte sie, "hier finde ich es jetzt übrigens ganz besonders schön!"

Kiro sah, wie ihre Augen funkelten: "Du kleine Ratte! Du hast wohl auch gerade das nur im Kopf?", und lachend küsste er sie. Für ein Weilchen setzten sie sich auf eine Bank und spielten noch miteinander. Erst, als fern eine Kirchturmuhr zweimal schlug, beschlossen sie, ihr Glücklichsein mit in das Abbruchhaus zu nehmen. Sie standen auf, fassten sich an den Händen und liefen heim.

Am Sonntagmorgen sollte es Frühstück bei der Omi geben. Nicci war etwas aufgeregt, weil sie Kiro bei dieser Gelegenheit der alten Dame vorstellen wollte. Doch als sie ankamen, bemerkte sie gleich, dass mit der Omi irgendetwas nicht stimmte. Zwar freute sie sich über Kiro, aber dennoch... Sie war ernster, auch stiller als sonst, und Nicci fragte besorgt, was denn mit ihr sei.

"Ach Nicci, lass mal gut sein. Tut mir Leid, dass das gerade heute..., aber ich fühl' mich nicht so gut. Hab zu nix Lust irgendwie, weißt du?"

"Ich kenn' das! Aber - Mensch, Omi; dich kenne ich gar nicht so! Mach keine Geschichten! Sag, können wir vielleicht etwas tun für dich?"

"Am Sonntag? Aber vielleicht findet ihr eine Apotheke; ich hab da noch ein Rezept, was ich vergessen habe, dir mitzugeben."

"Soll'n wir nicht doch lieber 'n Arzt...?"

"Ach wo. Es geht schon. Es bringt nichts, wenn du dich sorgst, Kind."

"Na gut. Wenn du meinst. Ich geb' Kiro das Fahrrad aus dem Keller, ja?" Und so machten sich die beiden flink auf den Weg durch die Stadt, um einen Pillenladen zu finden, der geöffnet hatte.

Ihre Sorge trieb Nicci zur Eile. So komisch war die Omi noch nie gewesen! Und Kiro ließ sich bald von Nicci anstecken. "Wie alt ist sie denn eigentlich, Nicci?"

"Du fragst Sachen - weiß ich gar nicht so genau. Aber ich glaube, irgendwie so um die achtzig."

"Was du nicht sagst! Ich hätte sie für höchstens siebzig... Macht doch aber noch einen sehr munteren Eindruck. Übrigens, ich hatte auch mal so eine Leihoma. Aber die war viele Jahre sehr krank; das Herz, Diabetes und so weiter. Das Schlimmste aber war; sie hatte keine Aufgabe mehr! Ihr Lebtag lang hatte sie für alle möglichen Leute gesorgt; Mann, Neffen, Nichten was weiß ich - nur eigene Kinder hatte sie nicht. Aber dann ist eines Tages ihr Mann gestorben, den sie jahrelang gepflegt hatte. Und auch die anderen ihr vertrauten Menschen verschwanden nach und nach aus ihrem Leben. Sie sind weggezogen wegen Familie, Job und so; manche haben sich auch einfach nicht mehr blicken lassen. Irgendwann, da ist sie schließlich ganz allein gewesen, ihr Leben war auf einmal leer. Für Hobbys hatte sie niemals Zeit gehabt, und das rächte sich nun bitter. Sie hatte nichts mehr zu tun, fühlte sich überflüssig; lesen mochte sie nicht, rausgehen konnte sie nicht, nicht mal den Fernseher konnte sie so recht verstehen! Mindestens einmal in der Woche bin ich zu ihr gegangen, da war dann öfter noch eine alte Bekannte von ihr da. Die hat sie ein bisschen betreut und hatte auch immer was zu erzählen, und darüber freute sie sich am meisten! Wollte einfach Menschen um sich haben, so wie früher... Sie saß dann zufrieden auf ihrem Stuhl, während wir Kaffee tranken und uns unterhielten. Auch wenn sie nicht alles verstand und auch bloß Tee mit uns trinken konnte, war sie ein bisschen glücklich. Manchmal, da ist sie mit einem zufriedenen Lächeln einfach eingenickt am Tisch, und wenn wir sie dann ansprachen; 'Eh, Tante Gretel, was sagst du dazu?', dann ist sie aufgewacht und hat gegrient und sich gefreut. Ach ja, sie war eine liebe Seele, Nicci. Doch sie musste immer mehr ertragen. Fiel oft hin in ihrer Wohnung und kam nicht mehr hoch - manchmal wurde sie nach Stunden erst entdeckt! Sie hat viel geweint, wenn ich sie besuchte, um ihr Einkäufe zu bringen oder um ihr Gesellschaft zu leisten, und sie sagte zu mir, dass sie nicht mehr leben wollte. Zwar habe ich versucht, ihr das auszureden, aber ich kam mir jedes Mal wie ein Lügner vor. Was soll man ehrlichen Herzens einem so alten, so kranken, so einsamen Menschen wünschen, der sich nutzlos fühlt und nicht mehr leben will?"

„Sterbehilfe", murmelte Nicci, „ich zumindest würde wollen, dass mich jemand einschläfert! Ich weiß nicht; zu einem Tier ist man doch auch gnädig und gönnt ihm einen schnellen Tod, wenn das Leben nur Qual ist... Warum dürfen wir Menschen selbst nicht auch über diesen Teil unseres Lebens bestimmen? Was, bitte, ist ethisch daran, einem menschlichen Wesen einen solchen letzten Wunsch zu verweigern – wenn es ihn ernsthaft hat und sich auch immer wieder so äußert? Wer hilft, wenn man sich selber nicht mehr helfen kann; wer darf einem helfen? Und warum kriegt man nicht mal ein Mittel in die Hand, wenn man sich noch selber helfen könnte? Das ist doch Scheiße!"

Erschrocken sah Kiro Nicci an. Ihre Augen hatten plötzlich einen fürchterlich hoffnungslosen Ausdruck, und sie war richtig wütend: „Ich will doch bloß selber bestimmen können, was mit mir geschehen soll! Und wenn ich aus irgendeinem Grund sterben will, dann sollen sie mich doch lassen! Ist das zu viel verlangt? Ich will doch bloß, dass es schnell geht, ich mich nicht rumquäle oder es mir weh tut! Das sollte doch verdammt noch mal möglich sein in dieser ach so zivilisierten Gesellschaft! Mein Leben ist doch meine Sache! Warum nicht auch mein Tod? Schlimm genug, dass schon kein Aas mich gefragt hat, ob ich auf diese Welt überhaupt kommen wollte."

„Aber Nicci", Kiro versuchte, sie aufzumuntern, „unser Leben - unsere Sache? Müssen wir nicht zu oft Dinge tun, die wir doch eigentlich gar nicht wollen? Und - ich glaube fast, du hast auch schon als Baby diskutiert!"

„Na, ist doch wahr! Im Augenblick ist das zwar noch kein so akutes Problem von mir. Aber wer weiß schon, was einem blüht? Ist das nicht besser, wenn man beizeiten über so was nachdenkt; über den Tod und so? Sonst sieht man nachher ziemlich blöde aus, wenn es ernst wird. Und - wenn du Recht hast; wenn mir die Freiheit meines Lebens schon nicht gehört hat, dann soll wenigstens mein Tod meine freie Entscheidung sein! Ich weiß, es ist kein schönes Thema. Tut mir Leid."

„Ist schon gut. Hast ja irgendwie auch Recht, Nicci. Aber schau, dort ist eine Apotheke!" Sie hatten Glück; der Pillenladen war geöffnet und hatte sogar, was sie brauchten. Schneller hätte es nicht gehen können. Trotzdem wurde Niccis Unruhe immer größer: "Lass uns das Zeug schnell hinbringen. Ich habe Angst!"

Eben waren sie schon um die letzte Straßenecke gebogen, als Nicci fast das Herz stehen blieb! Blitzendes Blaulicht kündete Unheil; der Krankenwagen stand genau vor dem Haus der Omi! Sie rasten los, doch da fuhr der Wagen mit aufjaulenden Sirenen bereits an, jagte mit ohrenbetäubendem Lärm an ihnen vorüber und ließ sie einfach stehen. Fassungslos hielt Nicci am Straßenrand an und blickte dem Krankenauto nach, bis sie eine Hand auf ihrer Schulter spürte, die sie festhielt: "Nicci! Was ist mit dir? Vielleicht war sie's doch gar nicht."

"Doch! Sie war's! Ich weiß es! Frag mich nicht wieso, aber ich weiß, dass die Omi da drin war! Schnell, wir müssen hinterher!"

"Aber weißt du denn überhaupt, wo die hingefahren sind?"

"Klar, ich denke schon - ich hoffe doch, dass sie sie ins nächstgelegene Krankenhaus bringen!" Nicci preschte los und ignorierte fortan jeglichen Straßenverkehr; Kiro konnte ihr kaum folgen auf der alten Möhre aus dem Keller der alten Omi. Wie Wahnsinnige jagten sie die Straßen entlang, bretterten über Fußwege, fegten über Kreuzungen... Kiro fuhr dicht hinter Nicci her und versuchte, irgendwie zu verhindern, dass nun auch noch ihr etwas passierte. "Menschenskind, fahr doch sinnig! Das bringt doch nichts, wenn du auch noch im Krankenwagen landest, Nicci!"

Tatsächlich war wohl hauptsächlich die sonntägliche Ruhe daran schuld, dass alles gut ging. Nicci merkte bald auch selbst, dass sie nicht mehr so schnell konnte, denn ihre Lungen wurden ihr auf einmal etwas zu klein und wollten nicht mehr so recht mitspielen, und ihr wurde auch klar, dass Kiro Recht hatte. Ohnmächtig war sie. Selbst wenn sie sofort, in dieser Sekunde bei der Oma hätte sein können; was könnte sie schon tun? Sie konnte nicht helfen, war ja nicht mal Ärztin... Kiro war erleichtert, als er bemerkte, dass Nicci sich besonnen hatte. Leise bat sie um Verzeihung: "Tut mir Leid - aber manchmal hab' ich echt 'n Knall."

Es war nicht ihre Schuld, dass sie das Krankenhaus so spät erreichten. Zu spät. Sie ließen ihre Räder fallen und rannten hinein, fanden auch schnell jemanden, der ihnen sagen konnte, was geschehen war. Der zuständige Arzt kam eben aus dem Behandlungsraum, in dem die alte Frau lag. Er sah die beiden an, und als sie sich vorgestellt hatten, schüttelte er nur bedauernd den Kopf. "Es tut mir Leid, aber wir konnten nichts mehr tun."

Plötzlich stockte die Zeit. Nicci war fassungslos. "Aber wie denn? Ich kann doch nicht..., das darf doch nicht...", und sie hielt ihm das Päckchen Medizin unter die Nase!

"Wollte sie das haben?" Und als Nicci kopfnickend bejahte, sah er auf die Uhr: "Na, dann kommen Sie mal mit." Wie immer hatte er Stress, aber er war dennoch ein sensibler Arzt und sah, dass er helfen musste.

Wie betäubt saß Nicci bald darauf in seinem Dienstzimmer, und Kiro machte sich zunehmend Sorgen um sie. Auch er war sehr betroffen, doch in diesem Moment war er froh, dass er die Omi kaum kennen gelernt hatte. Denn so, glaubte er, würde er für Nicci vielleicht eine größere Hilfe sein können. "Es war nicht Ihre Schuld", begann der Arzt, "das Medikament hätte ihr auch nicht helfen können. Es ist ein Medikament für das Herz, sie hat jedoch einen Gehirnschlag erlitten. Es tut mir sehr Leid."

"Aber wir waren doch noch kurz vorher bei ihr! Sie hat sich nicht gefühlt, aber so - wir hätten doch gleich einen Arzt..."

"Bitte, machen Sie sich keine Vorwürfe! Eine Nachbarin war dabei, als sie umfiel auf dem Hof - die konnte auch nicht helfen. Und Sie hätten es in diesem Fall auch nicht gekonnt. Glauben Sie mir!"

Nicci schwieg. Mit äußerster Anstrengung gelang es ihr gerade noch, die Kontrolle über sich zu behalten. Und als sie sich mit heiserer Stimme bei dem Arzt bedankte, sah Kiro, wie ihre Hände anfingen zu zittern. Voller Sorge sah er den Arzt an, und der verstand: "Soll ich Ihnen vielleicht was zur Beruhigung...?" Eigentlich wollte Nicci nicht. Aber dann hielt sie - ohne ein Wort zu sagen - doch ihren Arm hin, damit er ihr eine Spritze geben konnte. "Passen Sie gut auf sie auf", bat der Arzt Kiro, und zu Nicci gewandt; "das Zeug ist nicht ganz ohne. Sie können auch noch eine Weile hier bleiben, wenn Sie wollen."

"Nein, vielen Dank. Aber kann ich - kann ich vielleicht noch mal zu ihr?" Der Arzt runzelte die Stirn, willigte aber schließlich ein. Er brachte die beiden wieder bis zu dem Behandlungsraum, und Kiro ließ seine Freundin allein hineingehen, als sie ihn leise darum bat.

Der Doktor verabschiedete sich schnell, denn er wurde angepiept, und Kiro stand plötzlich allein vor der Tür, hinter der Nicci von ihrer toten Freundin Abschied nahm. Auch er fühlte nun, wie die Zeit immer zäher verging; Sekunden wurden zu Ewigkeiten. Er fühlte sich hilflos, und er wusste sich keinen Rat, was er tun, wie er Nicci helfen konnte in dieser Situation. Er fühlte sich wie unzählige Menschen vor ihm, die einem Tod gegenüberstanden, der sie betraf und auch wieder nicht betraf mit all seinem Schmerz, all seiner Endgültigkeit... "Was soll ich denn jetzt bloß machen mit ihr? Ist nicht alles falsch, was man tun kann?" Und er beschloss, einfach etwas jetzt schon zu tun, was er sowieso in der allernächsten Zukunft hatte tun wollen.

Als Nicci endlich - nach einer halben Stunde - wieder aus dem Zimmer herauskam, war sie sehr gefasst. Sie sah ihn an: "Ich habe ihr noch alles erzählt, weißt du? Vom Theater gestern, von den zwei Tratschen an dem Kiosk - und von dir. Das wollte ich ihr doch noch alles sagen! Und vor allem, wie sehr ich sie mochte. Und nun, da hat sie es ja vielleicht noch gehört irgendwie."

Sie hatte Abschied genommen. Und dennoch; so recht begreifen konnte sie es nicht. Nicci glaubte inzwischen sogar schon, sie würde träumen; würde gleich wieder aufwachen, und alles wäre wie vorher... Die Spritze wirkte inzwischen auch und vernebelte ihr Denken noch mehr, so dass sie anfangen musste, sich auf die einfachsten Dinge zu konzentrieren. Die Zeit ruckte wieder an; Nicci achtete darauf, wie sie lief; einen Fuß vor den anderen setzte, Hindernissen auswich; und sie war dankbar, als Kiro sie an die Hand nahm. Sie hielt sie fest, und wieder achtete sie darauf, wie warm sich seine Hand anfühlte und wie stark sie sie festhielt. All das beschäftigte nun ihren Geist und lenkte sie für kurze Zeit ab von ihrem Schmerz.

Wie betäubt stand sie bald wieder draußen vor dem Krankenhaus, wo ihr die Sonne mitten in ihr bleiches Gesicht schien. Mechanisch nahm sie ihr Fahrrad und fing wieder an zu gehen; nach Hause, zur Omi... Denn plötzlich war ihr eingefallen, dass dort noch jemand war! Jemand, der nun gar niemanden mehr hatte und ganz alleine war; jemand, um den sie sich kümmern musste! "Dicke Backe soll nicht in ein Tierheim!"

Sie erschien Kiro ganz abwesend; ließ sich wie ein Kind von ihm die Straßen entlangführen. "Nicci; würde es dir helfen, wenn ich hier bleibe?" fragte er sie plötzlich.

"Du musst doch morgen wieder fahren, Kiro! Oder übermorgen spätestens!"

"Nein. Ich werde hier bleiben - ganz hier bleiben! Wenn du willst - ich wollte es sowieso bald; für immer hierher zu dir kommen! Eigentlich sollte es eine Überraschung sein - meine Sachen kann ich immer mal noch holen."

Sie blieb stehen und sah ihn traurig, aber auch verwundert an: "Wieso? Du kannst doch nicht einfach da abhauen, wo du lebst? Ich meine, hast du dann da nichts mehr zu tun?"

"Schon. Aber das ist jetzt nicht wichtig. Wollte ja auch erst mit dir sprechen. Aber nun - ich will dich nicht alleine lassen! Kann aber auch wieder heimfahren erst mal, wenn es dir lieber ist. Würde ich verstehen."

Nicci brauchte eine Weile, um das zu begreifen. Vor ein paar Stunden noch wäre sie ihn mit Sicherheit angesprungen vor Freude. Aber jetzt, jetzt war alles anders. Sie fühlte sich schrecklich, und sie ahnte, dass das wohl erst mal so bleiben würde für eine ganze Zeit. "Weißt du denn, worauf du dich da einlässt? Es wird eine Zumutung sein - ich werde eine Zumutung sein!"

"Vielleicht. Aber ich glaube, es wäre noch schlimmer für mich, wenn ich mir immerzu Sorgen machen müsste und dir nicht helfen, nicht bei dir sein kann!"

Sie überlegte. "Gut. Wenn du wirklich hier bleiben willst - es ist lieb von dir. Sehr lieb! Viel Vergnügen wirst du allerdings wohl nicht haben an mir." Verwundert schaute er sie an: "Deswegen will ich ja auch nicht hier bleiben, Nicci. Sondern deshalb, weil du mir sehr viel bedeutest, vielleicht mehr als du ahnst! Und ich möchte endlich auch mal für dich da sein! Mach dir also bitte deswegen keinen Kopf. Lieg' dir auch nicht auf der Tasche!" Sie lächelte müde - an so was hätte sie niemals gedacht. "Du spinnst..."

Die nächsten Tage und Wochen waren sehr schwer für die beiden. Nicci und Kiro quartierten sich in der Wohnung der Omi ein, nachdem sie Niccis Habseligkeiten aus ihrem Abbruchzimmer geholt hatten; dieser Abschied war ihr nicht schwergefallen. Ihre Freunde, die Ratten, würden auch ohne sie blendend zurechtkommen. Und Sandra - man war ja nicht aus der Welt. Sandra war tapfer, so schien es Nicci.

Der Kater wollte tagelang nicht essen; auch er trauerte und vermisste seine Omi sehr, was Nicci zusätzlich Sorgen machte. Denn sie musste ja auch all die Dinge erledigen, die mit dem Tod eines Menschen nun einmal zusammenhängen. Und es stellte sich bald heraus, dass die Oma wirklich niemanden mehr gehabt hatte außer ihr.

Gott sei Dank hatte die alte Dame auf bewundernswerte Weise alles Nötige bereits geordnet und vorbereitet. Eines Tages erhielt Nicci Post von einem Notar. Sie wunderte sich, sollte dort hinkommen - bekam nur lapidar mitgeteilt, dass sie "Alleinerbin" sei! "Du liebes Bisschen; Alleinerbin! Wozu soll das denn gut sein?" Doch sie sollte aus dem Staunen nicht mehr herauskommen. Als der Termin herangekommen und Nicci mit Kiro bei diesem Notar war, übergab der ihr ein Sparbuch, auf dem so viel Geld war, dass sie mindestens zwei Jahre "fett davon leben" können würde, wie sie meinte! Ihr zumindest erschien die Summe geradezu riesig; fast zehntausend EURO waren es! Und - genau genommen hatte sie es nicht geerbt; nein; die Omi hatte es ihr vermacht als Entgelt für ihre Hilfe - und damit dem Finanzamt eine Nase gedreht, das nun keine Erbschaftssteuer bekam! Nicci war baff: "Mann, nie wieder Sozialhilfe..." Auch die Beerdigung war bereits bezahlt, ebenso wie zwei komplette Jahresmieten für die kleine Wohnung. Soviel Vorausplanung war Nicci schon beinahe unheimlich! Außerdem gab man ihr einen Brief, den die Omi ihr geschrieben hatte.

Wie betäubt ging Nicci wieder nach Hause. Zwar war sie irgendwie erleichtert, froh sogar; dass so viele Sorgen sich plötzlich mit einem Schlage erledigt hatten, aber richtig freuen darüber - nein! Das konnte sie nicht. Viel lieber hätte sie die Omi zurück gehabt; auch für das 'zigfache an Problemen! Und sie schämte sich, dass die Omi ihr soviel Gutes tat, wofür sie ihr nicht mehr danken konnte.

Zuhause angekommen, machte sie sofort den Brief auf. Kiro war in die Küche gegangen, um Tee zu kochen; er hatte gespürt, dass Nicci jetzt lieber allein sein wollte. Sie legte den Brief noch einmal hin, ging ihm nach und drückte ihn fest an sich. Und erst dann las sie den Brief.

"Meine liebe Nicci!

Wenn du diese Zeilen liest, dann werde ich leider irgendwie - verhindert sein, so dass du für mich nichts mehr tun kannst. Doch dafür kann ich noch etwas für dich tun, wie du schon bemerkt haben wirst - und es amüsiert mich der Gedanke, dass du nicht dagegen protestieren kannst, auf das Köstlichste! Nun kannst du dich für eine Weile ausschließlich all den Dingen widmen, die dir wichtig sind - ohne tägliche Sorgen.

Mach nicht so ein missmutiges Gesicht, Nicci! Ich seh' das... Du hast immer sehr bescheiden gelebt, und ich weiß auch, dass du in der Lage bist, selbst für dich zu sorgen. Mich allerdings hat es oft traurig gemacht, wie du leben musst. Und es erfüllt mich mit geradezu diebischer Freude, dass ich das nun ändere - ohne dich zu fragen! Nicci, du hast viel für mich getan - hast meinen alten und manchmal auch ziemlich leeren Tagen einen sehr lebendigen Inhalt gegeben. Und so etwas muss belohnt werden!

Um mein liebes Katerlein wirst du dich kümmern - das weiß ich. Dennoch habe ich noch ein weiteres Attentat auf dich vor! In der Schublade vom Büfett findest du Dokumente, die für dich bestimmt sind. Es sind Unterlagen von einem Grundstück, welches ich mir vor Urzeiten einmal zugelegt habe. (War ein Schnäppchen! Wenn du es mal siehst; es ist ganz hübsch, aber eigentlich auch nichts Besonderes. Bin halt nur nicht dazu gekommen, es irgendwie zu nutzen.) Es gehört nun dir, Nicci. Tu damit, was immer du willst. Verkauf es, verschenke es - oder behalte es. Doch sieh es dir auf jeden Fall genau an; ganz genau... Ich bin sicher, es wird dir gefallen.

Tja, nun wirst du wohl garantiert noch stärker versuchen, diese Welt zu verbessern, die ich nun verlassen habe; relativ leichten Herzens übrigens. Denn das, was ringsum geschieht, machte mir schon lange Angst. Nur um dich, meine liebe Nicci, tut es mir Leid. Und ich bin traurig, dass ich dich nun nicht mehr begleiten kann. Doch Gott sei Dank hast du ja nun einen Menschen für dich gefunden! Bestimmt wird er dafür sorgen, dass du niemals mehr einsam sein musst. Davon bin ich überzeugt. Denn eine falsche Wahl <u>kann</u> jemand wie du gar nicht treffen; das wäre einfach unlogisch! Hätte ihn gerne noch richtig kennen gelernt - aber wie es halt so ist; man kann eben nicht alles haben.

Sei also nicht zu sehr traurig meinetwegen. Denn das ist nicht gut; schon gar nicht für dich, Nicci. Schau, ich war ein alter Mensch, und ich habe lange in dem Teil der Welt gelebt, in dem du hoffentlich noch eine ganze Weile bleiben wirst. Für mich ist nun aber die Zeit für Neues, Zeit für Besseres. Und schon jetzt, da ich dies hier schreibe, bin ich sehr neugierig darauf...

Nicci, kümmere dich um die Zukunft in deiner Welt! Sie sieht zwar nicht gut aus, aber da <u>du</u> ja daran mitbaust, hat sie zumindest noch eine Chance. Daran glaube ich fest, denn ich glaube an dich! (Auch, wenn ich heilfroh bin, nicht in deiner Haut zu stecken und nun wohl etwas mehr faulenzen zu können! Siehst du, nun lächelst du wieder...) Mach es gut, liebe Nicci; sieh nach vorne in der Zeit, vergiss darüber jedoch nicht das Heute - und denk ab und zu an mich;

deine alte Omi.

ps.: Denk daran, dir demnächst einmal das Grundstück anzusehen! Es hat auch ein Häuschen und - einen Bahnanschluss."

Kiro kam aus der Küche und ließ vor Schreck beinahe die Teetassen fallen! Denn Nicci lächelte zwar tatsächlich, aber dieses Lächeln machte ihm Angst; es war so ohne Hoffnung... Und dann fing Nicci an, hemmungslos zu schluchzen. Sie kauerte zusammengekrümmt auf dem alten Sofa, hielt den Brief fest und weinte, stumm und verzweifelt. Vorsichtig nahm er ihr den Brief weg, setzte sich zu ihr und nahm sie in die Arme. "Es ist gut. Wein' dich nur aus, Nicci. Es hilft dir." Und sie hielt sich an ihm fest; war ihm so dankbar dafür, dass er da war und sie sich bei ihm total fallen lassen konnte, ohne kämpfen zu müssen.

Als sie sich müde geweint hatte und es ihr wieder etwas besser ging, schimpfte sie mit sich: "Warum bin ich traurig? Es geht ihr nun doch bestimmt besser, der alten Omi! Eigentlich sollte ich mich doch freuen! Ist es nicht - purer Egoismus von mir? Ich weine nur, weil ich etwas verloren hab..." Doch ehe Kiro darauf etwas erwidern konnte, schüttelte sie diese Gedanken von sich und bat ihn leise, den Brief zu lesen. "Es geht dich schließlich auch an; genau so viel wie mich." Dann schaltete sie den Fernseher ein, um sich ein wenig abzulenken und sich in den Schlaf lullen zu lassen. Ihre Stimme aktivierte das Gerät, sie legte ihren Kopf auf Kiros Schoß und starrte stumm auf die zuckenden Bilder an der Wand. Doch das, was sie sah, war ganz und gar nicht dazu angetan, sie abzulenken.

Ein Magazin berichtete über das alltägliche Grauen in ihrer Welt. Eine Flutkatastrophe hatte fernab Tausende von Leben vernichtet, weil irgendwelche Großkonzerne wieder einmal Flüsse reguliert hatten, ohne zu denken; nur mit dem Blick auf Profit waren Tatsachen geschaffen worden. Irgendwo leckte ein alter Atomreaktor, und die Pipeline einer unterseeischen Ölförderanlage war gerissen, als man gerade einen Tanker beladen wollte; man versuchte gerade, die Anzahl der toten Tiere zu schätzen. In Afrika gab es die alljährliche Hungerkatastrophe - mitten im Bürgerkrieg - und ganz in der Nähe war ein Bus von einer Brücke gefallen, weil man aus Kostengründen eine technische Kontrolle an dem Fahrzeug unterlassen hatte.

"Ausschalten", rief sie, "ich kann es nicht mehr sehen!" Und gnädig verlosch der Bildschirm. Nicci aber konnte nicht einmal mehr weinen. "Was ist das nur? Was ist kaputt in mir? Warum muss ich das immer sehen und kann es einfach nicht ignorieren wie die anderen alle?" Sie war verzweifelt! Konnte wieder all die schrecklichen Dinge nicht vergessen, an denen die Technik sie hatte teilhaben lassen; jedes Mal war es so! Jedes Mal litt sie unsäglich, wenn sie solche Dinge erfuhr; sie miterlebte aus der Ferne; trotzdem wollte sie immer wieder hinsehen! Nicht ihre Augen, ihre Ohren verschließen! So hatte sie ja auch irgendwann die Fähigkeit entwickelt, ihre ganze Intelligenz so einsetzen, all ihr Tun so gestalten zu können, dass nichts Böses daraus entstünde; niemals! Heute aber, da war es einfach zu viel. Sie fühlte sich zu klein, zu hilflos und ohnmächtig, um selbst die kleinste Sache von all diesen Dingen auch nur mit ihren Gedanken erfassen zu können. Aber sie war nicht allein mit ihrem Schmerz.

"Denk jetzt nicht mehr, Nicci! Schlaf ganz einfach - schlaf ein...", und Kiro streichelte sie, bis sie auch tatsächlich eingeschlummert war.

Irgendwann lag das Gröbste hinter ihnen; die Omi war begraben, und auch das Leben in einer richtigen Wohnung war schon fast ein Teil Normalität geworden. Und Nicci hatte versucht, sich zu verinnerlichen, dass man im Grunde ja gar nicht trauert, weil jemand tot ist, sondern weil man selbst etwas für immer verloren hat. Und also sei diese Trauer doch am allermeisten Selbstmitleid, dass man bekämpfen müsse... So wollte sie es sehen, und es half ihr ein bisschen.

Kiro war endgültig umgezogen, und für Nicci hatte das letzte Semester ihres Studiums begonnen. Sie arbeitete viel, denn sie wollte gut sein - sehr gut... Draußen war es längst kälter geworden, und sie war froh, dass sie warmes Wasser hatten und auch eine Heizung. Selbst, wenn die recht alt war und Pflege brauchte. Auch hatten sie für Sandra das Schlafzimmer der Omi eingerichtet. Die hatte sich vor Glück gar nicht fassen können, als Nicci ihr das Angebot gemacht hatte, mit ihnen in der Wohnung zu leben! Denn sie hatte sich doch recht unglücklich gefühlt, als Nicci aus dem Abbruchhaus verschwunden war und sie zurückbleiben musste; das hatte Nicci sehr schnell gespürt. Kiro störte sich nicht an ihrer Gegenwart - und auch nicht daran, dass Nicci nachts auch ab und zu Sandra Gesellschaft leistete. Doch es ihr gleichzutun, davon hatte Nicci ihren Freund dann doch noch nicht überzeugen können. Ihr ernsthaftes Ansinnen in dieser Hinsicht hatte ihn allerdings in maßloses Staunen versetzt!

Dicke Backe war nun nicht mehr so oft draußen, viel lieber mochte er jetzt die warme Stube genießen. Schließlich war er nicht mehr der Jüngste und schätzte mehr und mehr die Bequemlichkeit. Den Verlust der Omi hatte der Kater am besten verkraftet. Zwar war er einige Tage lang sehr traurig gewesen, hatte miaut und sie überall gesucht. Doch nach wenigen Wochen schon hatte sein kleines Katzenhirn ihn wohl einfach vergessen lassen, und er war zufrieden, dass jemand bei ihm war; er schmusen konnte und zu Essen bekam. Und ohne, dass er es wusste, war er seinen "Wohltätern" oft zunutze; einfach, weil er da war und es ihm gut ging.

Niccis Seele litt unter der trüben Jahreszeit, und obwohl sie den Tod der Oma inzwischen so leidlich verarbeitet hatte, fühlte sie sich oft deprimiert. Alles erschien ihr zu viel; die Verantwortung, die sie sich selbst mit ihren Idealen aufgeladen hatte, drohte sie manchmal fast zu erdrücken. Vor allem dann, wenn die Umstände sie zwangen, eben diese Ideale zu vergewaltigen. "Wie wird der Strom gemacht, den ich verbrauche? Wenn ich in diesen Supermarkt gehe; wem gehört der; wen unterstütze ich damit eigentlich? Wer verdient Geld an mir - und was macht er damit? Woher kommen die Sachen, die ich esse - wer macht sie? Und wie? Bezahle ich einen fairen Preis dafür; der alle leben lässt? Und - übersehe ich nicht doch noch hunderttausend Dinge jeden Tag..." Ließ Nicci sich von solchen Fragen zu sehr gefangen nehmen, dann kam dieses Gefühl der Ohnmacht wieder; wie ein unheimliches Raubtier sprang es sie an und packte sie!

Schon wieder - Kiro war gerade unterwegs, auch Sandra war nicht da - erschien ihr auf einmal alles um sie herum, als wäre es durch eine dicke Glasscheibe von ihr getrennt. Sie fühlte sich wie ausgeschlossen; fühlte sich, als stünde sie nicht mehr innerhalb ihres eigenen Lebens, das ihr plötzlich nicht mehr wie ein richtiges, lebendiges Leben erschien. Sie trat ans Fenster und blickte hinaus auf die Straße, wo das richtige Leben pulsierte. Doch die Menschen auf der Straße waren nur noch wie die Figuren in einem nichtssagenden Film. Zwar schien die Sonne sogar ein bisschen, aber auch das tröstete sie heute nicht. Sie erinnerte sich daran, dass ihr die Oma mal von einer Zeit erzählt hatte, in der die Sonne noch nicht so gefährlich gewesen war wie heute, wo die Ozonschicht immer dünner und immer löchriger wurde von Jahr zu Jahr. Die paar Sonnenstrahlen und der blaue Himmel taten ihr plötzlich weh, und erschrocken trat sie zurück in die schützende Dunkelheit des alten Wohnzimmers. Sie bemerkte, dass sie sich noch immer nicht richtig heimisch hier fühlte, dass sie so ein Gefühl eigentlich gar nicht kannte, wenn sie darüber nachdachte. Sie konnte sich zumindest nicht daran erinnern. "Wo bin ich hier eigentlich? Bin ich überhaupt richtig - in so einer Welt? Ich muss doch hier verkehrt sein! Das ist nicht mein Zuhause, das kann es nicht sein! Und wenn Kiro nicht wäre, dann..."

Immer weiter rückwärts ging sie, bis ihr Rücken an die Wand stieß. Stehend verharrte sie einen Augenblick; fassungslos staunend über die

Leere in sich; die Leere ringsum... Ihre kraftlosen Knie zwangen ihren Körper, an der Wand entlang nach unten zu gleiten, bis sie zusammengesunken in der hintersten Ecke des Zimmers kauerte. Ihre Augen starrten ins Nirgendwo, aufkommende Tränen kribbelten in ihrer Nase. Nicci versuchte, sich zusammenzureißen und gegen das Kribbeln anzukämpfen; kniff sich mit zwei Fingern oben in ihr Näschen, aber das funktionierte diesmal nicht. Das nutzlose Bild in ihren Augen verschwamm, und Nicci öffnete ihren Mund zu einem stummen Schrei, als all ihr Schmerz, ihre Hoffnungslosigkeit und Einsamkeit aus ihr herausbrachen! Sie ließ sich auf die Knie fallen, ihr Oberkörper sank vornüber, bis zusammen mit ihren Händen die ersten Tränen auf dem alten Teppich landeten. "Warum? Warum reicht das alles nicht aus, was ich mache? Was hat das überhaupt für einen Sinn? Die Omi hat es besser jetzt..."

Plötzlich aufkommende Wut ließ ihren Körper sich wieder aufrichten. Mit einem nicht mehr menschlichen Aufschrei versuchte ihre Seele, sich von ihrer dumpfen Last zu befreien! Mit ganzer Kraft schlug Nicci ihre Faust an die Wand; immer wieder; bis sie blutete. Doch dann sank sie wimmernd wieder zu Boden. Ihr Kummer war einfach zu groß. Er hatte in diesem Augenblick absolute Macht über sie! Und es ging ihr auf, dass diese Augenblicke in letzter Zeit jedes Mal länger wurden...

Nicci wusste nicht mehr, wie lange sie so hemmungslos auf dem Boden kauernd geheult hatte - ihr erschien es wie eine Ewigkeit. Und niemand war da, so schien es... Auf allen Vieren kroch sie zu der alten, verschlissenen Couch und legte sich hin, nahm eines der alten Kissen ganz fest in den Arm, presste ihr tränennasses Gesicht hinein und weinte sich leise in einen traumlosen Schlaf, der sie für eine Weile erlöste.

Sie erwachte wieder, als ein lautes, schnarchendes Schnurren ihr Ohr erreichte! Irgendetwas kletterte respektlos herum auf ihrem zusammengerollten Körper - es war der Kater, der inzwischen aus irgendeiner Ecke hervorgekommen war! "Du Lieber..." Sie drehte sich auf den Rücken und sah den Kater von unten her an. Der saß nun auf ihrem Bauch, trampelte mit den Pfoten, stupste seine Nase an die ihre; seine Schnurrhaare kitzelten ihr Gesicht, und Nicci pustete ihn an. Da zog Backe seinen Bumskopf ein, nieste - und legte sich einfach auf ihren Bauch, als sei das eine ganz normale Sache! Schnurrte weiter - und war bald eingeschlafen.

"Na Hauptsache, dir geht das gut, was?" Nicci streichelte ihn, griff dann in das Fell an seinem dicken Kopf, dem er seinen Namen verdankte, und rubbelte ihn sanft: "Du dicke, dicke Backe, du!" Und dann - lächelte sie. "Warum nehme ich alles immer so ernst? Gott sei dank werde auch ich nicht ewig hier leben; bin doch nur Gast hier für ein Weilchen. Genau wie du..." Der Kater hatte ganz unbekümmert geschafft, was ihr selbst oft so unendlich schwer fiel. Er hatte sie erinnert, dass alles nicht nur eine schwarze Seite hat. Bald kam auch Kiro nach Hause und erschrak, als er ihre aufgeschlagene Hand sah, aber Nicci beruhigte ihn. Erzählte ihm, was passiert war; er legte sich zu ihr, sie nahmen das wohlig schnurrende Wesen in ihre Mitte, und bald ging es Nicci schon viel besser.

Siebentes Kapitel

Niccis neue Welt

Das Jahr neigte sich seinem Ende zu, ebenso wie Niccis Studium. Nur noch ein paar Prüfungen, dann würde sie mit ihrer Diplomarbeit beginnen können. Sie würde frei sein; endlich frei von all den Pflichten, die so ein Studium bedeutete! Und das Diplom, das konnte auch durchaus noch etwas warten. Schließlich hatte sie ja auch noch anderes vor im neuen Jahr.

Ihre innige Freundschaft zu ihrem Seelenbruder hatte in der Zwischenzeit fast alles übertroffen, was Nicci sich je erträumt hatte! Und wäre sie so wie viele andere Menschen um sie herum gewesen; hätte sie alles Falsche der Welt ebenso ignorieren können wie diese, dann hätte Nicci wohl auch gar nicht so selten gemeint, sie wäre glücklich. Am Silvesterabend fassten die beiden endgültig den Entschluss, am Ende des Frühlings aus der großen Stadt zu verschwinden! Zwar vermisste Nicci ihre Freunde schon jetzt, aber sie tröstete sich, dass die ja alle nicht allein blieben. Denn auch Sandra hatte da vor kurzem jemanden kennen gelernt; das hatte sie zugegeben, als Nicci ihr vermindertes Kuschelbedürfnis aufgefallen war. Und so bot sie ihr gleich an, die Wohnung zu übernehmen; schließlich war die Miete ja noch für lange Zeit bezahlt.

Recht schnell vergingen die wenigen Monate, und als endlich der Frühsommer und mit ihm der Tag der Abreise gekommen war, nahmen Nicci und Kiro nur das mit, was sie bei sich tragen konnten und unbedingt brauchten. Alles andere ließen sie Sandra. Nicci hatte am Vorabend noch eine Abschiedsparty für all ihre Freunde gegeben, und man hatte sich alles Gute gewünscht, sich versprochen, dass man in Kontakt bleiben wolle und dergleichen Üblichkeiten mehr. Und Nicci hatte sich fest vorgenommen, diese Versprechen nicht zu Versprechern mutieren zu lassen!

Nicci war sogar einmal beim Frisör gewesen und hatte sich ihren "Fuchsschwanz" abmähen lassen. Alle ihre Haupthaare waren nun bloß noch fünf Millimeter lang, aber dafür leuchtete nun wieder jedes Einzelne von ihnen in seinem unverwechselbaren, durchdringenden Grün! "Damit mich im Wald nicht gleich jeder sieht - und kurz ist sowieso besser wegen der ganzen Tierchen, die da so rumfliegen! Die hängen sich sonst noch auf", kommentierte sie lachend Petras Frage, ob denn auf ihrem Kopf nun ein Golfplatz oder ein Fußballstadion sei. Das hatte die sich auf der Abschiedsfete nicht verkneifen können, obwohl ihre Haare ja noch kürzer waren als die von Nicci. Schweren Herzens verabschiedeten sie sich von Sandra, die den Kater auf dem Arm hielt und ihnen traurig nachwinkte, als sie in Richtung Bahnhof davonradelten. Und als Nicci sich noch mal umdrehte und zurücksah auf das alte Haus, dachte sie noch einmal an die Omi. "Ihr geht es bestimmt jetzt besser, ganz bestimmt", murmelte sie nachdenklich - und beschwichtigte Kiro, der sich gerade schon wieder Sorgen um sie machen wollte.

Bald saßen sie im Zug, und Nicci freute sich, dass sie Bahn fahren konnte. Über ein halbes Jahr lang hatte sie das schon vermissen müssen. Und viel zu schnell, nach einer guten Stunde schon, kamen sie in dem kleinen Dörfchen an, das den merkwürdigen Namen Knuffelsdorf trug, und von wo aus es per Fahrrad weitergehen würde. Freundliche Anwohner wiesen ihnen den Weg: "Ach, das alte Schrankenwärterhäuschen – ja, ja; damals, als die Kleinbahn hier noch fuhr in unserer Gegend... Schön, dass nun da wieder jemand wohnt!" Das Grundstück selbst lag etwas entfernt, und tatsächlich brauchten sie für den holprigen Feldweg auch mit ihren Fahrrädern noch eine gute halbe Stunde, ehe es nach einer Wegbiegung unvermittelt vor ihnen lag.

Ein alter Jagdzaun versperrte ihnen den Weg, doch weiter hinten, da konnte man tatsächlich schon das alte Bahngleis sehen! Nicci bekam Kulleraugen und freute sich: "Ist das geil, das ist ja tatsächlich ein Eisenbahngrundstück!" Da war es tatsächlich; das alte Bahnwärterhäuschen! Die Schranken daneben schienen schon seit Ewigkeiten geschlossen zu sein; an einer großen, alten Schwengelpumpe, die in der Sonne stand, spielte der Wind in einem großen Spinnennetz, eine alte, morsche Bank stand neben der Eingangstür - wie verwunschen stand es da, dieses Schrankenwärterhäuschen. So, als habe es die Zeit hier einfach vergessen. Nicci war begeistert! Denn obendrein stand einige Meter weiter noch ein alter Eisenbahnwaggon; augenscheinlich ein Gepäckwagen! Komplett schien er allerdings nicht mehr zu sein, etwas versetzt hinter dem Häuschen stand er in rechtem Winkel zu den Schienen und hatte wohl offenbar als Schuppen gedient. Aber was machte das schon! Sie hatten einen richtigen Eisenbahnwagen!

Mit vereinten Kräften schoben sie eines der Zaunfelder beiseite und nahmen ihr neues Heim in Besitz. "Das ist ja fantastisch! Schau doch nur; so viele Bäume, so viel Grün - und ziemlich versteckt liegt es auch!", jubelte Nicci und fiel ihrem Freund glücklich um den Hals. "Komm, lass uns das alles genau anschauen! Mann, weißt du, was man hier alles anstellen könnte?" Und Kiro lachte, weil Nicci das in einem sehr zweideutigen Tonfall herausgerutscht war. Zögernd gingen sie weiter, sahen sich um und versuchten zu schätzen, wie lang wohl der Zaun, der teilweise schon zusammengefallen war, sein mochte. "Wir sind blöde! Das Ding ist zeeehntausend Quadratmeter groß, also sind es bestimmt hundert Meter im Quadrat!" Nicci erinnerte sich; das hatte ja in den Unterlagen gestanden! Die Schienen führten in leichtem Bogen über den hinteren Teil, und der holprige Weg, der sie bis hierher geführt hatte, kreuzte die Bahnstrecke und endete einige hundert Meter weiter in einer neu angelegten Schonung. Später würden sie herausfinden, dass er einmal zu einer Sandkiete geführt hatte, die schon vor langer Zeit stillgelegt worden war und inzwischen einen hervorragenden Badesee abgab. Das Land ringsum war leicht hügelig, und im Westen, hinter dem Bahngleis, begann dichter, dunkler Wald mit vielen ganz alten Kiefern, Birken und anderen Laubbäumen, der auch die nördliche Grenze ihres Landes bildete. Nach Osten und auf der ganzen Strecke bis zum Dorf hingegen war wunderschönes, romantisches Heideland, das ab und an durch größere Waldflächen unterbrochen wurde.

Die beiden ließen ihre Räder stehen und rannten zwischen ein paar bizarr anmutenden, uralten Obstbäumen hindurch zu dem Bahnwärterhäuschen, sprangen über das alte, schon fast zugewucherte Gleis und öffneten die unverschlossene Tür. Staunend traten sie in eine Atmosphäre, in der die Zeit wohl tatsächlich stehen geblieben war! Seit Ewigkeiten schon war augenscheinlich keine Menschenseele mehr an diesem Ort gewesen; alles sah noch genau so aus wie an jenem Tag, als der letzte Zug diesen Bahnübergang passiert hatte und der alte Schrankenwärter in Pension gegangen war. Der Weg, den die Schranken einmal sicherten, hatte schon Monate vor diesem Tag sein Ziel verloren und führte seither nur noch ins Nichts - zumindest, wenn man es wirtschaftlich betrachtete.

Die karge Einrichtung des alten Dienstraumes war - ebenso wie die Fensterscheiben - von dickem Staub bedeckt. Es gab ein großes Fenster, das um die Ecke ging und das eigentlich aus zwei Fenstern bestand, damit man die Strecke auch gut einsehen konnte. An diesem Fenster standen ein alter Stuhl und ein alter Tisch, auf dem ein mindestens ebenso alter Telefonapparat sein nutzlos gewordenes Dasein fristete. Daneben ruhten unbeweglich die beiden großen, eisernen Kurbeln, mit denen man einmal die Schranken bewegen konnte; Spinnweben zogen sich von ihnen bis zu einer alten Liege hinten in der Ecke. Eine uralte Zeitung leistete diesem Sammelsurium stumme Gesellschaft, und als Nicci einen Blick auf die Zeitung warf, da staunte sie! "Neunzehnhundertneunundachtzig! Das muss man sich mal vorstellen! Die heben wir auf!"

Hinten in der zweiten Ecke, der Liege gegenüber, stand - übergroß und beinahe so, als wollte er seiner Verurteilung zur Untätigkeit trotzen - ein dunkelgrüner Kachelofen. Kiro schraubte am Verschluss der gusseisernen Türe, bis diese sich quietschend auftat, und schaute hinein: "Du, der scheint tatsächlich noch in Ordnung zu sein! Bestimmt bekommt er hier noch alles wunderbar warm, wenn auch rundherum alles friert..."

"Das ist Klasse! Aber ich bin doch froh, wenn wir ihn noch nicht so bald brauchen werden."

Kiro sah sie von unten her an: "Und wenn du doch mal frierst, dann kann ich dich schließlich auch wärmen!" Er stand auf und nahm sie in die Arme: "Ich find's toll hier! Und ich freu' mich, dass wir hier bleiben!"

Wenn es an dieser Tatsache bis jetzt noch irgendeinen Zweifel gegeben hatte; nun waren sie sich absolut sicher. Das hier; das war ihr neues Zuhause! Nicci hatte sich insgeheim schon lange gewünscht, aus dem großen, grauen Kethlon wegzuziehen, und Kiro war es in dieser riesigen Stadt sogar immer etwas unheimlich gewesen. Er war halt nicht so mutig und tapfer wie sie, das wusste er. Vielleicht liebten sie sich auch deswegen? Weil er's wusste, und weil sie ihn gerade dafür bewunderte, dass er in so einer Zeit so war; ein bisschen verletzlich;

sensibel, so dass sie manchmal regelrecht das Bedürfnis hatte, ihn zu beschützen?

Hand in Hand gingen die beiden nun weiter zu der nächsten Tür, die auf der anderen Seite des Raumes halb offen stand. Sie führte in einen winzigen, düsteren Flur, in dem es nur ein ganz kleines Fensterchen gab. Schemenhaft konnten sie zwei weitere Türen erkennen, und Nicci öffnete die eine davon: "Wetten, das ist das Klo!"

Sie hatte Recht. Knarrend gab die Tür den Blick frei auf die sanitäre Anlage des Objekts, die - abgesehen vom allgegenwärtigen Staub - in erfreulich gutem Zustand zu sein schien. Nur der Kasten mit der Schnur fehlte, aber woher sollte hier auch schon fließendes Wasser kommen! Statt dessen stand neben dem Klo ein Eimer, mit dem man sicher das Wasser von der alten, grünen Schwengelpumpe vor der Tür holen musste. "Wie nett; ist ja fast noch ein Plumpsklo!" Davon war Kiro nicht sehr angetan, aber Nicci meinte, es würde ihr schon etwas dafür einfallen. Wenigstens gab es hier aber ein großes Fenster, und man konnte "dabei" schön ins Grüne gucken! Sie ließen die Tür offen - so wurde es gleich etwas heller im Flur.

Der Raum hinter der zweiten Tür war eine Art Küche. "Möchte wissen, wie viele Hektoliter Kaffee hier wohl schon gekocht worden sind", sinnierte Nicci, als sie eine alte, blaue Blechkanne entdeckte, die auf dem urtümlichen Kohleherd stand. "Mann, das ist ja wie im wilden Westen! Und sogar 'ne Backröhre hat das Ding!" An einer Wand stand ein altes Küchenbüfett, das Nicci lebhaft an das von der Omi erinnerte. Ihr Gesicht wurde wieder ernst, sie ging hin zu dem alten Möbel und strich sacht mit der Hand über seine betagte Oberfläche: "Ach, die Oma. Schade, dass du sie nicht richtig kennen lernen konntest."

Wortlos nahm Kiro sie wieder in die Arme, und dankbar schaute sie ihn an. Als er allerdings glucksend zu ihr meinte, wie nett sie doch aussehen würde; hinter diesem Herd mit einem blauweißen Kittelschürzchen, da streckte sie ihm die Zunge heraus, lachte und drehte ihren Zeigefinger vor ihrer Stirn! Als sie sich weiter umsah, meinte sie stirnrunzelnd: "Du meine Güte, ist aber nicht gerade viel Platz zum Wohnen. Obwohl - 'ne Einraumwohnung mit geräumiger Küche und Klo - ist ja auch was!"

"Wieso ein Raum?", erwiderte Kiro; "Sieh mal da, eine Dachbodenklappe!", und er deutete nach oben. "Komm, lass uns da mal hoch gucken!" Die Klappe hatte Nicci noch gar nicht bemerkt! Und Kiro freute sich, dass die Neugier Nicci so schnell wieder von ihren trüben Gedanken abgelenkt hatte.

Die Luke über ihnen hatte einen Ring, an dem man sie mit einem Haken herunterziehen konnte. Kiro schaute sich suchend nach diesem Haken um, und siehe da; ordentlich aufgestellt, stand er in der Ecke neben dem Küchenherd. Er pustete den Staub vom Griff, ehe er zufasste, die Stange in die Öffnung der Klappe einhakte und daran zog. Nichts! Die Klappe war verklemmt. "Du musst doller ziehen! Los, wir machen es zusammen!" Nicci fasste auch an die Stange, und mit einem kräftigen Ruck gelang es ihnen, die widerspenstige Klappe zu öffnen.

Mit einem Aufschrei sprang Nicci zurück und riss geistesgegenwärtig ihren Freund mit sich, als laut polternd von oben plötzlich eine Leiter auf sie zuraste! Mit lautem Knall schlug sie auf dem Holzfußboden auf und fabrizierte eine ziemliche Staubwolke, so dass Nicci die Augen zusammenkniff und pustete! "Mann, das ist ja tückisch! Ich glaube, es ist am besten, wenn wir das Ding einfach offen stehen lassen. Zumindest, wenn wir nicht oben sind. Sonst ziehen wir sie hoch; weil, sonst erwischt uns noch einer, wenn wir da mal..."

"Das dachte ich mir, dass du schon wieder an das denkst! Frauen!" Kiro lachte. Kletterte dann flugs die Leiter hinauf, und Nicci folgte ihm. Oben angekommen, reichte er ihr die Hand, um ihr zu helfen, richtete sich dann auf - und peng! Den ersten Balken hatte er gleich übersehen. "Hier sieht man aber nun wirklich nichts!", knurrte er ärgerlich. Doch Nicci hatte eine Lösung parat. Sie zauberte aus einer ihrer vielen Taschen ein winziges Lämpchen hervor, das bald seinen kleinen Lichtstrahl durch die Düsternis sandte.

Der Dachboden war erstaunlich groß und in der Mitte auch gerade so hoch, dass man aufrecht stehen konnte. "Wie ich dachte", meinte Nicci; "das ideale Schlafzimmer!"

"So. Und wie willst du hier ein Bett hoch bekommen?"

"Ein Bett? Wer braucht denn hier ein Bett? Du brauchst kein Bett...", und Kiro konnte nicht mehr widersprechen. Denn Nicci drückte gerade ihre Lippen auf seinen Mund! "Ist das nicht toll; wir machen einfach alles sauber, ölen die Balken, damit sie schön aussehen; und dann legen wir alles weich aus, packen einfach ein paar Matratzen hin!"

"Oder hängen so ein Netz auf! Wie in deinem alten Zimmer! Und putzen die Fenster!" Kiro hatte inzwischen eines gefunden; es war vollkommen von Laub und Kiefernnadeln bedeckt, so dass auch nicht ein Lichtstrahl mehr hindurchdringen konnte! Er entriegelte es, stieß es auf, und schon war der Dachboden in ein angenehmes Dämmerlicht getaucht. Und ab und zu fiel sogar ein kleiner Sonnenstrahl durch die Blätter der vielen Bäume bis auf die alten Holzdielen des Bodens.

"Toll! Hier ist ja noch so ein Fenster." Nicci hatte auf der gegenüberliegenden Seite bald auch die zweite Dachluke geöffnet und befreite die Scheiben, so gut es eben ging, von all dem Moos und Laub. "Stell dir vor, wenn wir hier unser Bett hinbauen, dann können wir direkt in die Bäume und in den Himmel sehen!" Und wirklich; der Ausblick von hier oben war fantastisch! Das Grün der Bäume und die Farben des Himmels bildeten ein stetig wechselndes Farbenspiel über ihren Köpfen, und Nicci stellte sich schon vor, wie das Ganze wohl bei Regen oder gar Gewitter wirken würde! Und so ein Regenguss oder gar ein Unwetter; wie mochte das hier oben wohl klingen? Das Geräusch trommelnder Regentropfen hatte sie immer schon gemocht, und hier oben, da würde das bestimmt ganz schön plätschern!

Ansonsten war der Dachboden sehr ordentlich. Denn er war leer. Nur an der Stirnseite, die weiter hinten noch im Dunkel lag, konnte Nicci im Schein ihrer kleinen Lampe auf einmal einen alten Schrank erkennen! Voller Neugier gingen die beiden darauf zu, und Nicci leuchtete ihn an: "Mann, das ist vielleicht ein großes Schloss! Und keiner hat den Schlüssel", meinte sie bedauernd, als sie sehen musste, dass der Schrank verschlossen war, so dass sie ihn - im Moment wenigstens - unmöglich öffnen konnte. Sie gingen um den Schrank herum, er war wirklich sehr groß! Dunkel, staubig und geheimnisvoll stand er da; Kiro fasste ihn an und versuchte, ihn zu bewegen: "Unmöglich! Der ist so was von schwer, da ist bestimmt noch was drin!"

"Hm, wer würde auch einen leeren Schrank zuschließen", entgegnete Nicci. "Und er sieht auch noch gut aus! Keine Holzwürmchen, nix ist gerissen - nur staubig ist er. Naja, wie alles hier. Gut gebrauchen könnten wir ihn schon, wenn wir ihn aufkriegen, ohne dass er uns kaputt geht."

"Aber wie sollen wir das machen ohne den Schlüssel? Das Schloss sieht ziemlich kompliziert aus. Wird nicht leicht zu knacken sein. Und aufbrechen; dann geht das Schloss entzwei - und der Schrank vielleicht auch!" Die beiden waren ratlos.

"Das kriegen wir jetzt eh nicht. Lassen wir's erst mal. Manche Dinge klären sich von selbst, wenn man sie nur lange genug liegen lässt!", belehrte Nicci grinsend ihren Freund. Doch der konnte den alten Schrank nicht so schnell vergessen. Wenigstens aber konnte er ja nicht weglaufen, soviel war sicher. Und schließlich gab es hier garantiert noch jede Menge anderer Dinge zu sehen, die im Moment noch auf ihre Entdekkung warteten!

Im Augenblick jedoch war ihre brennendste Neugier erst einmal befriedigt. Das Haus kannten sie nun; hatten alles gesehen. Nun erst spürten die beiden auf einmal, wie stickig und schwül es hier oben war, trotz der geöffneten Fenster: "Ich könnte eigentlich gleich heute mal ausprobieren, wie es sich hier oben schläft - und so..."

"Na, dann lass es uns doch tun! Wird bestimmt kühler in der Nacht."

"Meinst du, wir sollen es tun?" Verschmitzt sah Nicci ihn an, knabberte verlegen auf ihrer Unterlippe, und Kiro begriff jetzt erst - und traute seinen Augen kaum, als er sah, wie ihre Hände sich langsam den Verschlüssen ihres Oberteils näherten! Mit klopfendem Herzen hörte er das leise Knacken der Druckknöpfe, die sich unter ihrem Griff öffneten. "Nicci, was tust du? Schlafenszeit ist doch jetzt noch nicht - oder ist es dir denn so warm?"

"Ja, mir ist plötzlich schrecklich heiß!", hauchte Nicci, und es dauerte nicht lange, bis sie alle beide nichts mehr an hatten. Plötzlich war alles ringsum nicht mehr wichtig; nicht die Hitze, die den Schweiß von ihrer Haut perlen ließ; nicht der Staub, der hier allgegenwärtig alles bedeckte; nicht das harte Holz, welches das einzige Lager war, das sich ihnen bot... Sie hatten nur noch Augen für den anderen! Jeder hatte des anderen ungeteilte Aufmerksamkeit; nichts gab es mehr ringsum in diesem Augenblick. Gar nichts!

Nicci war schnell auf seinem Schoß gelandet und hatte ihren Liebsten unter sich eingeklemmt. Sie spürte, wie seine Hände zärtlich und fordernd über ihren Körper glitten, und es schien ihr, als hätte er nicht nur zwei, sondern hundert Hände; so intensiv spürte sie seine Berührungen! Kaum fühlte sie ihn in sich, da merkte sie schon, wie das Zentrum ihres zierlichen Körpers zu glühen begann... Leise wimmernd vor nackter Lust, spießte sich Nicci noch tiefer auf; ihr Atem wurde immer schneller, ein langgezogener Seufzer entrang sich ihrer Brust, und ihr Leib bäumte sich auf, als sie es vor Lust nicht mehr aushielt! Sie warf ihren Kopf zurück, drückte ihren Rücken durch, so weit es nur ging... Ihre bebenden Hände suchten Halt, und fanden ihn endlich an einem großen, rostigen Haken, der über ihrem Kopf aus einem Dachbalken ragte. Mit aller Kraft klammerte sie sich daran fest und schrie vor Glück, als sie plötzlich dieses ersehnte Gefühl in sich hatte; so, als würde das Innerste ihres Körpers von Spritzern heißen, flüssigen Silbers getroffen... Nicci wusste nicht mehr, wo genau ihr Körper aufhörte und der von Kiro begann! Sie fühlte sich auf so unglaubliche Weise eins mit ihm wie noch niemals zuvor; so, als gäbe es überhaupt keine Grenze mehr zwischen ihnen - hier oben, auf diesem alten, staubigen Dachboden...

Minutenlang war Nicci wie in Trance vor Lust, ehe sie vollkommen erschöpft, schweißgebadet und schmutzig auf dem nackten Körper ihres Freundes zusammenbrach. Sie presste ihr Gesicht an seine Schulter, verharrte so für einige Minuten und hielt ihn ganz fest, bis sie sich schließlich wieder aufrappeln konnte: "Du Armer! Komm, das muss doch sehr unbequem für dich sein; mit dem Rücken auf dem harten Boden!" Und gerade in dieser Sekunde begann Kiros Körper auch zu spüren, wie Recht sie damit hatte! "Naja, das nächste Mal darfst du dann wieder unten liegen", raunte er erschöpft, und Nicci lachte: "Das will ich auch hoffen!" Und beide standen auf und kletterten - so splitternackt, wie sie waren - wieder die steile Leiter hinab. Sie rannten barfuß über die staubigen Holzdielen, die in den alten Räumen lagen, und traten vor die Tür. "Lass uns ausprobieren, ob die alte Pumpe wohl noch geht. Du siehst nämlich aus..."

"Wieso sehe ich aus? Was glaubst du, wie du aussiehst?" Sie mussten beide kichern, als sie sich ansahen. Ihre Körper waren total grau und verschmiert von dem Staub, in dem sie gerade so etwas Wunderbares erlebt hatten - und der sie nun auch noch zum Lachen brachte! Kiro nahm den Schwengel der Pumpe, doch der bewegte sich ganz leicht. Zu leicht; denn anstelle des erhofften Wassers kam nur ein leises Quietschen aus dem Inneren des alten Eisenrohres. "Warte, ich hole die Feldflasche! Vielleicht kriegen wir sie damit in Gang!" Nicci kippte das ganze Wasser, das sie noch hatten, oben in die Pumpe hinein, Kiro versuchte es erneut; und tatsächlich! Die Pumpe griff, und es gluckste dumpf, bevor ein kräftiges Plätschern die beiden in helle Freude ausbrechen ließ! Die ersten, rostigen Spritzer trafen ihre Füße, doch dann sprudelte es glasklar und eiskalt aus dem Rohr heraus, und Nicci traute sich mutig unter den pulsierenden Strahl! Zuerst hielt sie nur ihren Kopf unter das frische Nass, prustete und schnaubte wie ein junges Pferd, wusch sich ihre Haare und ihr Gesicht, bevor sie endlich auch den Rest ihres Körpers dem Wasser überließ. Zwar jammerte sie schrecklich, weil es so kalt war, aber sie war es ja gewohnt seit ihren Tagen im Abbruchhaus. Und blitzschnell war sie fertig.

Während er pumpte, genoss Kiro den zauberhaften Anblick, den sein Liebling unter dem kalten Wasserstrahl bot. Kaum sattsehen konnte er sich, als ihre flinken Hände sämtliche Stellen ihres Körpers vom Schmutz befreiten - viel zu schnell für seinen Geschmack war sie fertig und trat erleichtert zurück in die wärmende Sonne. Sofort übernahm sie nun das Pumpen und beobachtete genau so vergnügt, wie er sich nun unter dem eisigen Nass wand. Kaum war auch seine Haut wieder blitzblank, rannte Nicci schnell zu ihrem Rucksack, zerrte ein Handtuch heraus und trocknete ihn ab; ganz gründlich. Anschließend allerdings konnte sie es sich nicht verkneifen, ihren nassen Körper an ihn zu pressen, bis er wieder genau so nass war wie zuvor! Das kleine Handtuch war bei der ganzen Herumalberei natürlich im Nu klatschnass, und so gaben sie das Abtrocknen auf. Sie holten sich eine Decke, nachdem sie vorsorglich ihre Flasche und auch den Eimer vom Klo und die Kaffeekanne voll gepumpt hatten, und legten sich in die Sonne, damit die das Trocknen erledigen konnte. Zwar schaute Nicci etwas sorgenvoll nach oben: "Na ein paar Minuten UV-Licht werden wir doch abkönnen?" Doch bald war mit den Wassertropfen auch die Kälte auf ihrer Haut wieder verschwunden, und sie holten ihre Sachen vom Dachboden, klopften sie aus und verzogen sich in den Schatten.

Aneinandergekuschelt waren die beiden rasch eingenickt und schlummerten, bis der Tag sich schon langsam dem Abend zuneigte. Erst da wachte Nicci wieder auf und weckte Kiro, indem sie ihre Hand auf seine Augen legte: "Komm! Gleich ist es sooo dunkel! Lass uns doch noch den Rest von dem Gelände anschauen, bevor es Nacht wird. Wir müssen uns schnell noch einen Platz zum Schlafen suchen; nachher sehen wir nichts mehr. Haben keinen Strom für eine Festbeleuchtung - bis auf die Fahrradlampen und das hier!" Stirnrunzelnd richtete Nicci das Lämpchen auf seine Augen und knipste es ein paar Mal an und aus.

Sie gingen auf die andere Seite vom Haus, wo hinter dem Gleis der alte Gepäckwagen stand. Das Gelände stieg hier etwas an, und um die Neigung auszugleichen, hatte man unter den vorderen Teil des Waggons alte Schwellen aufgestapelt. Seiner Drehgestelle beraubt, hing er so halb in der Luft, und zu der vorderen Plattform hinauf ging eine kleine, alte Trittleiter. Die wirkte so altersschwach, dass sie Mühe zu haben schien, den guten Meter Höhenunterschied zwischen dem Waggon und Erdboden zu überwinden. Nicci kletterte sofort hinauf, wobei sie ihre Hände vorsichtshalber die Haltestangen des Wagens umklammern ließ; denn die kleine Leiter knackte schon verdächtig! Kiro blieb dicht hinter ihr, damit er sie auffangen könnte, sollte die Leiter zusammenbrechen. Aber sie hielt. Wenigstens diesmal noch. Etwas erleichtert standen sie bald oben auf der Plattform und sahen sich um. "Ist das nicht wundervoll?", rief Nicci begeistert, als sie den schönen Ausblick sah: "Von hier aus kann man ja fast alles überschauen! Den hier nur als Schuppen stehen zu lassen, ist einfach viel zu schade! Lass uns schauen, ob der nicht doch für was Besseres taugt!"

Kiro wandte sich um und wollte in den Wagen hinein. "Nanu! Hier sind ja gleich zwei Türen! Das hab' ich ja noch nie gesehen!" Auch Nicci kannte so etwas nicht, und so griff Kiro zuerst nach der rechten der beiden Türen, drückte die metallene Klinke herunter und öffnete sie - und stand mitten im Klo! Nicci hinter ihm kicherte: "War wohl doch nicht die richtige! Aber so wissen wir schon mal, wo das ist! Obwohl - benutzen werden wir's wohl besser nicht", und sie wies auf die große, grüne Pflanze, die von unten her durch das Fallrohr bis in das Becken hineingewachsen war und schon ein Stück weit oben herausragte, "das kitzelt bestimmt, wenn man da sitzt! Und draußen müssten wir dann immer eine Wäscheklammer auf der Nase tragen. Und stell dir mal vor, wir kriegen Besuch! Die gehen hier lang, und plötzlich macht es 'Platsch' neben ihnen..." Die beiden kugelten sich fast vor Lachen bei diesen Gedanken! Dann sahen sie sich noch das spartanische Waschbecken an, auf dem sogar noch ein fast schon versteinertes Stückchen Seife lag, und klinkten dann die Klotür wieder hinter sich zu.

Die andere Tür hatte oben eine Glasscheibe, aber Nicci konnte nichts erkennen, als sie versuchte, in den Waggon hineinzusehen. Denn auch die Scheibe war schmutzig; teilweise sogar ein bisschen grün von Algen. Aber wenigstens ging die Tür leicht auf. Die beiden traten hinein in das große, düstere Gepäckabteil - und waren ein bisschen enttäuscht. Es war vollkommen leer! Gar nichts fand sich hier drin, was man vielleicht hätte untersuchen oder gar gebrauchen können... "Auch gut", meinte Nicci dann jedoch, "so können wir uns den viel schneller einrichten, wenn wir ihn nicht erst entrümpeln müssen. Damit hätten wir dann also bereits zwei Schlafzimmer! Weil - für'n Wohnzimmer ist es hier auch ziemlich duster."

Das an die fünfzehn Meter lange Gepäckabteil hatte nur drei kleine Fenster, von denen zwei auch noch vergittert waren. Nur durch die Abteiltür kamen um diese Zeit noch ein paar Sonnenstrahlen, und das Grün der Bäume zauberte auch hier ein angenehmes, sich ständig veränderndes Lichtmuster auf den Holzboden des Waggons.

"Weißt du, man kann auch einen offenen Salon daraus machen", sagte Kiro und machte sich schon an einer der großen Verladetüren zu schaffen, die zu beiden Seiten in der Mitte der Waggonwände waren. Er strengte sich sehr an, doch die große Schiebetür öffnete sich erst, als Nicci ihm half. Quietschend und bollernd rollten die beiden Flügel auf die Seite und gaben den Blick frei auf das Bahnwärterhäuschen und den sandigen Boden - hier brauchte man keine Leiter mehr, um bequem hinauszugelangen. Denn ein Stückchen tiefer gab es ein breites, eisernes Trittbrett, das direkt auf dem Boden auflag und teilweise schon im Sand versunken war. Nicci hatte ungeduldig bald auch die zweite Verladetür geöffnet, hinausgesehen, sich gefreut und sie wieder geschlossen, wollte eben schon durch die letzte unerforschte Türe wieder aus dem Wagen hinaus, als sie erstaunt rief: "Schau mal, Kiro, hier ist ja noch ein extra Abteil!"

Kiro kam sofort und überlegte: "War bestimmt mal für's Zugpersonal. Und schau mal da!" Hinten in der Ecke stand, neben einem einfachen Tischchen und zwei hölzernen Sitzbänken, noch etwas Interessanteres; ein dickbäuchiger, rostüberzogener Kanonenofen streckte sich mit seinem dicken Rohr bis zur Decke hinauf! "Och, der ist aber toll! Ich wette, dass man den noch benutzen kann!" Schon hatte Nicci die Klappe geöffnet. "Hier muss ein ordentlicher Mensch seinen Dienst getan haben! Sogar die Asche hat er herausgenommen, und hier hinten stehen sogar noch der Kratzer und ein Feuerhaken!" Es war ein seltsames Gefühl. Wann mochte der Waggon wohl seinen letzten Meter zurückgelegt haben? Und; wer mochte wohl hier vor so vielen Jahren noch aufgeräumt haben, bevor er für immer gegangen war?

"Was machen wir mit dem Zimmer?" Kiro riss sie aus ihren Gedanken.

"Tja - wie wäre es mit einem Gesellschaftsraum? Das ist doch hier gar nicht schlecht für geselliges Beisammensein! Auf der Plattform hier hinten können wir grillen, und hier drin können wir sitzen, Kaffee kochen, Eier braten - und uns einen trinken!"

"Du denkst schon wieder an die geistigen Getränke", lästerte Kiro, und beide lachten. Dann probierten sie noch kurz die karge Bequemlichkeit der Holzbänkchen aus und versuchten sich vorzustellen, wie eine Partystimmung hier wohl aussehen würde, und dann musste natürlich auch noch die "Grillplattform" inspiziert werden! Zentimeterhoch türmten sich die Kiefernnadeln, als sie hinten wieder ins Freie traten, und Kiro schob gleich einen ganzen Haufen davon mit dem Fuß beiseite. "Rausfallen kann hier wirklich niemand", stellte er fest; tatsächlich waren die Einstiegsstufen nicht mehr zu sehen. Und auch die Plattform selbst war so tief im Erdboden eingesunken, dass sie nur noch um einige Millimeter den Boden überragte.

Viele Pflanzen gab es in unmittelbarer Nähe nicht, nur ein paar kleine Kiefern und einige junge Birken standen ein paar Meter entfernt. So konnte mit Feuer hier wohl auch nicht so viel passieren, wenn man vorsichtig war. Die beiden gingen noch einmal um den gesamten Wagen herum, doch es gab nichts Neues mehr zu entdecken. Nicci warf einen kurzen Blick auf die Buchstaben auf dem Waggon, die noch erstaunlich gut erhalten waren, ebenso wie die dunkelgrüne Lackierung - nur ein gelbes "DR" auf den Seiten fing bereits an abzublättern.

"Ich finde das alles so toll hier, das kann ich dir gar nicht sagen!" Nicci war von alledem begeistert! Wieder fiel sie übermütig ihrem Freund um den Hals und gab ihm einen dicken Kuss. "Nun müssen wir hinten nur die Nadeln wegmachen, bevor wir mal grillen! Sonst fackelt alles ab! Aber womit wir das alles einrichten sollen, das weiß ich auch noch nicht. Aber was brauchen wir schon groß? Wenn Sandra mal kommt, dann muss sie uns den Messingleuchter von der Omi mitbringen! Der passt hier voll rein", jubelte sie, "und alles andere findet sich. Aber schlafen tun wir heute auf dem Dachboden! Weil - da ist es wärmer! Und die Liege im Dienstraum ist sowieso bestimmt morsch!" Sie plapperte fast ununterbrochen, weil sie sich so freute, und Kiro war glücklich, weil Nicci so glücklich war.

Achtes Kapitel

Das zweite Leben eines Tisches, wie man Post-Probleme löst,
der verschneite Badesee und Nicci, die Retterin

Wie sie es sich so schnell und preiswert wie möglich so gemütlich wie möglich machen könnten, diese Frage ging Kiro und Nicci in den nächsten Tagen nicht mehr aus dem Kopf. Obwohl sie ja nur wenige Dinge wirklich brauchte, und Nicci auch als frisch gebackene Grundstückseigentümerin bescheiden bleiben wollte, bestand sie fortan dennoch auf Dingen, die sie als Luxus bezeichnete. Nur hatte eben dieses Wort bei ihr ja seine ganz eigene Bedeutung. Beide fuhren bald jeden Tag ins Dorf, um mit den Menschen dort Kontakte zu knüpfen und auch schon hier und da wieder etwas zu helfen. Denn das machte inzwischen auch Kiro Spaß. Geld hatten sie zwar noch genug, aber trotzdem bestanden die meisten, denen sie auf irgendeine Weise unter die Arme griffen, zumindest darauf, dass sie mit ihnen zu Mittag aßen oder wenigstens ein Stückchen Kuchen und eine Tasse Kaffee nahmen. Und manchmal bekamen sie auch ein altes Möbelstück geschenkt, das der Besitzer nicht mehr brauchte und den beiden oft sogar bis nach Hause brachte. Sie halfen bei vielen Dingen; beim Umräumen, Renovieren oder Unkraut jäten, fütterten auch mal Tiere, wenn irgendjemand für ein paar Tage verreisen wollte oder krank war. Und auch hier gab es ältere Leutchen, die sich darüber freuten, wenn sie ihre Einkäufe mal nicht allein nach Hause schleppen mussten, und es dauerte nicht lange, bis jedermann im Dorf sie kannte und sie bei so gut wie allen hier beliebt waren.

Auf den Straßen hielt Nicci die Augen offen nach irgendwelchen Fundsachen, die man noch gebrauchen konnte, und eines Tages war es mal wieder soweit. Die Leute stellten überall altes Zeug heraus, denn morgen sollte Sperrmülltag sein! Nicci staunte, was die Menschen alles nicht mehr haben wollten. Sie hatte ein Faible für diese alten Sachen - früher hatte sie sogar manchmal Kietenspaziergänge unternommen - und so schaute sie sich alles ganz genau an. Vielleicht könnte man ja noch etwas davon verwenden? Kaputte Zinkbadewannen mit großen, gezackten Löchern; ein halbes, verrostetes Fahrrad, auf dem ein zerrissener Teddy ohne Augen hing; ein paar Bretter von Möbelstücken, die längst ausgedient hatten; ausgemusterte Kühlschränke, die nichts mehr frischhalten konnten; Herde, auf denen niemand mehr sein Essen zubereiten würde; eine schmutzige, alte Holzkiste; ein Sofa, das im buchstäblichen Sinne schon manche Feder gelassen hatte; all diese Dinge sah sich Nicci an. Aber damit konnte sogar sie nichts mehr anfangen.

Ab und zu jedoch war auch ein Gegenstand dabei, der ihr Interesse steigerte. So stand da ein alter Korb, in dem einige uralte Flaschen mit Bügelverschluss lagen; sofort wanderten die schönsten davon gleich in ihren Fahrradkoffer! Und da, gleich ein paar Häuser weiter, stand eine alte Bahnlampe im Straßenstaub. "Was ist ein Schrankenwärterhäuschen ohne eine alte Bahnlampe?" Und schon hatte das Teil eine Mitfahrgelegenheit an Niccis Fahrradlenker gefunden. Schließlich entdeckte das Girl auch noch einen Couchtisch, dem eigentlich gar nicht anzusehen war, warum er hier stand: "Da hat sich bestimmt jemand einen neuen Tisch gekauft! Und dabei ist der doch noch gut..." Sie beäugte das Teil sehr gründlich und von allen Seiten, schaute sogar darunter; rackelte an den Ecken und an den Beinen, doch nichts von alledem deckte irgendeinen verborgenen Fehler auf. Sie konnte keinen plausiblen Grund dafür finden, warum dieser Tisch nicht mehr benutzt werden sollte, und so entschloss sie sich, ihn mitzunehmen. Aber wie - das war gar nicht so leicht! Schließlich konnte sie ihn sich ja nicht einfach unter den Arm klemmen und losradeln. Und ausgerechnet heute war Kiro nicht mitgekommen! Stehen lassen wollte sie den Tisch aber auch nicht, also hob Nicci ihn kurzerhand hoch, drehte ihn herum und versuchte, die Tischplatte auf die Armstützen ihres Triathlon-Lenkers zu legen. Und siehe da, es passte! Das hintere Ende lag recht gut auf dem Sattel und dem Kofferdeckel auf ; allerdings rutschte das Ganze doch recht arg hin und her. So setzte sie ihn seufzend wieder auf die Erde; sie hatte vergessen, vorher einen Spanngummi aus dem Koffer zu nehmen!

Nach wenigen Minuten hatte Nicci den Tisch jedoch erfolgreich auf ihrem Rad befestigt. Fahren konnte sie nun allerdings nicht mehr, und sie bemerkte auch, dass das mit dem Lenken jetzt zu einem leichten

Problem geworden war - schließlich lag der Tisch ja auf dem Lenker. So musste sie bei jeder Biegung ihr Fahrrad vorne hochheben und es komplett in die gewünschte Richtung drehen, und das wurde auf die Dauer ganz schön anstrengend. Geradeaus ging's dafür aber ganz einfach; sie brauchte nur mit einer Hand die Strebe zwischen den Tischbeinen anzufassen, dann fuhr das Rad fast von allein!

Trotzdem war sie erleichtert, als sie es geschafft hatte. Der Weg war ihr viel länger erschienen als sonst! Eine ganze Stunde und fast noch eine halbe war Nicci neben ihrem Fahrrad marschiert und hatte es nebst seiner sperrigen Fracht tapfer über alle Huckel und durch alle Pfützen des Feldweges geführt, ehe sie endlich vor ihrem klapprigen Zaune stand. Erschöpft, aber zufrieden ließ Nicci ihr Fahrrad piepen, und schnell war Kiro bei ihr und freute sich auch über das neue Fundstück. "Der ist aber toll! Trotzdem bist du verrückt; hättest mich doch holen können", tadelte er sie mit erhobenem Zeigefinger - doch sie sah, dass er sich freute und sich das Grinsen kaum verbeißen konnte.

Am nächsten Tag - die beiden waren gerade aufgewacht - hörten sie plötzlich von draußen das schrille Gebimmel einer Fahrradglocke. Total verschlafen taumelte Nicci aus dem Packwagen und sah draußen vor dem Zaun eine Postfrau stehen, die sich suchend umsah. Als sie der müden Gestalt Niccis ansichtig wurde, winkte sie und rief: "T'schuldigung, aber wohnt hier zufällig eine Frau Nicci?"

"Wer?", rief Nicci gähnend zurück: "Frau Nicci? Kenn ich nicht. Aber lassen Sie doch mal sehen, vielleicht soll ich das ja sein!" Und tatsächlich war der Brief für sie; Sandra hatte geschrieben!

"Das haben wir gern", sagte die Postfrau, "ohne Familiennamen, keine richtige Anschrift, und einen Briefkasten habe ich auch nicht gesehen!"

"Upsi - daran haben wir wirklich noch nicht gedacht! Ich kümmer' mich drum. Bis morgen! Versprochen! Und wenn was für einen Herrn Kiro kommt - der wohnt auch hier!"

Die Postfrau lachte: "Naja, ich hab es ja gefunden. Und nun weiß ich ja auch, wer hier wohnt. Ich kann mich gar nicht mehr erinnern, wann ich das letzte Mal einen Brief bis hierher gebracht habe... Wir sehen uns!" Nicci winkte der Postfrau fröhlich nach - und ärgerte sich ein bisschen über sich selbst: "Ich hätte ihr ja wenigstens ein Wässerchen anbieten können!"

Nun waren die beiden richtig munter und machten sich auch gleich daran, einen Briefkasten zu basteln. Sie suchten überall herum, bis sie schließlich ein Behältnis fanden, das beiden dafür wie geschaffen erschien. Im Dienstraum des Schrankenwärterhäuschens fanden sie in einer Ecke einen uralten, eisernen Sani-Schrank. Er war grün angepinselt, und in der Mitte war ein inzwischen dunkelweißer Kreis mit einem roten Kreuz darin. Nicci nahm ihn hoch, machte ihn auf - er war fast leer. Nur ein paar alte Verbandpäckchen lagen noch darin, die sie mitsamt den Einlegebrettchen auf die Erde kippte. Dann hielt sie Kiro das Ding unter die Nase: "Kiro - Briefkasten! Briefkasten - Kiro!"

Der lachte: "Nun musst du deinen Briefkasten bloß noch so ein bisschen wetterfest machen." Und dabei kratzte er mit dem Fingernagel an einer Blase in der alten Farbe, die sofort riss und abblätterte.

"Fein machst du das, Kiro! Du machst so weiter, und ich such' inzwischen Farbe. Die müssen doch ihre Schranken irgendwann auch mal gepinselt haben."

Tatsächlich fand Nicci nach einer Weile ganz hinten im Küchenbüfett zwei Büchsen mit roter und mit weißer Farbe, die bei näherer Begutachtung sogar immer noch zu etwas nütze schien; trotz ihres geradezu biblischen Alters. "Hat sich aber gut gehalten, der Kram!", meinte Nicci anerkennend. Auch ein alter Pinsel fand sich, der zwar mächtig stiebte, als sie mit ihren Fingern über die Borsten strich: "Ist aber noch gut dafür!" Sie machte das nicht minder betagte Utensil unter der Pumpe sauber, und Gott sei Dank war es nur Staub, der aus dem Pinsel fiel. Die Haare hielten noch.

Bald hatten sie den Briefkasten Schranken-Rot angestrichen, und Kiro nagelte das Teil quer an einen der Zaunpfosten. So konnte das Türchen nach oben geklappt werden und fiel dann von selbst wieder zu. Ihre wertvolle Post würde nun auch vor Regenwetter recht gut geschützt sein. "Namen! Namen müssen wir ja auch noch draufschreiben! Los; wie wäre es mit Herrn Kiro und Frau Nicci?" Beide amüsierten sich, beschlossen dann aber doch, den Herrn und die Frau wegzulassen. Schon des Platzes wegen.

Am nächsten Morgen, gleich nach dem Aufstehen, rannte Nicci sofort hin zu der neuen Postzustellungsanlage - und es war wirklich schon etwas darin! Werbung! "Das kann ja wohl nicht wahr sein", knurrte sie missmutig, "die erste Post im neuen Kasten, und dann so ein Mist!" Sie packte den riesigen Wust Papier und blätterte darin herum. Nutzloses Zeug, das sie noch nie gebraucht oder gar geordert hätte; Firmen, von denen sie noch nie etwas gehört hatte, bombardierten sie mit ihrem Informationsmüll! "Woher zum Kuckuck haben die diese Adresse? Da hat man mal eine richtige Anschrift, und schon kennt sie jeder! Dabei kenne ich die doch selber noch nicht mal richtig. Und dann nur solche Scheiße! Na wartet", knurrte sie wütend, "euch will ich das zeigen!"

Sie nahm den ganzen Haufen mit hinein und knallte den Stapel Papier mit zorniger Entschlossenheit vor sich auf den Tisch. Dann setzte sie sich davor und pustete mit einem tiefen Atemzug ihren Frust über diese Frechheit heraus: "Na dann wollen wir mal - Gegenmaßnahmen einleiten!" Grimmig feixend öffnete sie einen Brief nach dem anderen, nahm jeweils den Freiumschlag heraus und zerriss den restlichen Kram in lauter kleine Fetzen. Die Schnipsel packte sie dann fein säuberlich in die Rückumschläge hinein und klebte alles ordentlich zu. Und gleich nachher, da würde sie den ganzen Krempel Kiro mitgeben, der heute ins Dorf fahren wollte! Die Post würde zweifellos zuverlässig dafür sorgen, dass den Absendern sehr bald die freudige Überraschung widerfuhr, das Porto bezahlen und obendrein ihren Schrott auch noch selbst wieder entsorgen zu dürfen! Als Nicci fertig war mit ihrem Werk, war sie sichtlich mit sich zufrieden, und sie lachte: "Die werden sich wundern!"

Bald war Kiro mit dem ganzen Kram für den Postkasten verschwunden, und Nicci überkam Langeweile. Eigentlich hatte sie ja endlich mal was für ihre Diplomarbeit tun wollen, aber dazu hatte sie keine Lust. Das Wetter war so schön; schon die ganzen Wochen, seitdem sie hierher gekommen waren. Die paar heftigen Gewitter - vor allem in den Nächten - gehörten vollkommen mit zu dem, was Nicci wettermäßig schön fand. Und so kam ihr auf einmal die Idee, baden zu gehen. "Haben die nicht im Dorf was von einer Sandgrube oder so erzählt, die hier in der Nähe sein soll?" Sie überlegte kurz, schrieb dann für Kiro einen Zettel mit der Nachricht, in welche Richtung sie fahren wollte, packte sich ein Handtuch und eine Flasche Wasser ein und schwang sich in den Sattel. Sie überquerte ihren Bahnübergang, ließ die alten Schienen hinter sich liegen und fuhr den Weg entlang, der vom Dorfe bis hierher und weiter bis zu dieser Sandkiete führen sollte.

Nach einigen hundert Metern bereits stieß Nicci auf eine Schonung, die es zu umgehen galt, ehe sie wieder auf den alten Weg zurück konnte. Sie musste sich etwas quälen, denn der Sandweg war nur teilweise so fest, dass sie ohne Probleme mit ihrem Fahrrad vorwärts kam. Stellenweise musste sie sogar schieben, weil der Sand einfach zu tief war. Nach einer Weile dachte sie schon daran, wieder umzukehren, aber die Neugier trieb sie immer noch ein Stückchen weiter. "Noch diese Biegung, noch den Hügel, dann ist Schluss!" Entschlossen stapfte sie über die kleine Anhöhe und sah hinunter - und mit einem Male tat sich ein malerisches Fleckchen Erde vor ihr auf! Ihr Blick fiel auf den ziemlich großen Teich; einige hundert Meter lang war der bestimmt, und sicher auch weit über hundert Meter breit! Alles war da, was ihr Herz begehrte! Das Wasser erschien ihr recht sauber, nur die Rückstände der Blüten von den vielen Pflanzen ringsum hatten es etwas trübe gemacht. Große Flecken sandigen Strandes wechselten mit grünem Gras; und mindestens die Hälfte des Ufers war mit einem dichten Schilfgürtel bewachsen.

Vorsichtig schaute sich Nicci nach allen Seiten um, denn so ganz allein war es ihr hier auf einmal doch ein ganz klein wenig unheimlich. Im Augenblick wenigstens wollte sie lieber niemanden mit ihrem Anblick erfreuen, und erst, als sie vollkommen sicher war, dass sich kein anderer Mensch in ihrer Nähe befand, streifte sie flink all ihre Sachen ab und huschte barfüßig an den Teich. Die Bäume am Ufer rauschten im warmen Frühsommerwind, und ehe ihre Füße das noch maikalte Wasser berührten, sah sie in der fast spiegelglatten Oberfläche das Bild einer dicken, grauen Wolke - einer dicken, grauen, brennenden Wolke, wie ihr schien! An einer Stelle nämlich wurde die Wolke immer heller, bis ihr Rand in gleißendem Licht aufflammte, als die Sonne sich eben hinter diesem Versteck hervorwagte!

Mutig stieg Nicci in das kalte Nass. Ein kurzer Schauer brachte ihren zierlichen, nackten Körper zum Erzittern, schnell aber hatte sie sich an die Kälte gewöhnt. Sie sah einen Augenblick lang den vielen kleinen Fischen zu, die im klaren Wasser über den sonnenhellen Sand vor ihr huschten, bevor sie sich - beinahe ebenso elegant wie ein Fisch - in das kalte Nass gleiten ließ. Ihre Blicke schweiften über die dunkelgrüne Wasseroberfläche, während ihre Arme und Beine sie mit kräftigen Stößen durchs Wasser trieben; dem anderen, noch weit entfernten Ufer des Teiches zu.

Plötzlich schien es ihr, als begänne es zu schneien! Tausende von Blüten lösten sich unter einem leichten Windstoß aus den umliegenden Weiden, fielen - Schneeflocken gleich - auf die Oberfläche des Wassers und verharrten dort wie winzige Wattebäusche; als habe ein Kind sie aus Langeweile auf den Boden fallen lassen! So etwas hatte Nicci noch nie gesehen, und beinahe hätte sie vor lauter Staunen das Schwimmen vergessen!

Auf ihrer Bahn begegnete sie allerlei Sachen, die auch schwammen. Gerade kam ein trockener, brauner Schilfhalm auf sie zu, der gleich wieder, träge in ihren Wellen schaukelnd, zurückblieb; dort drüben trieb ein Stückchen Holz... Ein Vogelschrei ließ sie aufblicken; unweit von ihr stürzte sich gerade ein roter Milan ins Schilf, irgendeine Beute erjagend. Einen Augenblick lang beobachtete sie den Greifvogel, der schon wieder aufstieg und in geringer Höhe nun weite Kreise zwischen den Bäumen am Ufer zog. Dicht vor ihr sprangen ein paar kleine Fische, von denen sie ab und zu sogar einer ganz leicht berührte; und manchmal hatte sie das Gefühl, als würde eine warme Hand ihren nackten Körper streicheln. Denn an manchen Stellen hatten die Sonnenstrahlen die Kälte des Wassers schon besiegt.

Bald hatte Nicci das andere Ufer erreicht. Vor vielen Jahren hatten es Menschen hier befestigt; alte Pflastersteine in geraden Reihen - Soldaten gleich - begrenzten es. Die Steine waren ganz glatt von Algen, und so war es nicht ganz leicht für Nicci, Halt zu finden. Ihre Zehen suchten sich winzige Ritzen, und ihre Finger krallten sich an ein paar kümmerlichen Grasbüscheln fest, die jedoch - wenn niemand etwas dagegen tat - in wenigen Jahren schon die feste Fügung der harten Steine brechen würden. Anmutig und blitzschnell drehte sich Nicci herum, als sie endlich Halt gefunden und sich ein Stückchen aus dem Wasser gezogen hatte, um sich vorsichtig auf die abschüssige Befestigung zu setzen und sich etwas auszuruhen.

Wieder schaute sie sich um. Eine alte Weide neben ihr schien sich ehrfürchtig vor dem See zu verbeugen; ihre Zweige hingen schon bis ins Wasser hinein, das an dieser Stelle besonders dunkel aussah. Einer der ehrwürdigen Nachbarn dieser Weide war eine Esche von ebenso ungewöhnlicher Gestalt; sie erinnerte Nicci an eine große, grüne Fontäne, die irgendwann ganz plötzlich zu einem lebendigen Baum erstarrt zu sein schien. Über ihr am Himmel waren noch immer einzelne, dicke, graue Wolken, die sich immer wieder träge vor die Sonne schoben, deren Strahlen Nicci wärmten. Besonders eine der Wolken fand sie schön; die sah aus wie ein dickes, altes und an allen Nähten aufgeplatztes Federbett!

Nach einer kurzen Atempause stieß sich Nicci wieder von dem Steinufer ab, und wieder umschmeichelte das kühle Wasser ihren schlanken Körper. Die Schneeflocken auf den kleinen Wellen hatten sich durch die leichte Brise inzwischen alle wieder verzogen, dafür jedoch kamen ihr nun riesige, gelb schimmernde Teppiche aus Blütenstaub entgegengeschwommen!

Fast hatte sie den See schon zum zweiten Male durchquert. Schon hatten ihre Füße wieder Boden unter sich und machten erste, unsichere Schritte in Richtung Ufer, da sah sie ein großes, gelbes Blatt auf sich zutreiben! Und auf ihm hockte; verlassen, einsam und verloren; ein kleiner Käfer. Sein hellbrauner Leib machte ihn auf dem Blatte fast unsichtbar. Sein Aussehen hatte ihm sicher schon oft das Leben gerettet, nun aber wurde es dem kleinen Kerl beinahe zum Verhängnis, denn selbst Niccis scharfe Augen hätten ihn fast übersehen. Der Kleine war gerade mal so groß wie zwei Stecknadelköpfe, und sein Kopf sah sehr ulkig aus! Er ähnelte dem eines Ameisenbären, denn er bestand fast nur aus einem überdimensionalen Rüssel! "Na komm, du kleiner Kerl", flüsterte Nicci, als sie das seltsame Gefährt mitsamt seinem kleinen Passagier behutsam in ihre Hand nahm, es sicher ans Ufer trug und in einem nahen, sicheren Busch wieder absetzte.

Splitternackt wie sie war, ließ Nicci sich dann auf ihrem Handtuch nieder und legte sich auf den Bauch. Gedankenverloren spielten ihre Finger in dem groben Sand, und sie staunte, aus wie vielen ganz unterschiedlichen Steinchen der bestand. Mittendrin entdeckte sie ein ganz grünes, das fast aussah wie Jade, und sie versuchte, es aus der Vielzahl seiner Kameraden herauszuklauben. Sie wollte es sich genauer ansehen, doch immer wieder glitt der winzige Stein ihr aus den Fingern, bis er schließlich ganz verschwunden war.

Träumend sah sie sich weiter um. Nicht nur auf dem Wasser, auch auf dem Sand waren vielerlei Zeichen des Frühlings. Birkenblüten lagen wie träge Raupen umher, und dort drüben hockte, einem Mini-Urwald gleich, eine Gruppe winziger Baumbabys. Die waren bestimmt erst wenige Wochen alt, und wie ein klitzekleines Reh rannte eben eine große, schwarze Ameise hindurch! Sogar auf ihrem Frotteehandtuch war inzwischen reges Leben; eine kleine Spinne und ein grünes, winzig kleines, heuschreckenähnliches Tierchen lieferten sich ein Wettrennen! Beide hatten große Mühe, die grobe Struktur des Stoffes zu überwinden. Nicci holte tief Luft, und pustete sie weit weg ins Gras. Denn sie wollte die beiden nicht erdrücken mit ihrem Körper. Dann drehte sie sich auf den Rücken und bedauerte, dass sie nicht richtig in die Sonne durfte - zu gern hätte sie dem Zentralgestirn erlaubt, ihrer blassen Haut ein wenig Farbe zu geben! Aber das wäre sehr unvernünftig - sie kannte ja die Gefahr - und sie wünschte sich in diesem Moment nichts mehr, als die Zeit zurückdrehen zu können! Bis an einen Punkt, an dem es noch nicht zu spät war für vieles...

Ab und zu aber fand doch ein Sonnenstrahl den Weg durch das dichte Blätterdach, unter dem sie lag, und blendete sie sogar. Dann kniff sie die Augen zusammen und schaute durch ihre Wimpern hindurch; sah die unzähligen, grünen Blätter des großen Baumes über sich und das silbrige Laub seiner Nachbarn, dessen Färbung sich mit dem hellen Grau einer Wolke zu vermischen schien, die gerade darüber hinweg zog... Der leise, warme Wind streichelte sie, die Farben des Bildes in ihrem Kopf verfremdeten sich immer mehr, bis Nicci ihre Augen schloss und einschlummerte.

Wie von einer Tarantel gestochen sprang sie auf, als plötzlich Spritzer eiskalten Wassers ihren nackten Bauch trafen! Erschrocken schrie sie auf und drehte sich herum - und atmete erleichtert auf, als sie Kiro sah, der mit etwas vorwurfsvollem Gesicht über ihr stand. "Ich habe dich geküsst und gestreichelt, und du hast überhaupt nichts mitgekriegt! Was blieb mir übrig, als rabiat zu werden?"

"Das war aber gemein! Weißt du, wie ich mich erschrocken habe?" Ihr Herz pochte immer noch heftig von dem Schrecken.

"Ach Nicci, sei froh, dass ich das nur war! Wer weiß, was jemand anders - ein böser Bube etwa - mit dir angestellt hätte, hätte er dich so gefunden; ohne einen Fetzen an und ganz alleine? Ich war auch ziemlich erschrocken deshalb! Und entzückt von dem total süßen und unschuldigen Anblick, den du geboten hast beim Schlafen!"

"Ach, wo sollen denn hier böse Buben... Und unschuldig? Ich bin also unschuldig", fauchte sie, als sie ganz nah an Kiro herantrat, den Mund öffnete und ihm ganz sanft in die Unterlippe biss.

"Naja, zumindest tust du kleine Ratte ja gerne so!" Kichernd ließen sie sich ins Gras fallen, nachdem auch Kiro sich ausgezogen hatte und Nicci mit großen Augen sah, wie sehr ihn ihre "Unschuld" angemacht hatte...

Die beiden dachten inzwischen kaum noch daran, welches Problem Kiro einmal mit gewissen Dingen gehabt hatte. Fast wie nebenbei hatte Nicci es inzwischen geschafft, mit ihrer kindlichen Einfühlsamkeit, Unbekümmertheit und ihrer Geduld seine Angst zu besiegen - auch ganz ohne bunte, chemische Helferlein. Sie hatte es immer genossen, bei ihm zu sein; egal was er getan oder auch nicht getan hatte. Und Kiro konnte ihr mit der Zeit immer ein klein wenig mehr vertrauen - vor allem, weil sie so offen zu ihm gewesen war; ihm sogar erzählt hatte von ihrer "Drogensucht"... Sie hatte ihm einfach die Zeit gelassen, die er gebraucht hatte. Und wenn Nicci jetzt bei ihm war, dann hatte Kiro eigentlich vor gar nichts mehr Angst und fühlte sich unglaublich geborgen. Denn er spürte, dass sie ihn liebte - mit allen seinen Schwächen; eben so, wie er war. Und nicht, weil sie glaubte, ihn verändern zu können. Geduldig hatte Nicci sich ihm immer wieder geöffnet, und so hatte ihre unaufdringliche, aber stetige Art irgendwann Erfolg gehabt. Sehr zärtlich war Kiro schon immer gewesen, und inzwischen war er auch sonst wie ein ganz normaler Mann, sogar noch ein klein wenig besser, wie Nicci fand! Und das machte sie glücklich - und ihn sowieso.

Neuntes Kapitel

Wahlkämpfer

Einige Tage später - es war gerade der erste Juni - fanden sie endlich einmal etwas Besonderes in ihrem Briefkasten; einen Brief von Petra. Sie konnten es kaum glauben; aber es war wieder ein Angebot, das Geld verhieß! Es war zwar nicht viel, aber sie brauchten es ja nicht unbedingt, und da spielte das eh keine Rolle. Petra wollte in der kommenden Woche für einige Tage in diese Gegend kommen, um Plakate aufzuhängen für einen Wahlkampf. Und weil Kim keine Zeit hatte, musste sie allein kommen mit dem alten Transporter und brauchte Hilfe.

Sogar das Programm dieser Partei hatte sie mit in den Brief gelegt, so dass Nicci sich gleich damit beschäftigen konnte. Denn Petra wusste, dass Nicci um nichts in der Welt für irgendeine Sache auch nur einen Finger rühren würde, die nicht ihrer Denkweise entsprach. Nicci hatte aber gleich gesehen, dass die PGM - die "Partei des Gesunden Menschenverstandes" - eine Partei vom ganz linken Spektrum war; sogar eine, die die bestehende Gesellschaft in ihrem Fundament in Frage stellte. Und so war ihr das mehr als willkommen! Interessiert las sie etwas über eine "historische Mission der Arbeiterklasse"; es gefiel ihr die Idee, die wirtschaftliche Macht aus den Händen Einzelner in die Hände all derer zu überführen, die tatsächlich "wirtschafteten"! Und auch den Slogan fand sie putzig: "Dich schneidet man, weil du arm bist - und Reiche machen ihren Schnitt? Verschrotten wir die Schere! Deine Stimme hilft!" Dieser Spruch war Nicci gleich ins Auge gefallen, und obzwar er etwas reißerisch war, fand sie ihn treffend. "Das ist doch mal eine Sache", sprach sie munter, "so lasset uns denn verschrotten!" Sie wusste gleich, dass sie so einen Wahlkampf auch ohne Geld unterstützt hätte - doch so war es auch gut! Und wer wusste schon, was sie mit den Mäusen dann wieder würde tun können.

An Petras Ankunftstag standen die beiden ganz zeitig auf; natürlich nahm Nicci Kiro gleich mit, denn drei Leute schaffen schließlich mehr als zwei. So würde man schneller fertig sein, und außerdem waren sie alle zusammen. Es war noch gar nicht richtig hell geworden, als die beiden schon im Sattel saßen. Ganz pünktlich kamen sie im Dorfe an und mussten auch nicht lange warten, bis sie von ferne schon Petras Vehikel herantuckern hörten.

Kaum hatte das Mädchen den Motor abgestellt und war ausgestiegen, lagen sie sich auch schon in den Armen, als hätten sie sich Jahre nicht gesehen! Dann aber drängte Petra zur Eile: "Lasst uns lieber gleich anfangen! Erzählen können wir unterwegs; wir haben schrecklich viel vor, und es soll wieder sehr heiß werden heute! Ist übrigens schön, dass du mitgekommen bist, Kiro! Ich hatte sowieso fest mit dir gerechnet!" Nicci sah auf die Ladefläche und runzelte die Stirn. "Na, da haben wir ja echt was vor!", knurrte sie, als sie den riesigen Berg von Postern, Masthängern, Klebeband und Kabelbindern sah, der sich auf der Ladefläche türmte. Entschlossen nahm Petra die Leiter vom Laster, klappte sie aus und drückte sie Kiro in die Hand: "Das nimmst du, Nicci nimmt das Klebeband, die Binder und das Messer, und klettert, und ich fahre und nehme die Poster!"

Sie fingen gleich an Ort und Stelle an. Petra wies die beiden kurz ein, fix stand die Leiter am ersten Laternenmast, und Nicci kletterte in luftige Höhe. Elegant wie eine Katze war sie flink vier Meter nach oben gestiegen, zog einen der eisernen Masthänger aus ihrem Gürtel und drückte ihn an den Pfahl, während sie mit der anderen Hand schon einen Kabelbinder aus dem Mund nahm. Ratsch - ratsch; das Ding saß fest! Noch sechs- acht Mal die Kleberolle drumherum, abgeschnitten, das Poster drübergeschoben und den Splint gesetzt; fertig! Vorsichtig fuhr sie die Messerklinge wieder ein, klemmte das Teil zwischen ihre Zähne und kletterte herunter. "Geht doch fix! Da sind wir ja bald fertig!"

"Na, du wirst dich putzen", lachte Petra, "das sind hundertfünfzig Stück!"

Und tatsächlich. Was anfangs in der kühlen Morgenluft angenehm und leicht von der Hand gegangen war, erwies sich bei steigender Sonne zunehmend als schwierig. Sie waren bereits im neunten Dorf - die Fahrräder hatten sie in Knuffelsdorf stehen lassen - doch Nicci stieg gerade erst zum fünfzigsten Male die Leiter hoch! Pausenlos den kurzgeschorenen Kopf in der Sonne, wurde ihr bald etwas schwummerig. Das Base Cape gegen die Strahlen hatte sie in ihrem Fahrradkoffer vergessen! Sie musste bald die Zähne zusammenbeißen; vor allem, wenn sie in luftiger Höhe nur den dünnen Masten vor sich sah... Manchmal fragte sie sich schon, ob ihr nun wirklich schwindelig war, oder ob nur der Mast schaukelte. Und sie war erleichtert, als sie merkte, dass es bis jetzt tatsächlich noch an den Masten lag.

Schließlich hatten sie die Hälfte der Plakate aufgehängt, und Nicci war froh, als Petra endlich Pause verkündete. Sie setzten sich einfach auf den Bürgersteig in den Schatten des nächsten Hauses, und Petra holte vom Auto einen Fünf-Liter-Kanister mit wunderbar kaltem Wasser. "Wie hast du denn das gemacht, das ist ja noch so frisch?"

"Das lag ein paar Stunden in der Kühltruhe, du Intelligenzbestie", lachte Petra, "und außerdem habe ich das in eine Decke eingewickelt, damit es länger kalt bleibt." Dann schlug sie sich auf den Kopf: "Mann, bin ich blöd! Ich hab doch hier noch Mützen!", und zauberte für jeden eine knallrote Schirmmütze mit dem Logo der PGM hervor!

"Du bist ein praktischer Mensch", lobte Nicci - und goss sich einen großen Schwapp über den Kopf, nachdem sie alle ausgiebig getrunken hatten! Nun war sie zwar ziemlich nass, aber das störte sie nicht. Winkte nur ab, als Kiro besorgt meinte, sie solle sich nicht erkälten: "Ich setz mir ja gleich 'ne Mütze auf, Papi!" Auch was zu Essen hatte Petra mitgebracht, und nach einem großen Käsebrötchen und einem ganzen Liter von dem Wasser ging es Nicci wieder recht gut. Und sie erlaubte nicht, dass jemand sie auf ihrem Posten ablöste: "Du musst das Auto fahren, und du nimm mal wieder deine Leiter!", sagte sie entschlossen und steckte sich gleich wieder zwei Kabelbinder in den Mund.

Der Nachmittag wurde allerdings wirklich zur Quälerei, nicht bloß für Nicci. Der Schweiß lief in Strömen, und wehmütig dachte Nicci an das kalte Wasser in der Sandkiste. Erst, als die Sonne schon recht tief stand, baumelte endlich auch das letzte Plakat in luftiger Höhe. "Nun haben wir alle Politiker aufgehängt", lachte Nicci, und Kiro meinte, dass dafür ein paar von anderen Parteien noch besser gewesen wären. "Das ist auch wieder wahr", erwiderte sie, und Petra nickte bloß grimmig.

Petra hatte die Tour gut geplant, so dass sie recht schnell wieder nach Knuffelsdorf zurückgekehrt waren. "Los, schmeißt eure Räder hinten drauf, ich fahre euch heim!", forderte Petra sie auf, aber Nicci wollte nicht. Wollte lieber radeln bis nach Hause. Nachdem die beiden anderen eine Weile mit ihr diskutiert hatten, gaben sie es auf und fuhren allein. Kiro wäre zwar lieber bei Nicci geblieben, aber irgendwer müsste ja Petra den Weg zeigen, und überhaupt wäre sie ja schon groß genug, ihren Weg im Dunkeln auch allein finden zu können, meinte Nicci, und die beiden fuhren davon.

Nicci ließ sich Zeit. Denn eben kam gerade noch die alte Frau Kaluppke mit ihrem Wuffi, mit der sie immer ein paar Worte sprach, wenn sie sie traf... Nicci unterhielt sich immer gern mit den Leuten aus dem Dorf. Mit der Frau Bummel, die den kleinen Konsum hier hatte, mit der Postbotin, dem alten Opa Paul, der ihr immer ein paar frische Eier gab, wenn sie ihm bei irgendeiner Kleinigkeit geholfen hatte; ja, sogar der komische Herr Uhlrich, der früher Bergmann und einmal tagelang verschüttet gewesen war, hatte Vertrauen zu ihr gefasst. Die meisten Menschen hier mochten sie wegen ihrer stets freundlichen und aufgeschlossenen Art. Und so war es nicht ungewöhnlich, dass sie sich manchmal verspätete.

Wieder hatte Nicci beim Schwatzen gar nicht bemerkt, dass es inzwischen schon ganz dunkel geworden war. "Meine Güte, ich hab doch Besuch! Nun muss ich aber los. Tschühüß...", rief sie der Frau Kaluppke und dem Wuffi noch zu, als sie sich schon auf ihr Rad geschwungen hatte und losfuhr. Der holprige Feldweg bis nach Hause war ihr schnell vertraut geworden, er war ja auch ihre einzige direkte Verbindung zur restlichen Welt. Sie genoss es, den sandigen Boden unter den Reifen knirschen zu hören, und sie bemerkte, dass es eigentlich recht hell war heute. Nicht mal ihr Licht musste sie anmachen. Die Nacht war ruhig, die immer noch warme Luft tat ihr wohl, und sie schaute kurz nach oben, von wo aus der Mond ihr heute in seiner vollen Größe so angenehmes Licht schenkte. Nicci genoss die Fahrt. Sie lauschte dem leisen, verschlafenen Piepsen eines Vogels, das ab und zu die Stille unterbrach; bestaunte fasziniert das Spiel des Mondlichts mit den Schatten der Bäume ringsum... Plötzlich fuhr sie vor Schreck zusammen! Über ihr, in einem der Bäume, da raschelte es plötzlich ganz laut! Etwas ziemlich Großes musste da oben sein! Nicci hielt an, um genauer hinsehen zu können, und tatsächlich; die dunkle Silhouette eines riesigen Nachtvogels glitt eben lautlos über sie hin, ganz dicht - und ihr

Schrecken wandelte sich in Begeisterung. Noch nie in ihrem Leben hatte Nicci so nahe eine Eule gesehen! In Kethlon gab es diese Tiere ja schon viele Jahrzehnte nicht mehr, aber auch hier draußen existierten inzwischen nur noch ganz wenige von ihnen. Sie sah dem Vogel lange nach und fuhr erst weiter, als er hinter den dunklen Wipfeln der Bäume verschwunden war. Dann aber schaltete sie ein paar Gänge höher und trat kräftig in die Pedale: "Die machen sich bestimmt schon Gedanken, weil ich noch nicht da bin!"

Bald konnte sie das Bahnwärterhäuschen vor sich ausmachen, nur aus dem Dachbodenfenster drang noch ein Lichtschimmer. "Dass du auch schon kommst - wir wollten gerade los, um dich zu suchen!" Kiro hatte sich wirklich Sorgen gemacht, und Nicci hatte nun Gewissensbisse und sah ein, dass sie sich etwas mehr hätte beeilen müssen. Aber sie wollte sich auch nicht entschuldigen wegen so was und startete gleich ein Ablenkungsmanöver: "Nun seid ihr schon hier im Schlafzimmer und habt nichts besseres tun können, als euch Gedanken zu machen? Ich bin doch wie ein Bumerang! Komme immer wieder zurück!" Sie lachte, und Kiro guckte etwas entgeistert. "Was hätten wir denn hier deiner Ansicht nach sonst tun sollen im Dunkeln? Getan haben wir doch heute genug..."

"Na, was wohl!" Und Kiros Augen wurden noch größer, als sie sich flink auszog - und dann verschmitzt meinte: "Ihr hättet euch zum Beispiel ja schon mal waschen können!"

Die beiden anderen rührten sich jedoch noch immer nicht! Das war Nicci aber nun zu bunt: "Ich denke, im Dunkeln kann man mich nicht alleine lassen? Ich gehe jetzt nach draußen, und es wäre nett, wenn ihr beide mich beschützt!" Nun zogen die beiden sich auch aus und rannten lachend hinter ihr her zur Pumpe. Nun erzählte Nicci von der Eule, die sie gesehen hatte, und bald klapperten allen die Zähne von der Katzenwäsche unter dem eisigen Pumpenstrahl. Denn in der Nacht schien es stets, als sei das Wasser noch einmal so kalt wie am Tage, und so stürmten sie frierend wieder nach oben unters Dach, wo es noch am wärmsten war, und wollten schlafen gehen. Dann jedoch gab es erst noch eine Diskussion über die Schlafordnung, denn Nicci bestand darauf, dass Petra als Gast in der Mitte schlafen sollte! Augenrollend schubste sie bald ihren Freund an das andere weibliche Wesen heran: "Los -

sei nicht so schüchtern! Sie ist doch niedlich, und beißen tut sie dich sicher auch nicht!"

So vorsichtig er konnte, gehorchte Kiro tatsächlich, und Petra konnte nichts dagegen machen. Sie wurde auch gar nicht gefragt, als sie dann bald von beiden Seiten durch einen nackten Körper gewärmt wurde. Und Nicci freute sich, dass auch ihre Freundin sich nun wohl fühlte - und hätte das Wärmen am liebsten in ein Heißmachen verwandelt! Aber diesmal verkniff sie es sich, weil sie ja schon bald wieder aufstehen musste. Und so wurde nur noch rasch die Kerze in der Bahnlampe ausgepustet, dann schliefen alle artig ein.

Am nächsten Morgen mussten sie erst mal zum Bahnhof fahren, um neues Material zu holen. Als sie ankamen, lag es auch bereits im Güterschuppen. Petra blickte ganz tief in den Retina-Abtaster des Schuppens, bis sich dieser brav vor ihnen auftat, dann wurde alles auf das Auto gepackt. Diesmal sollten Poster, die auf Presspapptafeln aufgeklebt waren, in den umliegenden Ortschaften verteilt werden. Der Tag wurde bald noch heißer als der gestrige, und alle waren schon erschöpft, noch ehe es richtig losgegangen war. Und der Stapel Pappen war riesig, über zweihundert Stück sollten sie verteilen, an einem einzigen Tag! Aber wenigstens musste Nicci nicht mehr auf die Leiter klettern. Denn die Papptafeln mussten nur mit Draht an Laternenmasten oder ähnlichen Sachen befestigt und dann nach oben geschoben werden, und dazu reichten zwei alte Besen.

Trotzdem, die Arbeit war anstrengend. Nicci und Petra hielten je eine Pappe an den Mast und drückten die Seiten gegeneinander, während Kiro den Draht durch die Löcher fädelte und ihn zusammendrillte. Bald taten ihm davon die Finger weh, denn die alte Zange von Petra war recht groß und unhandlich. Auch den beiden Mädchen ging es nicht viel besser. Die Papptafeln hatten manchmal scharfe Kanten, und sie mussten viel Kraft aufbringen, um sie gegeneinander zu drücken, besonders bei ganz dicken Masten aus Beton. Öfter riss der Draht auch, oder die Pappen spannten sich nach dem Loslassen nicht richtig und rutschten nach unten, und dann mussten sie von vorne anfangen.

Über die Hälfte ihrer Arbeit hatten sie bereits geschafft, als es zum Mittagessen diesmal in eine Eisdiele ging. Bald lutschte Nicci genüsslich an einem großen Becher Schokoladeneis herum, und auch die beiden anderen Wahlkämpfer ließen sich von dieser Sucht anstecken. Danach lümmelten sie sich alle noch ein wenig auf die Ladefläche vom Auto, das unter einer schattigen Linde parkte, doch viel zu bald mahnte Petra zum Aufbruch.

Das Weiterarbeiten fiel nach so einer Pause natürlich besonders schwer, aber sie nahmen sich zusammen. "Los jetzt! Wir müssen klekkern und nicht klotzen!", befahl Nicci mit ernster Stimme und bekam zuerst gar nicht mit, warum die anderen beiden auf einmal so lachen mussten. Die Stunden dehnten sich in der Mittagshitze wie Gummi, die Sonne brannte, aber Gott sei Dank hatten sie ja ihre Parteiwerbemützen. Trotzdem rieselte jedes Mal Schmutz in ihre Gesichter, wenn sie die Pappen hinaufschoben, Schweißtropfen liefen ihnen in die Augen und brannten, und auch Nicci hasste bald die "olle Zange", nachdem sie ihren Freund abgelöst hatte.

"Pappen, nichts als Pappen - ich werde noch davon träumen! Petra, hat denn so eine Werbung überhaupt einen Sinn?" Die Angesprochene zuckte mit den Schultern: "Was weiß ich! Ich kann mir auch nicht vorstellen, dass man seine Wahlentscheidung nach Plakaten trifft, die auf der Straße rumhängen. Aber würde man es sonst machen? Du als Psycho-Tante musst das doch besser wissen als ich!"

Nicci runzelte die Stirn: "Ich weiß das eben auch nicht. Angeblich soll es zwar wirken, nur weiß niemand so ganz genau, wie es wirkt. Aber dass ungefähr fünfzig Prozent sinnlos sind, das weiß man. Welche fünfzig Prozente das genau sind, das weiß man aber auch nicht, und deswegen macht man einfach so weiter, bis irgendjemandem mal wieder etwas Neues einfällt. Mir ist das eigentlich alles zu blöd. Wirtschafts- und Werbepsychologie ist nicht mein Ding. Das ist doch nur gut, um Leute mit irgendwelchen Tricks über den Tisch zu ziehen! Apropos; wisst ihr überhaupt, was Marketing ist? Das ist die Kunst, Leute dazu zu bringen, Zeug zu kaufen, das sie nicht brauchen, mit Geld, das sie nicht haben, um Leute zu beeindrucken, die sie nicht leiden können!"

"Hast gut aufgepasst in der Schule, Nicci, was?" Petra lachte, und Kiro klopfte ihr mit gönnerhafter Geste auf ihren bemützten Kopf: "Brav Nicci! Wenn du so weitermachst, dann wird vielleicht noch was aus dir, und du versaust am Ende den armen und schlichten Gemütern noch die Freude an ihren Statussymbolen!"

"Spinner seid ihr beide!" Nicci tat entrüstet - und alle freuten sich, denn eben hatten sie die letzten beiden Pappen an einem besonders rostigen Masten nach oben bekommen, ohne dass der Draht sich verklemmt hatte! Nicci rieb sich die Augen: "Nu fahr' uns aber alle heim! Ich will ins Bett, bin müde - ach Petra, das tut mir Leid, dass du nun auch noch fahren musst!" Petra winkte ab: "Ach was. Das macht mir nichts aus. Ich fahre ganz gern mal Auto. Meistens fährt ja Kim - ist ja auch ihre Karre. Hab aber schon einiges gelernt von ihr. Und wenn ich dir so Leid tue, Nicci - dann mach doch auch den Führerschein!"

Nicci feixte: "Ach, du fährst gern Auto? Und warum nimmst du kein Auto, sondern so eine olle Gurke? Aber lass mal gut sein. Machst das ganz prima, finde ich. Und ich - Führerschein", sie zog die Nase kraus, "neee! Den mach' ich nicht! Ich will nicht Auto fahren! Es sei denn", und nun legte Nicci nachdenklich ihre Stirn in Falten, "es sei denn, ich kriege mal ein Stromauto mitsamt Solarkraftwerk oder so!" Und dann drehte Nicci ihre Mütze mit dem Schirm nach hinten, bis ihre grünen Stoppelhaare vorne herausguckten, und ging zum Auto.

Bald saßen sie in der glühend heißen Kabine, hatten die Fenster aufgerissen und düsten dösend auf einer Landstraße Richtung Heimat, als Petra plötzlich "Upsi!" sagte. Der Klang von diesem "Upsi!", hatte Nicci aufhorchen lassen, irgendetwas schien nicht zu stimmen. Der alte Wagen klapperte aber eigentlich nicht anders als sonst. "Was ist? Ist was nicht in Ordnung?"

"Nö. Das heißt - naja - die Bremsen gehen etwas spät!"

"Was heißt das bitte?" Nicci saß kerzengerade in ihrem Sitz, riss die Augen auf und starrte auf Petra. "Ja, ich habe..., das ist schon seit einigen Tagen. Ist auch nicht weiter wild. Aber jetzt wird es etwas zu bunt. Guck", und sie wies mit den Augen in Richtung Bremspedal. Entsetzt sah Nicci, dass sie es bis zum Bodenblech durchtreten konnte, ohne dass sich auch nur das Geringste tat! Sie wurde blass, doch Petra ließ sich nicht aus der Ruhe bringen. "Ist wohl die Bremsflüssigkeit alle. Muss was kaputtgegangen sein. Hauptbremszylinder vielleicht."

"Aber - was denn nun?" Auch Kiro war das Ganze nun nicht mehr ganz gleichgültig.

"Tja, fahren wir eben langsam weiter. Ist zwar verboten, aber wir haben ja noch die Handbremse."

Schon musste sie auch dran ziehen, denn eine Kreuzung nahte. Die war zwar gerade leer, doch hier mussten sie abbiegen. "Uuui...!"

"Menschenskind, mach doch nicht immer solche Geräusche! Was ist denn noch?"

"Die Kiste hält nicht die Spur mit der Handbremse, aber das kriege ich in den Griff. Ihr müsst mich bloß dran erinnern, dass ich keine Bremse habe!"

"Petra, breeemsen!"

"Ja, ja, ist ja schon gut! Siehst du? Wir stehen!" Und tatsächlich; Petra hatte selbst unter diesen Bedingungen ihr Fahrzeug noch voll im Griff.

"Fahr aber bitte langsam, ja? Ich will nicht nach Hause laufen oder gar noch liegend im bunten Auto transportiert werden!"

"Okay!" Petra gab sich auch Mühe, den Wagen nicht über fünfzig Stundenkilometer fahren zu lassen. Inzwischen waren sie auf einer Straße, auf der reger Betrieb herrschte. Eben kam ihnen eine ganze Kolonne Fahrzeuge entgegen, die von einem riesigen Truck angeführt wurde, als es plötzlich einen mordsmäßigen Knall gab! Für einige Sekunden waren sie vor Schreck fast gelähmt; Hunderte Glassplitter flogen ihnen um die Ohren, nachdem sie für einige Sekunden durch die geborstene Scheibe gar nichts mehr hatten sehen können. Sogar Petra saß diesmal der Schreck in den Gliedern; der Steinschlag hatte auch sie überrascht.

"Halt an! Halt lieber mal an!" Nicci zeigte durch das Loch, das fast so groß war wie die ganze Frontscheibe, und durch das nun der Fahrtwind pfiff: "Da vorne kannst du anhalten!" Und trotzdem ihr bei jedem entgegenkommenden Auto wieder Glas um die Nase flog, war Petra sehr besonnen und fuhr erst an die Seite, als das ohne Risiko ging.

Erleichtert stiegen sie erst mal alle aus und besahen sich den Schaden. "Das hätte ins Augen gehen können! Buchstäblich geradezu! Und gut, dass wir unsere Mützen auf hatten, sonst hätten wir nun diese ganze Glaskacke in den Haaren hängen!" Nicci hatte ihre Mütze wieder nach vorn gedreht und machte schon wieder Witze, und alle schauten sich erst mal gegenseitig an, ob sich auch wirklich keiner verletzt hatte. Doch sie hatten unverschämtes Glück.

"Seht ihr", sagte Petra, "manchmal ist sogar eine defekte Bremse zu was gut. Denn stellt euch vor, wir hätten schneller fahren können!"

"Das stimmt...", meinte Kiro nachdenklich, aber Nicci widersprach: "Stimmt überhaupt nicht! Weil", und sie setzte eine Schulmeistermine auf, "dann wären wir zu dieser Sekunde an einem anderen Ort gewesen!"

"Du nun wieder!" Petra lachte erleichtert: "Das war wohl wieder so ein typisch Nicci-mäßiger Logikanfall!"

"Ja, ja, lachet nur, ihr Kindlein!" Nicci spielte resignierte Arroganz, ehe sie wieder auf den Teppich kam. "Aber was machen wir nun? Ich meine, Cabrio fahren ist ja ganz nett bei dem Wetter, aber naja..."

"Das ist wirklich Scheiße!" Petra überlegte. "Wir müssen auf jeden Fall erst mal das restliche Glas rausnehmen, sonst fliegt uns das noch weiter um die Nase!" Vorsichtig zogen sie den Dichtgummi ringsum aus der Fensteröffnung, passten auf, dass keine Scherben herunterfielen, und packten das Teil und die Reste der Scheibe auf die Ladefläche. "Sehen wir zu, dass wir an einem Schrottplatz vorbeikommen. Vielleicht kriegen wir ja noch eine Scheibe. Eine neue alte..."

"Fahr mal da lang! Da war vorhin ein Schild - ich glaube, gleich da vorn!" Nicci zeigte den Weg, und wirklich! Ein Schrottplatz! Hatte zum Glück sogar noch offen! Sie fuhren auf den Hof, kletterten aus ihrer kaputten Kiste und sahen sich um. "Gibt's das? Da hinten steht ja noch genau so eine Gurke wie diese! Ein alter B-1000! Bauen wir gleich mal die Scheibe aus! Nicci, suchst du mal den Besitzer und fragst? Lass dir auch gleich mal einen Sauger geben, dann kannst du die Kabine mal etwas vom Glas befreien." Nicci zog einen Flunsch. Den ganzen Tag hatten sie sich geplackt, und jetzt auch noch dieser Mist... "Kannst du das denn überhaupt reparieren, Petra? Wenn das doch Kims Auto ist?"

"Keine Sorge, wir werkeln doch meistens zusammen daran rum. Es ist doch dauernd was dran zu machen - ich kenn' die Kiste. Kriege das schon", erwiderte Petra beruhigend. Missmutig trollte sich Nicci und suchte nach jemandem, der hier was zu sagen hatte. Bald fand sie auch einen - der lag gerade auf der Erde unter einem Wrack und schraubte.

"Tag schön! Haben Sie hier was zu sagen?"

"Kommt drauf an, wozu", erwiderte eine freundliche Stimme, und ein etwas dicklicher, älterer Mann in schmutziger Arbeitskluft kam unter dem Wrack hervorgerollt. "Oh, was für hübscher Besuch", rief er aus, als er des grünhaarigen Wesens ansichtig wurde: "Womit kann ich denn helfen?" Er machte sich nicht die Mühe, aufzustehen, wies nur auf die beiden Schraubenschlüssel in seinen Händen: "'T'schuldigung, aber ich muss das heute noch fertig machen."

"Schon gut! Wir bräuchten bloß von dem ollen B-1000 da hinten die Frontscheibe. Und vielleicht was von der Bremse."

"Ach, die olle Kiste! Da haben Sie aber unverschämtes Glück, dass ich die noch... Wissen Sie, wie selten die sind? Haben Sie Werkzeug, oder..."

"Nein, wir haben alles. Brauchen nur die Teile. Und was - wie viel würde das kosten?"

"Wenn Sie sich den Kram selber ausbauen - was für die Kaffeekasse reicht. Bin froh, je mehr davon weg geht."

Das war eine frohe Botschaft. Nicci kramte in ihren Taschen und holte alles Kleingeld hervor, das sie bei sich trug. Der Mann lachte: "Schon gut. Die Hälfte tut's auch. Stecken Sie's mir in die Tasche?" Etwas verwundert beugte sich Nicci zu dem Menschen herunter und schob ihm das Geld in die Brusttasche von seiner Latzhose: "Danke! Bist wirklich großzügig, Onkelchen!"

"Keine Ursache. Dafür hatte ich mal einen hübschen Anblick." Er lachte und schob sich schon wieder unter sein Wrack: "Viel Erfolg, und tschüs. Ich muss wieder." Schon war er wieder unter dem Fahrzeugskelett verschwunden, und Nicci winkte ab: "Ja, ich weiß. Heute noch."

Sie lachte fröhlich und ging wieder zu den anderen; war erleichtert, dass sie alles so schnell erledigt hatte.

"Und - hast du alles regeln können?"

"Ja. Bezahlt habe ich auch schon. Er wollte nur was für die Kaffeekasse. Aber ich hab den Sauger vergessen..."

"Macht nichts. Machen wir eben morgen sauber."

"Und wie weit seid ihr?"

"Tja, da wir Profis sind", und sie klopfte Kiro auf die Schulter, "wird es wohl nicht lange dauern. Gott sei Dank ist nur eine Bremsleitung defekt, und die Scheibe ist gleich drin, wie du siehst." Tatsächlich zog sie gerade das letzte Stück eines Drahtes aus dem Dichtgummi heraus, und die Scheibe glitt fast wie von selbst an ihren Platz! Nicci staunte: "Wie habt ihr das denn so schnell - ach was. Was ist mit der Leitung?" Geduldig zeigte Petra ihr den Schaden. Bald war das defekte Stück ausgewechselt, Bremsflüssigkeit aufgefüllt, die Bremse entlüftet, und endlich, endlich tuckerte der Motor wieder, und es ging nach Hause.

Am nächsten Morgen erwachten sie erst, als die Sonne schon hoch am Himmel stand und es auf dem Dachboden langsam unerträglich wurde. "Meine Güte, haben wir lange geschlafen! Ich wollte doch los", Petra sah auf die Uhr, winkte dann aber resigniert ab; "der Tag ist sowieso gelaufen! Kann ich mir auch Zeit lassen."

"Genau! Wieso bleibst du nicht noch eine Weile bei uns? Wir könnten doch mal schwimmen gehen!"

Petra überlegte kurz und willigte ein: "Aber erst, wenn wir die Kabine vom Auto sauber gemacht haben." Flink hatten sie die meisten Glassplitter weggeräumt, ohne sich weh zu tun; nur Kiro lutschte an seinem Finger, weil er sich geschnitten hatte. "Lassen wir es gut sein", beschloss Petra endlich, "den Rest kann ich mit einem Sauger an einer Tanke machen."

Diesmal gingen alle zu Fuß zum Teich, und als Petra ihn sah, war sie gleich begeistert von der fantastischen Natur! Ganz in Gedanken murmelte sie: "Ihr wisst gar nicht, was ihr hier habt."

"Naja, wieso bleibst du denn nicht einfach auch ganz hier bei uns? Platz ist schließlich genug, mehr als genug auch für drei Leutchen!"

Verdutzt sah Petra Nicci und Kiro an, zuckte dann aber resigniert mit den Schultern: "Aber Nicci. Auch wenn ich das im Moment am liebsten tun würde, ich kann nicht."

"War ja auch nur so ein Gedanke. Auf alle Fälle bist du hier immer willkommen, ob nun als Gast oder für immer! Wenigstens Urlaub musst du hier aber immer machen! Und Kim mitbringen! Und Sandra!"

"Danke Nicci. Das werde ich sicher tun", und Petra küsste sie und nahm sie in den Arm. Obwohl Nicci schon wieder ausgezogen war.

Petra musste sich auch beeilen, denn schon war auch Kiro soweit und rannte mit Nicci ins Wasser. Die drei erfrischten sich, und das fröhliche Gelächter der jungen Menschen vertrieb für eine Weile die Stille. Allzu schnell verging jedoch der Nachmittag, und Petra drängte zum Aufbruch. "Ich will doch nicht gar so spät heimkommen, wer weiß, was auf den Straßen wieder los ist." Und bald brachen sie auf.

Daheim angekommen, zückte Petra die Geldbörse und gab den beiden ihr Geld. "Daran habe ich gar nicht mehr gedacht", sagte Nicci, "war schön, dass du hier warst und dass wir dir helfen konnten! Mach's gut und grüß alle von uns." Sie freute sich, dass Petra nach der Wahl wiederkommen würde, um alles wieder einzusammeln, und lachend versprach Nicci auch, bei der Wahl ihr Kreuz an der richtigen Stelle zu machen. "Darauf kannst du Gift nehmen!", rief sie dem davonholpernden Wagen noch nach und schaute hinterher, bis er nicht mehr zu sehen war und auch die Staubfahne sich gelegt hatte.

"Bist du traurig?", fragte Kiro und nahm sie in die Arme. Sie sah ihn an. "Nein. Ist nur schade, dass sie weg ist - manchmal ist es hier doch ein wenig einsam."

"Dann musst du beschäftigt werden! Wir erforschen morgen noch weiter die Umgebung! Haben ja noch längst nicht alles kennen gelernt!" Und erfreut willigte Nicci ein. Diesmal gingen sie gleich in den Gepäckwagen zum Schlafen, und weil es dort nicht so heiß wurde wie auf dem Dachboden, war es schon wieder beinahe Mittag, als sie endlich ausgeschlafen hatten.

Zehntes Kapitel

Eine schmerzhafte Schienenwanderung, ein romantisches Gewitter und eine Geisterfahrt nach Hause

Nach dem Aufstehen trödelten Kiro und Nicci noch herum, konnten sich nicht entschließen, in welche Richtung sie gehen wollten. Und so war die Mittagszeit schon einige Stunden vorüber, als sie sich endlich auf den Weg machten. "Lass uns die Bahnstrecke entlanggehen! Ich will wissen, wo sie hinführt." Und los ging's! Eigentlich hatten sie sich ja für jede Richtung mindestens einen ganzen Tag Zeit nehmen wollen, und so war Kiro zunächst gar nicht so angetan von dieser Idee, aber Nicci quengelte: "Ach nun komm schon! Wenigstens ein kleines Stück; was wir in einer Stunde oder so schaffen können! Lass uns doch einfach einen vorgezogenen Abendspaziergang daraus machen! Und wir hatten uns ja für heute sowas vorgenommen!"

"Na gut, kleine Nervensäge! Du hast ja Recht, an mir soll es nicht liegen, und versprochen ist versprochen. Muss ich armer, alter Mann eben...", und laut ächzend erhob er sich.

"Ach du armer Opi! Wird's denn gehen ohne Krückstock?", lästerte Nicci. "Na, wohl gerade eben noch so", erwiderte er lachend und setzte sich in Bewegung.

Mitten im Gleis entlang spazierten die beiden bald Hand in Hand auf den weichen Kiefernnadeln, die fast überall den Sand bedeckten. Das ging sich gut, denn die Schwellen waren nur noch an wenigen Stellen zu sehen, auch den Schotter hatte der Sand mit der Zeit fast vollkommen verschluckt. Nicci hatte sogar ihre Schuhe daheim gelassen und balancierte barfüßig übermütig ein Stück auf den von der Sonne gewärmten Schienen. Schnell hatten sie ihre Schranken hinter sich gelassen und stiegen die leichte Anhöhe hinauf, der die Eisenbahnstrecke folgte; mitten in schönsten Wald hinein! Oben auf dem Hügel allerdings hatte der Wind den Bahnkörper freigepustet, und nun musste Nicci balancieren, ob sie wollte oder nicht.

"Vielleicht hättest du deine Schuhe doch lieber mitnehmen sollen", meinte Kiro besorgt, aber davon wollte Nicci nichts hören. "Ach was!

Das geht schon. Wir wollen ja keinen Marathonlauf veranstalten! Außerdem sollst du mich nicht bevormunden!" Sie ärgerte sich ein bisschen. Vor allem deshalb, weil sie nun selber einsah, dass er Recht hatte... Ihr Missmut verflog allerdings sofort wieder, als sie nun - oben auf dem Hügel angekommen - hinabschauen konnte auf das, was vor ihnen lag. "Sieh nur! Ist das nicht alles fantastisch?" Die Bahnstrecke führte den Hügel wieder hinab und durchquerte eine langgezogene Senke, bevor sie erneut anstieg. Das Tal vor ihnen war wunderschön. Hunderte bunter Blumenblüten leuchteten aus dem dunklen Grün des Grases hervor; und die letzten Sonnenstrahlen, die es noch über die Baumwipfel hinweg bis in dieses Tal hinein schafften, zauberten ein wunderbares rot schimmerndes Licht. Zwischen all den hohen Gräsern und Kräutern funkelte hie und da das Wasser eines kleinen Bächleins hervor, das die Bahnstrecke ein kleines Stück weit begleitete, ehe sie auf der anderen Seite wieder vom mächtigen grünen Dunkel des Waldes umschlossen wurde.

"Komm, da müssen wir unbedingt noch hinunter! Den kleinen Bach möchte ich mir unbedingt noch anschauen..." Übermütig war Nicci gerade losgerannt, als sie plötzlich schmerzerfüllt aufschrie! Im ersten Moment glaubte sie, jemand hätte auf ihren nackten Fuß mit einem Hammer eingeschlagen, so weh tat das! Nicci hatte nicht aufgepasst. Als sie sich jammernd auf den Boden setzte und auf ihre Zehen gucken wollte, bemerkte sie erst die Quelle ihres Schmerzes; neben dem Gleis ragte etwas Metallenes ein kleines Stück weit aus dem Sand! Aber das war ihr im Moment egal. Jammernd saß sie im Gras und besah sich ihren Zeh, an dem tatsächlich eine hässliche, blutige Schramme war!

"Oh je, das tut bestimmt sehr weh!" Kiro war besorgt. Er nahm ein Taschentuch, machte es mit Spucke nass und tupfte vorsichtig den Sand von den Rändern der Wunde. "Das wird nun heute wohl doch nichts mehr mit dem Bach, wie es aussieht?"

"Nein, wohl nicht. Scheiße, tut das weh! Aber morgen geht es bestimmt wieder. Gleich früh gehen wir los, ja?"

"Na gut. Wir werden sehen. Aber nur, wenn du dich dann etwas mehr vorsiehst!"

"Ja, Papi!" Nicci streckte ihm die Zunge heraus und versuchte dann, aufzustehen und zu laufen. Aber das ging nicht gut. Sie knurrte und fauchte vor Schmerz und hinkte, und dann musste sie auch noch Acht geben, dass nicht wieder Dreck in die Wunde kam. Kiro sah sich das eine Weile an, bis es ihm zu viel wurde. "Nicci, es wird meine Achtung und meine Liebe zu dir nicht schmälern, wenn du mal nicht so stark bist, sondern dir von mir helfen lässt! Aber zuerst gucken wir mal, woran du dich da eigentlich gestoßen hast!" Unwillig knurrend, aber doch folgsam setzte sich Nicci wieder hin, und Kiro zog an dem rostigen Etwas, das da aus dem Boden ragte. Und bald konnte man auch erkennen, was es war - ein alter Hemmschuh! "Der ist bestimmt irgendwann hier mal von einem Zug gefallen. Toll; den nehmen wir mit! Pass auf, ich nehme dich auf die Schultern, und du nimmst das Ding in die Hand!", und er gab ihr das eiserne Teil. Nicci wusste zwar nicht so recht, was er damit machen wollte, ließ ihm aber seinen Willen; Eisenbahnzubehör konnte man schließlich immer mal gebrauchen! Gehorsam stellte sie sich breitbeinig hin, Kiro krabbelte auf allen Vieren unter ihr durch und stand vorsichtig auf, bis sie sicher auf seinen Schultern saß. Mit einer Hand hielt sich Nicci an seiner Stirn fest und umklammerte mit der anderen das neue Souvenir, damit es auch ja nicht herunterfallen konnte.

Kiro musste sich sehr anstrengen, um seine niedliche Last sicher wieder nach Hause zu bringen. Es war zwar nicht so weit bis dahin, aber der Boden war für derlei sportliche Betätigungen nicht sonderlich gut geeignet; er musste sehr vorsichtig gehen, um nicht zu stolpern. Außerdem war er ja auch nicht gerade der stärkste Mann - und im Augenblick, da ärgerte ihn das sogar. Er war heilfroh, als er es endlich geschafft hatte und Nicci vor dem Bahnübergang wieder vorsichtig auf ihre Füße gestellt werden konnte. Er nahm ihr den Bremsschuh ab, lief ein paar Meter zurück und legte ihn an der Grenze von ihrem Grundstück auf eine der beiden Schienen. "Siehst du, hier wird nun sicher niemand mehr über ihn stolpern. Hier liegt er auch viel besser als da oben auf dem Hügel." Dann ging er wieder zu Nicci, die noch immer unschlüssig auf einem Bein an der Stelle stand, an der sie abgesetzt worden war, legte ihren Arm über seine Schulter und führte das humpelnde Wesen über den moosbewachsenen Beton vor dem Bahnwärterhäuschen bis zur Eingangstür. Nicci machte sie mit ihrer freien Hand auf und saß endlich, sichtlich erleichtert, auf dem alten Stuhl vor dem großen Fenster, das um die Ecke ging.

"Vielleicht ist es besser, wenn wir einen kalten Umschlag darum machen, damit es nicht dick wird?" Ohne auf eventuelle Widerworte zu warten, kramte Kiro einen sauberen Lappen hervor und ging wieder nach draußen an die Pumpe, um ihn nass zu machen. Zischend zog Nicci die Luft durch die Zähne, als er das Tuch um ihren Zeh wickelte: "Huh, ist das kalt! Aber es tut gut. Hilft bestimmt! Du bist lieb - hab vielen Dank!"

Kiro strahlte: "Aber dafür bin ich doch da!"

Sie legten sich zeitig schlafen und waren am Morgen des nächsten Tages tatsächlich auch sehr früh wieder auf den Beinen. Nicci war als Erste erwacht und hatte sich gleich erst einmal ihren Fuß beguckt. Gott sei Dank war alles wieder okay. Es tat nicht mehr weh, und die Wunde war auch nicht entzündet. Dennoch suchte sie sich ein Pflaster, damit sie nicht wieder aufging bei dem geplanten Fußmarsch. Sie schlüpfte in ihre Schuhe und bereitete dann ein kleines Frühstück, bevor sie Kiro weckte.

Diesmal machten sie sich besser ausgerüstet auf den Weg. Jeder hatte etwas zum Essen und Trinken bei sich, und auch sonst war alles dabei, was man auf einer längeren Tour gebrauchen konnte. Ein Multiwerkzeug, das zugleich Messer, Beil und Säge war, Niccis Wetterplane, eine Decke - schließlich wollte man sich unterwegs ja mal ausruhen oder sonst irgendetwas tun; Kiro hatte Stift und Papier dabei, und auch Erste-Hilfe-Zeug nahmen sie mit. Obwohl Nicci vorher schon gewettet hatte, dass sie's garantiert nicht brauchen würden, weil man solche Dinge ja nur immer dann braucht, wenn man sie mal vergessen hat.

Nicci war von dem kleinen Bach so angetan, dass sie der Bahnstrecke erst einmal nicht mehr weiter folgten. Die beiden merkten es zuerst gar nicht, dass sie sich von ihrer geplanten Route entfernten, zu stark waren die Eindrücke der grünen, lebendigen Natur für die beiden Stadtkinder. So lange hatten sie dort gelebt; hatten noch nie so viel Natur auf einem Haufen gesehen! Auch als der Bach sich schon längst irgendwo im tiefen Gras verloren hatte, liefen sie weiter und merkten erst recht spät, dass sie eigentlich gar nicht mehr so recht wussten, wo sie waren. "Was soll's. Wir haben Essen, haben Zeit, und eine Decke haben wir auch", meinte Nicci achselzuckend, und auch Kiro ließ sich nicht davon stören, dass sie sich inzwischen verlaufen hatten. Und entschlossen gingen sie weiter; immer der Nase nach.

Als sie nach vier Stunden Fußmarsch wieder einmal oben auf dem bewaldeten Gipfel einer Anhöhe angelangt waren, da stutzte Kiro plötzlich und zeigte nach vorn, "Guck mal da; Schienen! Hier hat es also auch mal eine Bahnstrecke gegeben. Wo wird die denn wohl entlanggehen? Ob es vielleicht gar - unsere ist?" Ja, tatsächlich; ohne es zu wissen, waren Kiro und Nicci beinahe im Kreise gelaufen. Nur knapp drei Kilometer waren sie von ihrem Zuhause entfernt, und nicht mal ein Kilometer von hier war der kleine Bach, der sie vor Stunden in die Irre geleitet hatte - aber das ahnten die beiden nicht einmal. Liefen gerade neugierig um die Biegung, hinter der das Gleis verschwand und hinter die sie nicht hatten schauen können bis jetzt... Die Strecke war hier fast eben, nur ganz leicht stieg das Gelände vor ihnen noch an. Obwohl sie schon so lange auf den Beinen waren, machte es den beiden immer noch großen Spaß, hier immer wieder neue faszinierende Dinge zu erforschen! Immer noch gespannt auf alles, was vor ihnen lag, beschleunigten sie ihre Schritte, um endlich zu entdecken, was die Biegung verbarg!

Überrascht blieben die beiden stehen, als sie sahen, was da seit Ewigkeiten auf sie gewartet zu haben schien. Vor ihnen stand - grün, alt und mit ein paar Roststellen - ein zweiter Eisenbahnwaggon! Und er sah fast so aus wie jener, der hinter ihrem Haus nur als Schuppen noch sein Dasein fristete! Allerdings war der hier kein Gepäckwagen; er war für den Transport von Menschen gebaut. Doch ansonsten sah er ihrem Schuppen ziemlich ähnlich; Spinnweben zogen sich von den nahen Sträuchern und Bäumen bis auf sein Dach, Kiefernnadeln und Laub hatten auch an dieser Stelle die Schienen fast unsichtbar werden lassen, und zwischen den Schwellen wuchsen schon kleine, junge Bäumchen, die in einigen Jahren die Gleise sicher zerstört haben würden, wenn man sie nicht entfernte. Flüchtige Sonnenpünktchen huschten über seine eingestaubten Fenster, und das Tollste war; er war noch komplett! Denn er stand noch auf seinen eigenen acht Rädern!

"Das ist ja der blanke Wahnsinn! Den müssten wir noch bei uns stehen haben, das wäre ein perfektes Wohnzimmer im Grünen!", schwärmte Nicci. Aber wie sollte man dieses riesige Teil von hier weg-

bringen? Sie wussten ja selbst nicht einmal, wo sie waren. Und eine Lokomotive zum Ziehen, die gab es hier ja nun schon gar nicht mehr...
"Tja, schade. Ein Wunschtraum." Bedauernd zuckte Nicci mit den Schultern: "Aber wenigstens gründlich anschauen müssen wir ihn uns! Vielleicht können wir uns ja dann damit trösten, dass er schon viel zu sehr kaputt ist."

Sie kletterten gleich auf die nächste Plattform hinauf und traten in das Innere des Waggons. Auf den ersten Blick schien Nicci Recht zu behalten, denn es sah hier sehr schmutzig aus. Irgendjemand hatte die Abteiltür offen stehen lassen, und auch einige Fenster waren nicht geschlossen, so dass von draußen schon einige Bäume begonnen hatten, ihre Zweige hineinwachsen zu lassen. Und als Krönung lag - fast wie ein Kuhfladen - groß und breit ein altes, verlassenes Vogelnest mitten auf einem der Kanonenöfen! Von diesen Öfen gab es gleich zwei Stück hier drin, auch war der Waggon etwa in der Mitte durch zwei Trennwände geteilt, zwischen denen sich zwei Toiletten befanden. Teilweise musste es durch die offenen Fenster auch hereingeregnet haben; Wasser hatte an den Wänden und auf einigen Sitzen einige recht deutlich sichtbare, grünliche Spuren hinterlassen. "Siehst du, das ist doch fast alles ziemlich hinüber hier", versuchte Nicci ihrem Freund und vor allem sich selbst einzureden, "das hätte sowieso keinen Zweck mehr, hier groß aufzumöbeln." Aber sie glaubte selbst nicht, dass sie sich den Wagen nur deshalb nicht gleich am liebsten unter den Arm geklemmt hätte! Auch Kiro hatte das Teil sofort lieb gewonnen und erkannt, dass es eigentlich nichts gab, was man nicht irgendwie wieder herrichten könnte.

Etwas zerknirscht setzten sich die beiden auf eine der Holzbänke, und Nicci seufzte: "Ist doch irgendwie schade, dass wir den hier lassen müssen! Aber wir können ihn ja ab und zu besuchen und als Ferienhaus benutzen, wenn wir wieder mal so einen Ausflug machen...", sie suchte nach einem Grund, endlich mit dem Aufräumen anfangen zu können! Und Kiro half ihr dabei: "Dann sollten wir aber wenigsten versuchen, die Fenster zuzumachen!" Kaum hatte er das gesagt, waren sie wie auf Kommando auch schon aufgesprungen und fingen an. Jeder nahm sich eines der beiden Abteile vor. Wie durch ein Wunder hielten die breiten Lederriemen, die zum Hinaufziehen und Arretieren der Fenster dienten, noch alle der Last der Scheiben stand, und mit ein wenig Mühe war es ihnen bald gelungen, sämtliche Fenster zu schließen. Sie probierten alle Türen aus, und auch die gingen leicht zu, als sie erst mit den Füßen den Dreck aus den Ecken geschubst hatten.

"Das ist geil! Warum bleiben wir nicht einfach über Nacht hier? Dann können wir gleich mal testen, wie es sich schläft hier drin!"

"Prima Idee, Nicci! Ich hab inzwischen auch ziemlichen Hunger gekriegt, und wenn wir noch den Ofen anbekommen, wird es uns auch nicht kalt nachher. Und wir könnten uns sogar Tee kochen und unser Essen aufwärmen!"

"Tee? Woher willst du denn hier Tee kriegen?"

Doch Kiro kramte in seinen Sachen und zauberte tatsächlich eine Handvoll Teebeutel hervor! "Ich wusste's doch. Irgendwo habe ich die neulich mal bekommen und vergessen, sie raus zu legen!" Nicci war begeistert und lief gleich nach draußen, um etwas trockenes Holz zu suchen. Kiro suchte sich ein paar abgebrochene Kiefernzweige zusammen, mit denen er dann - wie mit einem Besen - drinnen noch weiter sauber machte. Und er schaffte es sogar, dass es im Inneren bald wieder recht ordentlich aussah.

Er war gerade fertig geworden, als auch Nicci wiederkam und einen ganzen Arm voll frisches, trockenes Holz auf den Boden neben dem Ofen schmiss. Sie ging kurz noch mal los, um eine der Bordtoiletten auszuprobieren - aber dann wollte sie kokeln! Kiro hatte inzwischen das alte Vogelnest vom Ofen runter genommen und es hinein gestopft - es war so trocken, dass es sicher gut brennen würde. Dann überließ er Nicci das Feld und machte sich daran, das Wasser aufzusetzen. Er nahm das Essen aus ihrem alten Kochgeschirr, goss es voll und legte fünf von den Teebeuteln zurecht. So würde der Tee sicher auch noch für morgen früh reichen. Und einen halben Liter Wasser behielt er sogar noch übrig.

Das Kochgeschirr wurde auf den Ofen gestellt, und Nicci zündete das Vogelnest an. Zuerst brannte das auch ganz wunderbar - aber plötzlich fing der Ofen an zu qualmen! Nicci musste husten, sie hatte eine volle Ladung Rauch ins Gesicht bekommen! Kiro riss alle Türen auf und machte Durchzug, und da verzog sich die dicke Luft schnell wieder, und auch das Feuer im Ofen brannte nun richtig. Ganz laut knisterte es, und Nicci konnte gar nicht genug davon kriegen, immer mehr Holz in den Bauch des Ofens zu stopfen!

Plötzlich sprang sie erschrocken auf: "Mensch, draußen das ganze trockene Zeug! Wir müssen nachsehen, ob da nicht Funken oben herausfliegen können!" Schon schossen schreckliche Bilder durch ihren Kopf, grausige Bilder von brennenden Wäldern, hoffnungslos flüchtenden Tieren, lodernden Häusern... Sie rannte an Kiro vorbei ins Freie, kletterte an den Stangen der Plattform nach oben bis aufs Dach und schaute sich den Abzug des Ofens an. Erleichtert stellte sie fest, dass alles in Ordnung war. Denn der Abzug war so konstruiert, dass nichts passieren konnte. Wie ein großes T sah er aus; es konnte also nichts nach oben fliegen. Und außerdem waren die beiden Öffnungen auch noch durch kegelförmige Deckel abgeschirmt, die auch die letzten Funken schon nach einigen Zentimetern abfingen. Vorsichtshalber fegte Nicci aber noch das ganze Dach ab und kletterte erleichtert wieder nach unten. Doch sie nahm sich vor, später trotzdem immer mal nachzusehen. Und sie machte sich Vorwürfe, weil sie so spät daran gedacht hatte, vorsichtig zu sein.

Bei dem ganzen Stress hatten sie gar nicht bemerkt, wie dunkel es inzwischen ringsum geworden war. Aufkommender Wind ließ das Feuer noch heftiger lodern, und erstaunt bemerkte Nicci plötzlich, wie sehr die Bäume draußen sich bewegten. Im gleichen Moment hörten sie auch schon ein dumpfes Grollen aus der Ferne, und erste Regentropfen schlugen an die Fensterscheiben... Ein Gewitter näherte sich in rasendem Tempo! Und Nicci freute sich darüber! Hier drinnen konnte es ihnen kaum etwas anhaben. Hastig machten sie alle Türen wieder zu, denn schon wirbelten kleine Staubwolken durch das Wageninnere. "Oh, ich liebe Gewitter!" schwärmte sie, "vor allem, wenn ich im Zug sitze! Komm, wir machen es uns jetzt richtig gemütlich! Und du, du musst mir eine Geschichte erzählen!"

Sie breitete die Decke im Mittelgang des Wagens aus und ließ sich darauf nieder, während Kiro schon das siedende Wasser vom Ofen genommen und die Teebeutel hineingehängt hatte. Bald durchströmte der Duft von frischem Pfefferminztee das Innere des Wagens, während draußen ein richtiger Wolkenbruch losging! Blitzschnell hatte der die ersten Regentropfen von den Fenstern geschwemmt - und nun konnte man durch die Scheiben hindurch fast gar nichts mehr sehen, so sehr goss es. Wild prasselte der Regen an die Wände und die Scheiben, trommelte auf das Blechdach, und hoch über den Bäumen zuckten heftige Blitze! Zwischen den kräftigen Donnerschlägen, die inzwischen von allen Seiten kamen, konnte man nur ab und zu das Ächzen und Stöhnen der Bäume ringsum hören, und das Pladdern des Regens vermischte sich mit dem heftigen Rauschen der Blätter im Gewittersturm zu einem gruseligen Konzert, dessen einziger warmer, Geborgenheit spendender Ton das Prasseln des Feuers im Ofen war.

Nicci und Kiro hatten inzwischen ihre Brote auf die heiße Ofenplatte gelegt, um sie zu rösten. Irgendwo aus den unergründlichen Tiefen ihres Rucksackes hatte Nicci sogar zwei Teelichte hervorgekramt und sie auf die Bänke neben sich gestellt, Kiro legte noch mal etwas Holz nach, und schnell war auch das Essen gut. Die gerösteten Brote waren das Köstlichste, was sie sich in diesem Augenblick vorstellen konnten! Beide aßen schweigend, lauschten der tobenden Natur und genossen dies alles; ihr Mahl, die Wärme des kleinen Ofens, das tobende Gewitter, die Nähe des anderen... Zwischendurch nahm Nicci die Teebeutel aus dem Wasser und gab Kiro einen Schluck zu trinken, bevor sie selber trank und sich erwartungsvoll auf die Decke legte; ganz nah neben ihren Freund, der ihr nun eine Geschichte erzählen sollte.

"Was für eine Geschichte soll ich dir denn erzählen? Eigentlich kenne ich doch gar keine so tollen Sachen."

"Ach klar kennst du! Am liebsten hätte ich gerne eine Eisenbahngeschichte!"

"Naja, wenn du das so sagst - fällt mir doch tatsächlich etwas ein zu diesem Thema.", begann Kiro. "Es ist ungefähr fünfzehn Jahre her. Ich war mit dem Flugzeug von einer Kur zurückgekommen und stand nun auf dem Bahnsteig rum, wartete auf den D-Zug, der mich nach Hause bringen sollte. An diesem Tag war es extrem heiß, man konnte es kaum aushalten! Und das, obwohl es bereits Anfang September war.

Ich war kaputt und durstig von der langen Reise, aber der einzige Kiosk, den ich nach langer Sucherei finden konnte, hatte gerade dicht gemacht. Was blieb mir also, als mich drein zu fügen und das nicht sonderlich aufregende Treiben auf dem Bahnsteig zu beobachten. Und lange musste ich warten; der Zug verspätete sich von Durchsage zu

Durchsage! Fünfzehn, dreißig, sechzig Minuten... Irgendwann war es dann zwanzig Uhr durch. Aber, weißt du, irgendwie hat es mich nicht gestört - und mir kam es so vor, als ginge es den anderen Leuten auf dem Bahnsteig auch so. Wir alle waren erstaunlich gelassen; mir zumindest ist das alles vollkommen Wurscht gewesen an dem Abend. Und dann, dann wurde es irgendwie - wie heute! Nach einer Weile ist Wind aufgekommen, der uns zunächst etwas erfrischt hat; am Anfang noch kaum zu spüren, hat er doch bald schon feinen Sand und ein paar alte Zeitungen vor sich her getrieben! Und als ich geguckt hab, woher der Wind kam, habe ich eine große, dunkle Gewitterwand gesehen, die sich genau auf den Bahnhof zu bewegte!

Sorgenvoll hab ich auf die Uhr geguckt. Ob das Unwetter vielleicht gar noch eher ankommen würde als der überfällige Zug? Gott sei Dank war der aber dann doch noch schneller. Gerade so. Erleichtert bin ich eingestiegen und habe sogar ein Abteil ganz für mich allein gefunden! Und kaum hatte ich es mir gemütlich gemacht, ist der Zug auch schon losgefahren. Genau in das Unwetter hinein! Im Nu war es fast vollkommen dunkel geworden, das Gewitter tobte draußen wie verrückt! Genau wie jetzt...", und Kiro machte eine bedeutungsvolle Pause, in der die beiden schweigend dem Unwetter draußen lauschten.

Dann endlich erzählte er weiter: "Trotzdem habe ich das Fenster ganz weit aufgemacht, um die stickige Luft im Abteil loszuwerden, und um überhaupt das alles noch viel besser genießen zu können! Der Zug fuhr rasend schnell, und ab und zu trafen mich kleine Wasserspritzer, die es bis durch das Fenster geschafft hatten. Aber das hat mich nicht gestört, im Gegenteil! Sechs lange Wochen war ich fort gewesen, nun ging es endlich wieder nach Hause, und nun hatte ich auch noch so eine tolle Zugfahrt; es war fantastisch! Die Dunkelheit schien dem Zug geradezu Flügel zu verleihen; das Rattern der Räder, das heftige Grollen des Donners, das Vorbeifliegen der Schatten der Bäume, die ab und zu von grell zuckenden Blitzen gespenstisch erleuchtet wurden; all das hat mir ungeheures Vergnügen bereitet! Diese Fahrt hätte noch ewig so weitergehen können - ja, wirklich.

Fast drei Stunden lang hat mich das Unwetter begleitet. Erst kurz vor der Endstation des D-Zuges, an der ich umsteigen musste, wurde es plötzlich ruhig. Fast unmerklich hatte der Regen aufgehört, der Donner war verstummt, und auch die Blitze zuckten nur noch ab und zu, ganz weit in der Ferne. Bald hörte man nur noch das Rattern der Räder. Ich bin dann aufgestanden und habe aus dem geöffneten Fenster gesehen, habe mich etwas hinausgelehnt. Eben flog ein grünes Signal an mir vorbei, der Fahrtwind presste die herrliche Regenluft in meine Nase, und in der Ferne konnte ich bereits die Lichter der Großstadt erkennen! Der Himmel darüber war längst nicht so dunkel wie alles ringsum, und bald war die ganze Nachtlandschaft vor mir über und über mit Lichtern übersät! Und der Zug raste darauf zu...

Ich musste mich festhalten, als wir über das riesige Weichenfeld ratterten und der Zug anfing zu bremsen. Hunderte nasser Schienenstränge spiegelten das spärliche Licht von Signallampen und Weichenlaternen wider, die wie trübe glimmende Glühwürmchen an mir vorbeiflogen, und nicht mehr weit entfernt konnte ich schon die riesige, hell erleuchtete Bahnhofshalle sehen! Mit kreischenden Bremsen hielt der Zug schließlich auf dem nächtlichen, menschenleeren Bahnsteig, und die paar Leute, die hier noch ausstiegen, waren bald verschwunden. Und wieder hatte ich Zeit.

Mittlerweile war es zwei Uhr nachts, und mein Anschlusszug fuhr erst dreißig Minuten später. Ich bin noch durch den fast verlassenen großen Bahnhof geschlendert auf der Suche nach etwas Flüssigem, und bei der MITROPA hab ich dann auch endlich was gefunden! Leider hatten die um diese Zeit da bloß noch Cola, von der ich dann aber auch gleich mehrere Gläser trinken musste! Denn ich hatte riesigen Durst!" Wieder machte Kiro eine Pause und trank einen Schluck Tee aus dem alten Kochgeschirr - erst dann konnte Nicci dem Schluss der Geschichte lauschen.

"Schließlich hab ich wieder im Zug gesessen", fuhr er endlich fort, "man hatte ihn inzwischen bereitgestellt. Und es schien mir, als hätte man das nur für mich getan; keine Menschenseele ist außer mir eingestiegen! Die Spätsommernacht war nun wieder vollkommen ruhig und still, und das war beinahe genauso faszinierend wie das Gewitter zuvor. Leider hat die Fahrt aber bloß noch eine halbe Stunde gedauert, doch dafür war ich endlich wieder zu Hause! Das Ende ist schnell erzählt; ich rief Zuhause an, und meine Mama hat mich mit dem Rad vom Bahnhof abgeholt, damit ich den Koffer nicht schleppen musste. Und als ich dann endlich, endlich in meinem Bett lag, bin ich sehr schnell eingeschlafen. Denn ich war müde - und glücklich."

Nicci lächelte verträumt und schwieg, ließ die Worte dieser Geschichte noch ein wenig in sich nachklingen. Dann richtete sie sich etwas auf und wandte sich zu ihrem Freund: "Danke, das war eine schöne Geschichte! War zwar nicht besonders spannend, aber naja...", sie lachte, und bekam einen Puff in die Rippen! "Immerhin bin ich nun auch wirklich ziemlich müde geworden", sie gähnte ungeniert, "lass uns nun auch schlafen." Und ihre Stimme klang so leise, so vertraut, dass Kiro für einen kurzen Moment lang dieselbe Geborgenheit fühlen konnte wie damals; als Kind, daheim bei seinen Eltern. Die beiden wickelten sich in ihre Decke, kuschelten noch eine kleine Weile und schlummerten dann bald ein, und wie immer hielten sie sich dabei aneinander fest. Sie schliefen längst, als das Prasseln des Feuers im Ofen aufhörte, das Gewitter langsam seine Kraft verlor und die Blitze seltener, der Donner leiser wurde, bis schließlich nur noch der Regen, der leise an die Fenster und auf das Dach des Wagens trommelte, den Raum mit monotonem Rauschen erfüllte.

Am nächsten Morgen fielen bereits wieder ein paar Sonnenstrahlen durch die Baumkronen und die staubigen Fenster bis hinunter zu ihnen auf ihre Lagerstatt zu Füßen der Sitzbänke des Eisenbahnwaggons, als Nicci ihren Freund mit einem heißen Kuss aus seinen morgendlichen Träumen holte. Zufällig war ihre Hand dabei an einer Stelle gelandet, die man bei Männern um diese Zeit lieber nicht anfassen sollte, wenn man als Frau seine Ruhe möchte - doch Nicci hatte genug Ruhe gehabt, und so konnte sie bald die harten Konsequenzen ihres Tuns sehr ausgiebig genießen! Auch Kiro fühlte sich prima, als die beiden sich nach einer guten Stunde dann endlich dazu entschließen konnten, aufzustehen. Sie kletterten aus dem Waggon heraus und sogen tief die frische Morgenluft ein, die herrlich nach Regen, Sonne und dem Duft des Waldes roch. Es war noch ziemlich frisch hier draußen, die Sonne hatte es noch nicht geschafft, die Gewitterkühle der Nacht zu besiegen.

"Das ist so schade, dass wir den Wagen hier nicht wegbekommen können", klagte Kiro, und er griff - mehr nur so zum Spaß - an eine der Griffstangen und stemmte sich mit aller Kraft dagegen. Und auf einmal setzte der Waggon sich in Bewegung! Es quietschte kurz, und Nicci sah, wie die schweren Radkränze sich ein paar Zentimeter weit durch den Teppich aus Kiefernnadeln schnitten, bevor das tonnenschwere Teil wieder stehen blieb! Vollkommen baff sahen sie sich an: "Das hätte ich nicht gedacht, dass der sich so leicht schieben lässt! Er hat doch so lange hier gestanden!"

"Tja, du bist eben doch ein stärkerer Mann, als du mir immer einreden willst!" Nicci lachte. "Aber nun lass uns doch einfach mal probieren, ob wir den nicht noch bis um die Ecke da vorn schieben können, dann geht es doch nachher auch bergab!" Und nun stemmten sich beide mit aller Kraft gegen den alten Waggon - und wieder bewegte er sich! Zuerst nur ganz langsam, doch als sie ihn ein Stück weiter geschoben hatten, ging es immer leichter; beinahe von allein rollte er in gemütlichem Spaziertempo neben ihnen her! So dauerte es auch nicht lange, bis sie die Biegung erreicht hatten. In der Kurve wurde der Wagen dann wieder schwerer, und sie wollten ihr Spiel gerade schon aufgeben, als wieder gerades Gleis vor ihnen lag.

Dann fing der Waggon plötzlich an, von ganz allein zu laufen! Sie konnten es kaum glauben und ließen ihn los, aber er rollte tatsächlich weiter! Und er wurde schneller! "Komm, lass uns einfach mitfahren", rief Kiro, "wir haben ihn geschoben, und nun kann er uns auch ein Stück tragen, findest du nicht?"

"Au ja!", jubelte Nicci; "Lass uns mit der Bahn fahren!" Behände wie eine Wildkatze war sie schon auf die Plattform geklettert, und Kiro musste sich sogar schon etwas beeilen, um ihr nachzufolgen. Denn der Wagen wurde immer schneller! Und nun wurde ihnen auch bewusst, dass sie ja bis hierher gestern ziemlich weit bergauf gegangen waren, und etwas erschrocken blickten sie beide nach vorn, wo das lange Gefälle vor ihnen lag.

Rumpelnd rollte das Vehikel auf den leicht verworfenen Gleisen den Abhang hinunter und beschleunigte dabei immer mehr. "Tach tach - tach tach, tach tach - tach tach", das Rattern der Räder wurde immer schneller! Immer wieder schrabten Baumschößlinge am Bodenblech entlang, Äste kratzten über die Wände und das Dach, aber auch sie vermochten den in Fahrt geratenen Eisenbahnwaggon nicht mehr aufzuhalten. Langsam bekam Kiro es etwas mit der Angst zu tun: "Oh Mann, was haben wir denn nun wieder gemacht! Was machen wir denn jetzt? Abspringen? Aber - das ist auch nicht ganz ohne..." Doch Nicci grinste ihn bloß an, nahm seine Hand ganz fest und drückte sie: "So schnell kann der doch hier gar nicht werden! Außerdem kennt er ja die Strecke", sie lachte, "und zu guter Letzt haben wir hier", und sie wies mit bedeutsamer Geste auf eine rostige Kurbel, die kurz über dem Plattformgeländer war, "die Rangierbremse!"

Kiro wollte sofort daran drehen, doch Nicci hielt ihn zurück: "Lass ihn doch einfach mal fahren! Mal sehen, bis wohin er es schafft, vielleicht - bringt er uns ja tatsächlich bis nach Hause!" Er staunte, wie gelassen seine Freundin blieb! Zwar hatte auch er nicht unbedingt richtige Angst; eigentlich machte er sich mehr Sorgen darum, dass ihr etwas zustoßen könnte. Doch andererseits war das vielleicht wirklich überflüssig; sie selbst sorgte sich ja auch nicht. Also hielten sich die beiden gut fest und rasten mit etwas weichen Knien weiter und immer weiter den Abhang hinunter! Zu schätzen, wie schnell sie inzwischen waren, war nicht einfach. Doch als sie das Tal erreicht hatten, fuhr der Waggon bestimmt mit vierzig oder gar fünfzig Kilometern in der Stunde! Wenn nicht gar noch etwas schneller; den beiden zumindest kam es auf jeden Fall wahnsinnig schnell vor! Und sie waren doch etwas erleichtert, als sie das Gefälle hinter sich gelassen hatten und ihr Gefährt nicht mehr beschleunigte.

Nun konnten sie leichten Herzens die Fahrt genießen, und auf einmal bemerkte Nicci, dass sie dieses Tal schon kannte! "Mensch, guck doch mal! Das ist doch der Bach, wo wir gestern... Mann, sind wir einen riesigen Kreis gelaufen! Dann sind wir ja aber fast wieder - zu Hause! Meine Güte, dann haben wir ja den Waggon schon so gut wie bei uns!" Und beide waren nun total aus dem Häuschen! Sie fanden es herrlich; bald würden sie vielleicht so ein tolles Wohnzimmer haben! Wenn der Waggon es denn tatsächlich schaffen würde... Der frische Fahrtwind blies in ihre Gesichter, das Rumpeln, Rattern und Schaukeln des Wagens begeisterte sie immer mehr, und schließlich konnte Nicci nicht anders, als ihren Freund stürmisch zu küssen und ihn dabei ganz fest an sich zu drücken!

Einige wenige Minuten rollte der Waggon, bis er das Tal durchquert hatte und wieder an einen Hügel herankam. Und hinter dem lag ja dann schon ihr Zuhause! "Vielleicht schafft er es wirklich!" Nicci hielt sich krampfhaft an der Plattformbrüstung fest, als sie sah, dass dieser Hügel von dieser Seite aus längst nicht so hoch war wie der, auf dem sie den Wagen gefunden hatten. Doch zusehends wurde das Gefährt nun wieder langsamer. "Können wir das schaffen? Bloß noch diesen Hügel, und wir haben den Waggon wirklich bei uns zu Hause!"

"Wenn es nicht mehr geht, müssen wir ihn eben wieder schieben! Vielleicht schafft er es, wenn wir ihm helfen! Nun hatten wir schon so viel Glück, das muss doch einfach klappen!", rief Kiro, und wie gebannt starrten sie auf den Gipfel des Hügels, der noch gut hundert Meter vor ihnen lag. Noch immer rollte ihr Fahrzeug rumpelnd und ratternd bergan, aber inzwischen nur noch mit Schrittgeschwindigkeit.

"Los! Wir müssen mithelfen!", schrie Nicci, und beide sprangen von der Plattform herunter und liefen nebenher; stemmten sich wieder mit aller Kraft gegen seine Haltestangen. "Los, nu fahr schon, du Kiste", schnaufte Nicci, "fahr! Bleib bloß nicht stehen! Und wenn du zurück rollst, dann - dann sollst du mich - kennen lernen!" Trotz ihrer Anstrengungen war der Waggon schon beinahe zum Stillstand gekommen, als sie endlich den Scheitelpunkt erreicht hatten. Sie legten sich ins Zeug, stemmten sich mit all ihrer Kraft gegen das schwere Ungetüm - und schafften es! Sie jubelten vor Freude, als endlich der Waggon wieder leichter rollte, und sie schoben ihn noch ein Stückchen weiter, bis er wieder von allein fuhr und schneller wurde. Sie sprangen wieder auf und fielen sich um den Hals; nun würden sie es todsicher bis zu ihrem Bahnübergang schaffen! Es waren ja nur noch ein paar hundert Meter, auf denen es nur bergab ging.

"Vielleicht sollten wir nun doch langsam mal etwas bremsen, wir sind gleich da", meinte Kiro, als sie ungefähr die Hälfte der restlichen Strecke überwunden und auch wieder ein ziemliches Tempo erreicht hatten. Er griff an die Kurbel der Rangierbremse, aber die rührte sich keinen Millimeter! "Scheiße!", fluchte er leise, als er bemerkte, dass sie eingerostet war.

"Ist doch nicht so schlimm", entgegnete Nicci, "dann rollt er eben weiter, und wir müssen ihn zurückschieben."

"Nein! Wir haben doch den Bremsschuh vorne an den Schranken hingelegt! Und wenn wir da so schnell drauf fahren, dann entgleisen wir bestimmt!" Nun war auch Nicci erschrocken und griff an die Kurbel, versuchte zu drehen. Und tatsächlich, auch diesmal schafften sie es, als sie ihre Kräfte vereinten. Plötzlich ließ sich die Kurbel drehen, die Bremse griff... Der Wagen begann zu quietschen und zu kreischen und wurde endlich nicht mehr schneller. Mit aller Kraft drehten sie noch ein Stückchen weiter - Millimeter um Millimeter - bis endlich, endlich das rasende Gefährt langsamer wurde. Aber es war immer noch ziemlich schnell, als sie die Grenze des Grundstücks und den Hemmschuh fast erreicht hatten!

"Na, ob das reicht? Halt dich bloß fest!", rief Kiro, und sie hielten sich gegenseitig und klammerten sich ans Geländer, als sie den Schuh auf sich zukommen sahen! Mit kreischender Bremse rumpelte der Wagen weiter; noch ein paar Meter - Rumms! Es knallte, und es gab einen mächtigen Ruck, als der Waggon auf den Bremsschuh prallte und die erste seiner Achsen auf einmal komplett blockierte! Die beiden wurden kräftig durchgeschüttelt, als der schwere Eisenbahnwaggon so abrupt verlangsamt wurde; das Kreischen wurde ohrenbetäubend, und Nicci schloss für einen Moment die Augen, als sie sah, wie unter den gebremsten Rädern die Funken meterweit hervorstoben!

Quietschend rollte der Waggon eben noch am Häuschen vorbei, bevor er dann endlich stehen blieb. Dabei gab es wieder einen gehörigen Ruck, und Nicci wäre fast umgefallen, hätte Kiro sie nicht immer noch im Arm gehabt. Sie hatten nun beide ziemlich weiche Knie und waren heilfroh, dass es nun überstanden war. "Meine Güte, das war vielleicht ein Trip! Du bist vielleicht genial, dass du den Bremsschuh da vorne hingelegt hast - ich hätte mir beinahe in die Hose gemacht!" Nicci klopfte das Herz bis zum Hals.

"Na prima! Wie hätte ich das denn ahnen können, dass wir hier mal langfahren? Und schließlich warst du ja dabei, als ich's gemacht hab, und hattest keine Einwände."

"Hm. Auch wieder wahr. Tut mir Leid. Wir sind beide ziemlich leichtsinnig gewesen..."

Nachdenklich nickte Kiro, und die beiden stiegen aus.

Nicci war sichtlich erleichtert, als sie endlich wieder festen Boden unter sich spürte. "Mensch, was haben wir für ein Schwein gehabt! Was hätte alles passieren können, wenn der Waggon entgleist wäre? So viel Glück auf einmal hatte ich noch nie! Es ist gut gegangen - und schau; wir haben unser Fundstück sogar genau da, wo wir es haben wollten! Aber wenn ich mir vorstelle, dir wäre etwas zugestoßen..."

"Oder dir... Du hast Recht. Man sollte wirklich immer alles bedenken, was passieren könnte, wenn man irgendwas macht. Aber - wer tut das schon? Immer rechtzeitig daran zu denken, dass man die Folgen seines Tuns zu überlegen hat, das ist nicht leicht! Und wer kann schon alles vorher einschätzen?"

"Nein. Das kann man wohl wirklich nicht. Aber sollte man es nicht wenigstens probieren? Wäre ja auch schon ganz nett so, wenn man's echt versucht; ein echter Fortschritt wäre das! Also mir ist der Schrekken eine Lehre gewesen, das kannst du mir glauben - und wenn ich es je wieder vergessen sollte, erinnere mich dran!" Niccis Herz pochte immer noch ganz wild, und sie war nun etwas zerknirscht: "Es tut mir Leid, ich habe dich in Gefahr gebracht mit meinem Übermut!"

"Blödsinn. Schließlich waren wir es beide - und schließlich bin ich auch schon groß und weiß selber, was ich tue. Zumindest sollte ich das wissen. Bin also genauso schuld wie du. Brauchst dich also nicht entschuldigen. Ich hätte auch besser auf dich Acht geben müssen! Wir haben beide einen Fehler gemacht und sollten dankbar sein, dass alles gutgegangen und niemandem etwas Schlimmes passiert ist, meinst du nicht? Ansonsten - können wir uns ja ein Weilchen in eine Ecke stellen und uns schämen, wenn du glaubst, das hilft jetzt noch was." Kiro griente, und heftig nickend stimmte Nicci ihm zu. "Au ja, das machen wir! Komm!" Sie zog ihn hinter sich her, bis sie vor der Hauswand standen; Nicci senkte den Kopf, zog eine Schippe - und schämte sich! Und auch Kiro spielte mit und machte ein zerknirschtes Gesicht.

Bald aber hielt Nicci es nicht mehr aus und musste lachen. "So! Das vergess' ich jetzt nicht wieder! Niiie mehr! Und wehe, du! Tja, aber ein aufregendes Abenteuer war es trotzdem!" Sie umarmte ihn, und sie war glücklich. Denn wieder merkte sie, dass sie einen Mann gefunden hatte, der wirklich fast so war wie sie selbst... "Ich liebe dich! Und nun entschuldige mich bitte, ich - ich, glaub, ich muss mal da eben schnell - jetzt sofort, ooh..." Und so schnell sie konnte, war Nicci im Inneren des Hauses verschwunden.

Elftes Kapitel

Der Schatz und neue Chancen

Am Vormittag eines der folgenden Tage war Nicci damit beschäftigt, oben auf dem Dachboden sauber zu machen. Zufällig geriet sie mit ihrem Handfeger dabei auch oben auf den großen, alten Schrank, der immer noch verschlossen war - und plötzlich fiel klimpernd etwas herab, polterte gegen einen nahen Balken, auf den Boden - und rutschte genau vor ihre Füße! Sie hob es auf und erstarrte in freudigem Schrekken: "Der Schlüssel! Der Schlüssel für den alten Schrank. Mann, oben drauf hat der gelegen!" Geheimnisvoll sah er aus, als er so groß und schwer, von Staub und Rost bedeckt, in ihrer Hand lag. Sie hielt ihn gegen das Licht und blies den Schmutz aus seinem filigranen Bart: "Der sieht ja beinahe aus wie von einem Tresor! So kompliziert mit all seinen Kerben und Löchern..."

Jedes Mal, wenn ihr Blick zufällig auf den Schrank in der Ecke gefallen war, hatte sie wieder daran gedacht, dass sie ihn ja noch immer nicht geöffnet hatten! Und jedes Mal hatten sich ihre Gedanken wieder um das Geheimnis versponnen, das er bergen könnte, vielleicht... Doch jedes Mal waren sie und Kiro aus irgendeinem Grund wieder davon abgekommen, sich weiter mit ihm zu beschäftigen. Noch immer war ihnen keine vernünftige Möglichkeit eingefallen, wie das Lüften dieses Geheimnisses zu bewerkstelligen sei, ohne das Möbel dabei kaputt zu machen - und sie trösteten sich damit, dass ein Geheimnis nur so lange ein ungelüftetes Geheimnis ist, solange es eben noch niemand gelüftet hat.

Aber jetzt lag der Schlüssel zu diesem Geheimnis plötzlich wahrhaftig in ihrer Hand! Wie aus heiterem Himmel war er ihr vor die Füße gefallen; beinahe so, als sei das Geheimnis nun reif, endlich enthüllt zu werden. Und Nicci hielt den Schlüssel ganz fest, um ihn ja nicht wieder zu verlieren oder zu verschusseln! Neugier packte sie; am liebsten hätte sie sofort diesem uralten Möbelstück sein Geheimnis entrissen, denn es musste ja einfach eines geben! Warum hätte sich denn sonst jemand die Mühe gemacht, den Schrank zu verschließen und dann auch noch den Schlüssel zu verstecken? Sie konnte sich kaum noch zügeln, ihn in sein Schloss zu stecken, doch sie beherrschte sich. Denn bestimmt wollte Kiro auch gerne dabei sein, wenn dieses Rätsel gelöst werden würde.

So schnell sie konnte, kletterte Nicci die Leiter hinunter. Sie rannte durchs Haus und suchte nach ihm: "Kiro, Kiro, komm schnell, ich hab den Schlüssel gefunden!" Aber Kiro war nicht da. Sie rannte nach draußen und rief ihn erneut, und endlich sah sie sein Gesicht in der Türe des Gepäckwagenschuppens auftauchen. "Was ist denn los? Warum bist du denn so aufgeregt? Ist irgendwas passiert?"

"Ja doch! Komm schnell, ich habe den Schlüssel gefunden!"

"Was denn für einen Schlüssel?"

"Mann, den Schlüssel zu dem alten Schrank! Dem alten Schrank auf dem Dachboden!"

Endlich fiel bei Kiro der Groschen, und er lief hin zu Nicci und schaute sich den Schlüssel an, den ihre kleine Hand immer noch fest umklammerte. "Meine Güte, der ist ja wirklich uralt! Wir sollten vielleicht erst...", doch Nicci ließ ihm keine Zeit für weitere Worte! Das dauerte ihr sowieso schon alles viel zu lange, und so packte sie ihren Freund und zog ihn energisch hinter sich her wieder ins Haus, schob ihn dann förmlich die Stiege hinauf auf den Boden! Niccis Ungeduld amüsierte ihn, und so nahm Kiro betont langsam die Taschenlampe von der Wand, die sie hier oben inzwischen als Notfallbeleuchtung aufgehängt hatten. Er schlenderte pfeifend auf seine Freundin zu, die schon vor Ungeduld mit den Füßen trampelnd mit dem Schlüssel in der Hand vor dem Schrank auf ihn wartete. "Los, mach, leuchte!", trieb sie ihn an, bis er sich endlich bequemte, den Schalter zu drücken und ihr das Licht zu machen, das sie so dringend brauchte! Nicci steckte den Schlüssel in sein Loch, drehte hektisch daran - nichts! Absolut nichts rührte sich! "So ein Mist! Was soll das denn nun?" Nicci platzte nun fast vor Ungeduld.

"Ach Nicci", sagte Kiro, "das steht hier schon so lange rum, sicher ist es festgerostet und braucht etwas Öl."

"Öl", murmelte sie und rannte plötzlich nach unten. Schnell kam sie wieder die Stiege hinaufgestürzt und hatte ein altes Ölkännchen in der Hand.

"Wo um alles in der Welt hast du das denn nun schon wieder her?"

"Is' doch egal! Los jetzt!", und sie schubste ihn zur Seite, setzte die Kanne an und pumpte ganz vorsichtig, bis tatsächlich ein bisschen Öl in das alte Schloss hineingelaufen war! "Und jetzt aber!", sie wollte schon wieder mit dem Schlüssel hinein, doch Kiro hielt sie auf: "Nu warte doch mal! Das muss sich erst reinziehen!" Wutschnaubend drückte sie ihm die Ölkanne in die Hand, verschränkte demonstrativ die Arme vor der Brust und lehnte sich gegen den nächsten Balken. Und Kiro konnte es sich nicht verkneifen zu lästern: "Tja Nicci, du musst mehr Geduld haben. Nicht gleich immer alles reinstecken wollen!" Diesmal erntete er dafür einen Puff in die Rippen.

Noch immer hielt Nicci den Schlüssel fest, der in ihrer Hand schon ganz warm geworden war, und als Kiro ihr den nun auch noch wegnehmen wollte, empörte sie sich: "Was fällt dir ein? Ich platze gleich, und jetzt willst du... nix gibt's!" Kiro lachte, denn natürlich gönnte er ihr den Spaß, den Schrank selbst zu öffnen. Schließlich war es ja auch ihr Schrank. Und so trat er beiseite und drückte ihr ganz fest beide Daumen, damit sie die große Türe nun auch aufbekäme und tatsächlich irgendetwas Tolles dahinter finden würde. Nicci steckte wieder den Schlüssel in sein Loch, und wirklich! Diesmal ließ er sich drehen! Es ging zwar schwer, und Nicci musste sogar beide Hände nehmen, um die Drehung zu vollenden. Doch endlich klackte es, und der Riegel im Inneren sprang zurück! Das Schloss war geöffnet! Sie nahm es ab und zog an der Tür, aber nun klemmte die auch noch! Sie musste sich wieder anstrengen, doch schließlich stand sie offen! Kiro leuchtete hinein, doch der Schrank schien leer zu sein. "Och", machte Nicci gleich ganz enttäuscht, aber so schnell gaben die beiden sich nicht zufrieden. Und tatsächlich! Ganz unten, ganz weit hinten in einer Ecke, da war doch etwas! Eine Kiste!

Von genau derselben Farbe wie das Holz des Schrankes, war sie in dem dunklen Inneren des Möbels wirklich nicht gleich zu entdecken. Kiro gab Nicci die Lampe und bückte sich, um sie herauszuheben, und diesmal ließ sie ihn gewähren. "Bitte, nicht noch ein Schloss", hoffte sie, und sie hatten Glück. Die Kiste war unverschlossen. Kiro trug sie in das schwache Licht unter einem der Fenster und stellte sie auf den Boden. So nah vor der Enthüllung des Rätsels, zauderte Nicci plötzlich.

Sie strich sacht mit beiden Händen über die staubige Oberfläche: "Was mag da bloß drin sein? Ob das was von der Eisenbahn ist, oder gar etwas - von der Omi?" Als Kiro zweifelnd die Augenbrauen hob, nickte sie resigniert. "Wirst wohl Recht haben. Kann ja eigentlich kaum sein." Doch diesmal sollte Nicci sich irren.

Vorsichtig und ganz langsam öffnete sie den Deckel der Kiste. Nun war es Kiro, dem es nicht schnell genug gehen konnte! Und als der dunkle Schatten des Deckels langsam aus dem Inneren wich, da wurden die beiden Augenpaare immer größer! "Das gibt's ja nicht! Das glaube ich einfach nicht", stotterte Nicci, als ihre zitternden Finger das aus dem Inneren herausklaubten, dessen Schimmer sich in ihren Augen spiegelte. Sieben uralte Münzen hielt sie in ihrer Hand! Es waren sehr große Münzen, sehr schwere Münzen - und es waren Münzen, die aus nichts als purem Golde bestanden! "Deine Omi, das ist nicht zu glauben!", murmelte Kiro, und als Nicci zweifelnd "Meinst du?" sagte und die Münzen ganz vorsichtig auf den hölzernen Boden gelegt hatte, da steckte auch er seine Hand in die Kiste. "Menschenskind, da ist noch etwas!" Und er zog einen großen, braunen Umschlag heraus. "Mach ihn auf", hauchte Nicci und sah sich dabei schon verschwörerisch um; so, als könnten sie hier oben von irgendjemandem beobachtet werden. Das war natürlich Quatsch, "aber Vorbeugen ist besser als Nachhintenfallen", meinte Nicci meist in derlei Situationen.

Bald hatte Kiro den Umschlag geöffnet. Ein Notizheft war darin, in dem allerlei seltsame und auf den ersten Blick unverständliche Dinge niedergeschrieben waren, und nun wichen auch Niccis letzte Zweifel über die Person, die dies hier hinterlassen hatte. "Es war tatsächlich die Omi! Du hattest Recht! Und es ist wohl wirklich nur für uns bestimmt", raunte sie, als sie sich das Heft ansah. Auf vielen der vergilbten Seiten waren merkwürdige Zeichnungen, die irgendwie technisch aussahen. Hier oben im Dusterlicht war allerdings nicht viel davon zu entziffern - nicht genug, als dass Nicci hätte so recht schlau daraus werden können.

Sie drehte den Umschlag um und schüttelte ihn vorsichtshalber, damit sie auch ja nichts übersehen konnten. Und tatsächlich kam noch etwas zum Vorschein; ein Schriftstück, das sehr feierlich aussah! Wie eine Urkunde! Ihre Verblüffung wurde vollkommen, als sie erkannte, was sie da in der Hand hielt. "Weißt du, was das ist? Das ist eine

Urkunde für ein Patent, die ihren Namen trägt; sie muss irgendetwas erfunden haben! Das ist einfach nicht zu glauben! Diese Omi!" In diesem Augenblick wurde Nicci bewusst, wie wenig sie eigentlich von ihr wusste. Beinahe gar nichts wusste sie von ihrem langen Leben, das sie gelebt hatte vor der Zeit, in der sie sich kennen gelernt hatten - ein paar Alltagsgeschichten hatte sie erzählt, gut. Aber Nicci hatte nie groß nachgefragt, war allzu oft mit ihren eigenen Problemen beschäftigt gewesen, so schien ihr jetzt. Und die Omi hatte ihr dann stets zugehört und war auf sie eingegangen.

"Da muss doch irgendwo noch etwas sein!" Nicci begann wieder, in der Kiste herumzusuchen. Sie war aufgeregt: "Sie kann das doch unmöglich gemacht haben ohne eine Erklärung; ohne uns zu sagen, was das alles bedeutet!" Und ihre zitterigen Finger fanden tatsächlich noch etwas! Sie hatte gerade schon aufgeben wollen, als sie auf dem rauen Boden der Kiste doch noch das fand, was sie gesucht hatte. Ein weiterer Briefumschlag kam ans Licht; er war nur klein und unscheinbar. Und ihr Name stand darauf! "Wie kann das sein? Sie hat doch gesagt, dass sie niemals hier war? Schnell, lass uns nach unten gehen! Hier oben kann man ja kaum etwas erkennen!"

Sie sammelten ihre Fundstücke wieder auf, legten sie zurück in die Kiste und trugen sie nach unten, um sich alles bei Lichte endlich ganz genau ansehen zu können. In der Küche wurde die Schatzkiste dann auf den Tisch gestellt, und flink hatte Nicci den Brief der Oma aufgerissen. Atemlos vor Staunen lasen nun beide gemeinsam das Vermächtnis dieses weiblichen Wesens, dessen langes Leben noch immer so viele Geheimnisse für sie barg. Welche Gedanken mochten es wohl sein, die in diesem Brief das Ende dieses Lebens überdauert hatten?

"Meine liebe Nicci!

Da du nun diesen Brief entdeckt hast, wirst du dich entschieden haben, einen Teil deines Lebens hier zu verbringen. Und du wirst bestimmt sehr verwundert sein über diesen "Schatz", den du jetzt gefunden hast; erstaunt sein darüber, dass das Grundstück noch immer nicht die letzte Überraschung war, die ich für dich habe.

Zwar fürchte ich, du fühlst dich wieder nicht besonders gut in diesem Augenblick, denn ich kenne dich. Ich kenne dich besser, viel besser als du glaubst, Nicci. Und ich bin dankbar, dass ich dich noch kennen gelernt habe in meinem Leben. Denn ich weiß - und ich sage es dir noch einmal - dass du Recht hast mit deiner These. <u>Jeder</u> Mensch verändert die Welt! Ich glaube fest daran, dass du sie besser machen wirst. Denn das hast du immer schon getan. Zumindest, solange ich dich kannte - und so glaube ich, dass es richtig ist, was ich tue.

Die Dinge, die du bisher verändern konntest, mögen vielen Menschen klein, unbedeutend, gar unwichtig erschienen sein. Vielleicht ist das auch ein Grund dafür, dass du dich so oft mies fühlst; du glaubst, alles, alles sei zu wenig, so viel und was immer du auch tust. Aber du tust es trotzdem, denn du weißt; dies ist der einzig richtige Weg! Vergiss auch nicht, 'viele' Menschen bedeutet nicht 'alle' Menschen. Denn zumindest diejenigen, deren Leben das Deine direkt berührt; diese Menschen denken anders darüber! Denk nur an deine Freunde; Kiro, Petra, Sandra - oder denk an mich! Gut - das sind zwar nicht viele, aber doch einige Menschen - und auch längst noch nicht alle Menschen, die dein Leben berührt, auf welche Weise auch immer. Doch selbst dann, wenn es nur ein einziges Wesen sei; wäre dieser Einfluss allein nicht schon gewaltig?

Aber das weißt du ja alles selbst, Nicci. Und so will ich dir nun Dinge verraten, die du noch nicht weißt. Da meine irdische Existenz nun, da ich dies schreibe, ihrem Ende zugeht, habe ich die Möglichkeit, deinen Aktionsradius zu erweitern. Denn ich will, dass du die Welt weiter zum Guten veränderst; so, wie du es bisher getan hast - aber auch noch darüber hinaus! Du fragst dich nun sicher, wie das gehen soll...

Nicci, viele Dinge aus meinem Leben sind dir bisher verborgen geblieben. So weißt du zum Beispiel nicht, was mich zu früherer Zeit beschäftigte, womit ich meinen Lebensunterhalt verdient habe. Nun, ich habe als Physikerin gearbeitet. Da staunst du, nicht war? Ich habe geforscht, getüftelt, nach Dingen gesucht, die den Menschen das Leben leichter machen können, ohne noch mehr Schäden anzurichten - Dinge, die vielleicht sogar helfen, die Fehler der Vergangenheit wiedergutzumachen. Und ich habe etwas gefunden, wie die Urkunde dir zeigt. Es handelt sich dabei um eine Sache, die geradezu fantastisch ist; bestimmt vor allem für dich als Fan von STAR-TREK. Denn dort gibt es sie bereits; Geräte, die in der Lage sind, die Anziehungskraft der Erde außer Kraft zu setzen! AGE habe ich sie genannt; Anti-Gravitations-Einheiten. Mit technischen Details will ich dich nicht langweilen, sie stehen alle in dem Notizheft. Nur so viel vielleicht; es hat mit Supraleitern zu tun. Wirklich eine tolle Sache... Doch ich gerate ins Schwärmen. Dabei bin ich mir sicher, du weißt, was so eine Erfindung bedeuten kann.

Leider habe ich trotz intensiver Suche unter den vielen Firmen, die mir die Bude eingerannt haben, keinen passenden Interessenten finden können. Denn niemand wollte mir versprechen, die goldene Regel des Marktes, die da heißt 'business first', außer Kraft zu setzen! Keiner wollte damals ernsthaft etwas wie 'people first', 'nature first' oder etwas in der Art für die Zukunft auf seine Fahnen schreiben. Nicci, du musst jemanden finden, der das tut! Ich weiß, du kannst es schaffen und weißt, welche Verantwortung darin liegt - und sollte es dir nicht gelingen, weil es tatsächlich niemanden gibt - dann verbrenne den Kram! Denn dann sind die Menschen noch nicht reif dafür, und sie müssen warten, bis es irgendjemand wieder mal erfindet.

Die Münzen sind nur für den Anfang gedacht, als Starthilfe gewissermaßen. Nicci, du hast nun die Chance, dir hier dein eigenes Paradies zu schaffen. Dennoch ist selbst diese Möglichkeit ein geringer Ausgleich im Vergleich zu der Verantwortung, die du nun trägst. Kiro, dein Freund, er wird dich jedoch dabei unterstützen. Denn nach allem, was ich von dir über ihn weiß, ist auch er ein besonderer Mensch. Natürlich ist zu zweit nicht alles leichter, doch glaube mir; allein ist alles viel, viel schwerer.

Wenn du also bei deiner Suche Glück haben solltest, dann wirst du auch bald in der Lage sein, noch andere gute Projekte zu verwirklichen. Anderen zu helfen, die so sind wie du; das wird dir vielleicht bald möglich sein. Und - vielleicht wird das dann auch wieder noch anderen endlich die Augen öffnen! Viel mehr Menschen als jetzt werden dann möglicherweise auch die Welt so sehen können, wie du sie siehst, ich sie sah, und noch wenige andere sie sehen. Halte deine Augen offen und versuche, diese anderen Menschen zu finden, Nicci! Denn je mehr ihr seid, desto mehr werdet ihr verändern!

Vergiss jedoch nie, dass jede Veränderung Folgen hat, die wieder Folgen haben! Nutze die Fähigkeiten deines Geistes, um sie zu bedenken! Glaube an dich, doch zweifle auch; stelle Fragen! Versuche, alles zu erreichen, doch bewahre deine Bescheidenheit! Betrachte die Welt als Ganzes! Nicht nur die Gesellschaft; auch unsere Erde - das ganze Universum. Mister Spock und seine Freunde waren gute Lehrer, doch sie sind letztendlich nur Produkte der unendlichen menschlichen Fantasie. Du kannst, du wirst in deiner Welt über sie hinauswachsen.

Schau sie dir von allen Seiten an, deine Welt! Doch sieh nicht nur mit den Augen eines Mädchens Nicci! Sieh durch die Augen deiner Helden, doch dann sei auch Ameise und sieh mit ihren Augen! Und sieh mit den Augen aller Wesen, die irgendwo dazwischen liegen! Du wirst Fehler begehen, auch grobe Fehler vielleicht. Sei jedoch niemals zu stolz, sie zu erkennen! Wahrheiten wirst du viele suchen, und wenigstens ebenso viele finden. Aber bedenke, dass keine Wahrheit vollkommen ist! Was aus dieser Sicht wahr, ist aus jener schon Trug... Manches mag als Lüge erscheinen, und doch ist nicht immer alle Lüge schlecht. Gäbe es die Lüge nicht - wer wollte die Wahrheit suchen? Eines wirst du sicher nicht finden in diesem Leben - die absolute Wahrheit. Denn es gibt sie nicht; zumindest nicht für eine noch so unreife Spezies wie uns Menschen.

Aber noch etwas ist, dass du nicht vergessen darfst. Nicci, genieße dein Leben! Bei aller Verantwortung, allem Bedenken und Zweifeln, Fragen und Schau'n - über all den Dingen, die du tun willst; vergiss nicht, es zu genießen. Denn woher willst du Kraft nehmen für alles, wenn dir Freude fehlt an dem, was deine Tage erfüllt? Öffne dich weiter anderen Menschen auf jede erdenkliche Weise, so wie du es bisher getan hast; ohne sie in Besitz nehmen zu wollen. Und achte auf dich, dass dich niemand in Besitz nehme und so deinem Geiste die Freiheit raubt, ehe du es bemerkst... Keine Seele ist frei, die in Erwartungen und Ansprüchen gefangen ist - ihre Fähigkeiten sind begrenzt. Egal, ob diese Ansprüche und Erwartungen aus dir selbst oder von anderen kommen; hüte dich vor ihnen! Wer nichts erwartet, kann niemals enttäuscht werden. Das weißt du bereits.

Liebes Kind, es gäbe noch so viel, was ich dir sagen möchte. Doch wenn ich es bedenke, dann weiß ich, dass es im Grunde überflüssig ist. Denn du hast dieses Wissen schon in dir. Ich wünsche dir viel Kraft, meine liebe Nicci - und auch dir, Kiro! Du wirst Nicci helfen können, auch das weiß ich... Verlernt das Lachen nicht, auch wenn es manchmal absolut gar nichts zu lachen geben wird. Güte und Humor bewahret euch; zu wünschen bleibt mir nichts als das Quäntchen - in dieser Zeit wohl eher das Quantum - Glück, das jeder Mensch braucht, wenn er sein Schicksal erfüllen soll.

Seid nicht traurig nun, ich bin's auch nicht mehr. Denn ich glaube, dass wir alle noch eine Chance haben.

Eure Omi"

Nicci schluckte, denn natürlich war sie doch traurig. Mit verschwommenen Augen drehte sie sich nach Kiro um und sah, dass er auch schlukken musste... Sie legte den Brief auf den Tisch und streckte schluchzend die Arme nach ihm aus. "Die Omi, die gute alte Omi - und; wieso hat sie gewusst, dass sie..."

"Wer - wer hätte das für möglich gehalten, dass sie so was gemacht hat? Und sogar an mich hat sie gedacht, obwohl sie mich doch eigentlich nicht gekannt hat - ich vollkommen unwichtig gewesen bin für sie..."

Nicci sah ihn an: "Sie muss ein gewaltiges Gespür gehabt haben für die Menschen! Sie hat wohl gefühlt, was du für mich bist! Du, mir wird tatsächlich Angst, wenn ich daran denke, was für eine Verantwortung ich jetzt..."

"...wir jetzt haben!" Und Kiro nahm sie in die Arme und hielt sie fest. So fest er nur konnte.

Die Pläne für diesen Tag waren auf einmal alle bedeutungslos. Die beiden saßen noch Stunden beieinander, lasen wieder und wieder den Brief, und Nicci blätterte in dem Heft und wurde nicht recht schlau daraus. "Warum hat sie das alles bloß in so ein olles Heft geschrieben?"

"Das ist wirklich komisch. Ein elektronischer Datenträger wäre doch viel einfacher gewesen. Vielleicht dachte sie ja, es sei so am sichersten. Und tatsächlich; wer würde so etwas auch nur vermuten? In so einem Heftchen? Und irgendwie ist das ja auch ein Datenträger! Sogar ein recht langlebiger."

"Ja, und so was von alt..."

"Sie war ja selbst auch schon alt", entgegnete Kiro.

Sie benötigten einige Tage, um sich etwas an diese vollkommen neuartige Situation zu gewöhnen. Zuerst waren ihnen auf wundersame Weise erneut viele ihrer alltäglichen Sorgen genommen worden, und das war ein fantastisches Gefühl! Doch nun diese Verantwortung... Sicher, es gab nun verschiedene Möglichkeiten. Nicci konnte wählen - es sich leicht machen, das Patent einfach verkaufen und sich mit dem Geld anschließend aus der Welt 'ne Lesekiepe machen, wie das viele taten, wenn sie es konnten. Aber das wäre Verrat! Verrat an der Omi - und auch an sich selbst. Sie konnte andererseits aber auch das tun, was viel schwerer war; selbst alles in die Hand nehmen und dafür mitbestimmen können, in welche Richtung alles gehen sollte. Und obwohl sie wusste, dass es im Grunde nur einen Weg für sie gab, genoss Nicci dennoch für einen kurzen Moment das Gefühl, frei entscheiden zu können.

"Ist das diese Freiheit, von der sie alle reden? Die jeder will, und die doch immer mehr verlieren? Könnten nicht alle Menschen sich frei fühlen; frei von all diesen Ängsten um Alltägliches und Banales wie wo-schlafe-ich-heute und was-esse-ich-morgen, wie-kann-ich-mich-wärmen oder was-soll-geschehen-wenn-ich-mal-krank-bin und, und, und..."

"Die Freiheit, die unsere Damen und Herren Politiker laufend im Munde führen als das höchste aller Güter, und die meist gerade sie durch ihr Unvermögen und ihre Ohnmacht tagtäglich an diejenigen verkaufen, die sie schon haben, um deren Freiheiten - noch maßloser werden zu lassen?"

"Ja, ich glaube, das ist sie, diese Freiheit!" Nicci wurde nachdenklich. "Es ist vielleicht wie eine Sucht bei denen. Freiheit bedeutet Macht. Wir haben nun die Macht, für unser Leben viele, sehr viele Entscheidungen selbst zu treffen. Und diese Macht ist gut. Denen aber genügt das nicht! Die wollen Macht ohne Grenzen!"

"Kann das denn funktionieren? Wenn alle Menschen wirklich unbegrenzte Freiheit, grenzenlose Macht besitzen würden, würden sie sie doch auch gegenüber anderen Menschen ausüben! Und die wären dann eben nicht mehr frei, sie würden ihre Freiheit verlieren. Und genau da - beißt sich alles in den Schwanz! Genau dort sind wir nämlich gerade, glaub ich - in unserer Gesellschaft. Welche haben eben diese unbegrenzte Freiheit, die die Freiheit der anderen immer kleiner werden lässt."

"Da ist etwas dran." Nicci grübelte: "Zumindest ist das ein Teil der Wahrheit, ein wichtiger Teil. Und wie kann man das ändern? Die wehren sich doch, wenn du ihnen was wegnehmen willst von ihrer grenzenlosen Freiheit!"

"Im Prinzip ist es doch recht einfach. Man muss sie zwingen, sich endlich weiterzuentwickeln! Die Menschen müssen begreifen, dass die Freiheit, nach der man strebt, immer durch die Brille der Bescheidenheit gesehen werden muss! Wer jedem anderen sein Stückchen Freiheit lässt, indem er selbst auf überzogene Ansprüche an seine eigene Freiheit verzichtet, nur der hat sie sich wirklich verdient. Nur wer so denkt, kann diese Menschheit wirklich voranbringen."

"Aber wie willst du denn entscheiden, wer wie viel Freiheit haben soll - ich meine, manch einer will vielleicht gar nicht so viel Freiheit haben wie ein anderer! Es gibt auch Menschen, die lieber an die Hand genommen werden möchten...", Nicci überlegte.

"Dann sollen eben auch die die Freiheit haben, genau das tun zu können!", erwiderte Kiro energisch: "Und andere wollen eben nicht an die Hand genommen werden und wünschen sich jemanden, den sie führen können... meine Güte! Musst du denn gleich wieder an den übernächsten Schritt denken? Wir sollten lieber überlegen, wie wir unsere gewonnene Freiheit sinnvoll nutzen! Alles können wir beide nämlich auch nicht regeln, leider. Andererseits ist es vielleicht auch besser so - denn jeder Mensch muss das selber kapieren. Man kann sie nur mit der Nase reintunken, mehr nicht."

"Okay." Nicci war für den Moment zufrieden: "Du hast Recht, das geht alles zu weit für den Moment. Also erst mal nur tunken, die Leute! Aber dafür ganz brutal!", sie lachte. "Aber wie jetzt weiter? Was jetzt? Was sollen wir nun tun?" Sie schüttelte ihren Kopf, so; als wollte sie ihre eigenen Fragen verscheuchen, denn sie wusste die Antworten schon! Zumindest einige. "Erst mal müssen wir das umsetzen, was die Omi gesagt hat! Und wir müssen so bald wie möglich dies alles hier", und sie sah sich um, "auf Vordermann bringen! Die Omi soll stolz auf uns sein können! Machen wir also nun ein Brainstorming!"

"Ein was, bitte?"

"Spinnen wir rum! Denn dabei kommen einem oft die besten Ideen! Wie wäre es zum Beispiel, wenn wir all unseren Freunden anbieten, hier mit uns zu leben? Das wäre toll; dann hätten auch sie einige Sorgen weniger! Stell dir vor, wie allein schon Sandra sich freuen würde - der Kater müsste sich dann allerdings auch hier eingewöhnen. Man kann ihn ja schließlich nicht allein lassen in der ollen Großstadt." Nicci machte eine Pause und wartete darauf, dass Kiro ihr Recht gab. Der aber sagte gar nichts. Er saß nur da und lächelte sie an, denn er ahnte schon, dass Niccis Redeschwall sich sowieso bald kaum noch bremsen lassen würde.

"Jaa, da war doch mal was", begann sie zu träumen, "ich weiß nicht mehr genau. Aber irgendjemand von meiner Uni hatte da mal so ein Projekt, das sah toll aus! Wie eine riesige Schildkröte!"

"Was soll das denn gewesen sein?" Kiro lachte und machte ein ungläubiges Gesicht. "Eine Schildkröte? Was es nicht alles gibt..."

Nicci knuffte ihn in die Rippen: "Das ist kein Witz! Das ist ein Carport gewesen! Ein vollkommen unabhängiger Bau, der von A bis Z alles erzeugt und - wenn ich mich recht entsinne - auch entsorgt hat, was er zum Betrieb brauchte!"

"Ich lach mich tot! Du, gerade du als Auto-Muffel willst hier doch nicht etwa eine Garage bauen?"

"Garage! Das war nicht einfach eine Garage, das war tierisch groß! Drei Fahrzeuge haben da rein gepasst, und das ganze Ding war aus so komisch gewölbten Solarzellen, mit denen man die Autos aufladen konnte! Das waren nämlich Elektroautos! Und ich liebe alle Fahrzeuge, die nichts verbrennen müssen, um sich zu bewegen! Ach, was erzähle ich dir das; das weißt du doch! Dussel!" Und wieder knuffte sie ihn, diesmal aber schon etwas liebevoller. Denn sie musste lachen, weil sie wieder mal auf seine "unqualifizierten Bemerkungen" angesprungen war, ohne es zu bemerken. Und das verblüffte sie immer wieder, wenn es passierte. "Du bist wie die olle Omi! Die hat das auch immer so gemacht!"

"Trotzdem. Du und eine - ein Carport, das verwundert mich schon etwas. Ich dachte bisher immer, du liebst dein Fahrrad?"

"Man muss sich auch weiterentwickeln können!" Nicci setzte ein ernsthaftes Gesicht auf. "In der Schweiz haben sie vor langer Zeit schon ein Ding entwickelt, was eigentlich eine Kreuzung aus Fahrrad und Elektroauto war! Das wäre was für mich! Ich könnte größere Strekken auch schneller fahren und würde mich trotzdem noch bewegen können, wenn mir danach wäre. Denn man kann beide Antriebsformen gleichzeitig verwenden!"

"Gibt es das denn auch für mehrere Personen?"

"Ja, Kiro. Ich denke schon, dass du dann mitfahren darfst mit mir!" Wieder lachte Nicci - und wurde diesmal selber geknufft! "Aua! Und du darfst dich dann immer in die Montagegrube vom Carport legen und die Dinger reparieren - und von unten waschen!"

"Waschen - von unten! Aha! Und du putzt sie von oben, während ich drunter liege, was? Das kann ich mir wieder vorstellen..."

"Nö. Von oben putzt sich das alleine, wenn man es in den Regen stellt! Denn es ist beschichtet, weißt du; so wie der Flügel von einem Käfer."

"Ja, ja, ich weiß. Davon habe ich dann auch schon mal gehört! Das gibt's ja nun schon seit über zwanzig Jahren! Aber sag, wofür brauchen wir einen Carport für drei Autos?" Kiro wollte es jetzt ganz genau wissen: "Eines reicht doch aus."

"Naja, vielleicht will ja doch noch irgendjemand zu uns ziehen? Und wenn wir Besuch kriegen, dann können die gleich bei uns tanken!"

Das war natürlich einleuchtend. Das sah auch Kiro ein. "Na gut. Also ein Carport. Bleibt nur noch die Frage, wer denn das Ding nun konstruiert hat, und ob er oder sie da mitspielen will!"

"Ist so gut wie gegessen!" Nicci klatschte in die Hände. "Ich kümmere mich darum. Sie - natürlich war es eine Sie", meinte sie schnippisch, "also sie freut sich garantiert, wenn sich ein Sponsor findet, der ihr hilft, ihren Traum zu verwirklichen! Denn soweit ich weiß, hat sie bisher keinen Abnehmer für dieses Projekt gefunden."

"Na gut. Zuerst sollten wir vielleicht aber doch etwas bescheidener anfangen."

"Genau! Erst mal brauchen wir genug Energie für das, was wir hier schon haben. So ganz ohne Strom hier, das ist nämlich Kacke! Ich denke, ein Windrädchen und ein paar Solarzellen sollten da vorerst genügen."

"Gute Idee! Warum stellen wir das Windrad nicht auf den kleinen Hügel?"

"Ist eigentlich unnötig. Andererseits muss man es dann nicht so hoch bauen. Stellen wir es auf den Hügel. Kiro, willst du das Ding vielleicht besorgen?"

"Wenn ich deinen Compi benutzten darf, gerne!"

"Nö, den kriegst du nicht! Du bekommst deinen eigenen! Jeder Mensch braucht einen Computer! Ich denke, wir machen uns mal einen Zettel!" Nicci griff wieder mal in eine ihrer Taschen und zauberte einen Fetzen Papier hervor und einen Bleistiftstummel: "Schreib! Also Nicci: Carport kümmern, Kiro: Windmühle bestellen! Kiro und Nicci: Computer kaufen!"

Kiro musste wieder lachen über die Ernsthaftigkeit, mit der Nicci all das anging, es wirkte zu putzig bei ihr! Beinahe wie Mister Spock zog sie eine Augenbraue hoch, wenn sie überlegte, und auch jetzt, wo sie auf den Zettel kritzelte, machte sie das! Kiro sah sie an: "Weißt du, was wir auch nicht vergessen dürfen?"

Sie sah auf: "Was denn noch?"

"Dass ich dich lieb habe!"

"Du lieber Verrückter!" Sie lachte ihn an, legte ihre Hände auf seine Schultern, schaute ihm tief in die Augen und schüttelte dann mit nachdenklicher Miene ihren Kopf: "Aber ein Wasserbett bekommst du trotzdem nicht!" Als er nun losprustete, konnte auch Nicci sich nicht mehr halten vor Lachen. Und es dauerte eine ganze Weile, bis sie wieder genug Luft hatte, um ihm zu sagen, dass sie die Liebe im allgemeinen und besonders ihre Gefühle für ihn bestimmt nicht vergessen würde.

Die Diskussion allerdings hatte damit jedoch endgültig die Ebene der Ernsthaftigkeit verlassen. "Aber wir schweifen ab von - was haben wir eigentlich - ach ja, rumspinnen!"

"Nein Nicci, wir waren schon beim Planen!"

"Ist doch dasselbe! Also was könnten wir hier noch... Brauchen wir ein Haus, ein neues?" Sie sahen sich kurz an und schüttelten dann beide den Kopf. "Dieses Häuschen reicht! Schön renovieren, eine Dusche - und fürs Klo einen Bio-Reaktor und so'n paar Kleinigkeiten - reicht!"

"Genau Nicci! Lange Rede, kurzer Sinn - Olles raus und Neues rinn!" Sie musste wieder lachen: "Kannst du nicht mal ernst bleiben, jetzt?"

"Gut. Ernsthaft. Ich bin dafür, dass wir die Schranken mitsamt den Glocken überholen, an den Windgenerator anschließen und so steuern, dass sie zu jeder vollen Stunde auf und zu gehen und dabei bimmeln!"

"Genau! Und dann bauen wir Omis AGE unter eine olle Dampflok und lassen sie hier vorbeifliegen!"

Nachdem sie sich wieder beruhigt hatten, meinte Nicci abwinkend: "Na gut, ich sehe schon. Wir können heute nicht mehr ernsthaft sein, also lassen wir es. Fürs erste haben wir ja zumindest schon mal ein paar Ideen. Und wenn man es genau nimmt, haben alleine die es ja schon in sich. Was tun wir also?"

"Gehen wir baden!"

Zwölftes Kapitel

Eine fliegende Windmühle, ein Gedanke zu wenig,
ein lieber, alter Professor und
das vorläufig endgültige, relativ absolute Ende

Einige Tage später bereits hatte Nicci die Goldmünzen verkauft, das Sparbuch von der Omi aufgelöst und das Geld auf ihr Konto transferiert. Denn nun sollte es richtig losgehen! Sie hatte schon Kontakt mit der Carport-Erfinderin aufgenommen, und auch Kiro tat sehr geheimnisvoll. Und das gleich zum frühen Morgen! "Heute wirst du was erleben, Nicci", meinte er mit schwärmerischer Stimme, "so was hast du garantiert noch nicht gesehen! Aber ich sag's nicht! Nein, ich verrate dir nicht, was es ist!"

"Du bist gemein! Erst machst du mich neugierig, und nun soll ich wohl noch darauf warten? Sag mir doch wenigstens, wie viele Buchstaben die Überraschung hat!"

"Acht, um genau zu sein! Und in der Mitte ist ein Ypsilon!" Kiro lachte, als Nicci knurrend auf ihn zukam und ihn angreifen wollte: "Nein bitte - nicht hauen! Komm lieber mit nach draußen. Aber du musst die Augen zumachen!"

Sie traten vor die Türe, und auch heute sah es wieder so aus, als würde es ein sehr warmer Tag werden. Die Sonne stieg gerade über den Wipfeln der Bäume auf, Vögel zwitscherten, und die Luft roch nach Kiefernnadeln und morgendlichem Dunst. Nicci hielt sich brav die Augen zu und lauschte den Geräuschen um sie herum. "Ist doch alles wie immer! Was soll denn hier überraschend sein?" Aber da hörte sie es schon. Von ferne kam ein leichtes Brummen auf sie zu, wie sie es hier noch nie gehört hatte! Dennoch kam es ihr bekannt vor! "Ein Luftschiff! Da kommt ein Luftschiff! Darf ich denn jetzt wieder gucken?"

"Na gut, Nicci. Mach die Augen wieder auf. Du hast übrigens falsch geraten, es sind nämlich zwei Luftschiffe!"

Nicci blickte in den dunstig-blauen Himmel, und tatsächlich! Noch recht weit, aus der Richtung, in der das Dorf lag, kamen sie langsam und majestätisch herangeschwebt! "So ein Zufall, dass die gerade jetzt hier entlang kommen! Oder - Augenblick mal - das ist ja gar kein Zufall..."

"Nein, Nicci! Das ist die Überraschung!"

Gerade so konnte Nicci eben ausmachen, dass unter einem der beiden Zeppeline etwas Großes und Langes hing, das oben drei große Flügel hatte. "Ein Windrad! Sieh nur! Das ist - ist das am Ende gar - unser Windrad?" Kiro nickte strahlend, und Nicci verfiel gleich in Hektik! "Aber Kiro, Menschenskind, wir müssen doch erst ein Loch buddeln, wo das rein kommt!"

"Quatsch! Sei ganz ruhig und entspann dich! Alles ist vorbereitet! Was denkst du, wozu sonst das zweite Luftschiff mitfliegt? Als Eskorte oder was?" Er lachte, und Nicci sah, dass auch unter dem zweiten Luftschiff etwas hing.

Das Schiff mit dem Windrad blieb nun auch etwas zurück und ließ das andere an sich vorbeiziehen. Es war schon nach wenigen Minuten über ihren Köpfen und blieb stehen, schwebte auf der Stelle. Nun konnte Nicci seine Last genauer betrachten; es war ein seltsames, zylinderförmiges Gebilde, das metallisch in der Sonne glänzte. Aber welchem Zweck es diente, das konnte Nicci noch immer nicht erkennen.

In das leise Surren der Elektromotoren, mit deren Hilfe das Luftschiff seine Position in der leichten Morgenbrise hielt, mischte sich nun das Knurren der Bordwinde. Der Metallzylinder senkte sich herab zu ihnen und setzte leise knirschend zielgenau auf den kleinen Hügel auf, auf dem der Generator errichtet werden sollte. Einen Augenblick verhielt er sich still, aber dann fuhren aus seinen Flanken drei große, metallene Krallen aus! Dem Fang eines riesigen Vogels gleich, der seine Beute packt, bohrten sich die Riesenkrallen in den Hügel und hielten so den Zylinder in Position. Aus seinem Inneren drang auf einmal ein widerlicher, hoher Pfeifton, der nach ein paar Sekunden wieder jäh in einem lauten, trockenen Knall endete - und das Loch war fertig! Eine Staubwolke stob unter dem Zylinder hervor, der vom Luftschiff schon wieder etwas angehoben wurde; die Krallen lösten sich und fuhren wieder ein, als die seltsame Apparatur schon wieder vollends in die Höhe schwebte und rasch aus Niccis Blickfeld entschwand, die bereits auf das zweite Luftschiff starrte, das nun langsam heransurrte.

Dieses Luftschiff war noch ein bisschen größer und gewaltiger als das erste. Wie eine riesige, silberne Zigarre stand es reglos etwa hundert Meter über ihren Köpfen. Langsam senkte sich nun das Windrad herab, doch es schaukelte etwas, so dass der Pilot mit dem Mast das vorgebohrte Loch nicht gleich treffen konnte. Da rannten Kiro und Nicci hin zu der stattlichen Last und versuchten, sie zu bändigen mit ihren Händen; und tatsächlich! Gemeinsam mit der Geschicklichkeit des Piloten schafften sie es schließlich. Der dicke Mast berührte nicht einmal die Kanten der Öffnung, als er hineinglitt, und Nicci freute sich und meinte verschmitzt, dass es eben doch manchmal gut sei, wenn man schon geübt hätte und wüsste, wie es ginge, irgendetwas Langes irgendwo hineinzustecken. Etwa fünf Meter tief ließ das Schiff den Windgenerator absinken, bis dieser kerzengerade und felsenfest auf Niccis Hügel eingepflanzt war! Dann klinkte es sich aus und setzte schwebend ein Stückchen zurück...

Staunend standen die beiden davor. Über zwanzig Meter hoch war das Gerät; es überragte die Bäume der Umgebung noch um einiges! Es fehlte nur, dass das Windrad sich sofort zu drehen begann. Kiro drückte Nicci ein schwarzes Kästchen mit einem Knopf darauf in die Hand. "Das ist die Fernbedienung. Wenn wir alles installiert haben, dann musst du nur da draufdrücken, damit es hell wird."

"Ach schade! Da müssen wir ja erst noch die ganzen Leitungen holen und Lampen und Schalter..." Doch wie auf Kommando öffnete sich eine Klappe am Kabinenboden des Luftschiffes, die beinahe wie die Luke eines Bombenschachtes aussah! Nicci hatte geglaubt, es würde davonfliegen, doch es war nur etwas aufgestiegen, nachdem es seine Haltetrossen wieder eingezogen hatte. Eine große Holzkiste tauchte in der Luke auf und wurde ausgeklinkt - und dann noch eine, noch eine und noch eine! Nicci bekam einen gehörigen Schrecken, doch schon breiteten sich große Fallschirme aus, an denen die Kisten sanft zu Boden glitten.

"Sag nichts", meinte Nicci, "ich weiß schon! Du hast an alles gedacht. Aber anschließen müssen wir doch wenigstens alles selbst - oder kommt am Ende gar noch eine Horde Roboter angewackelt?"

"Nee. Ich weiß doch, dass du nicht faul sein willst und auch noch deine Arbeit damit haben möchtest!"

Nicci runzelte die Stirn, aber schließlich lächelte sie, denn Kiro hatte Recht. Sie war total fasziniert von der Technik, die scheinbar spielend und mühelos so ein gewaltiges Werk vollbracht hatte in nicht mal einer Stunde, und nun hätte sie am liebsten auch für einen Moment gleich alles in Betrieb gesetzt. Aber das wäre in der Tat zu leicht gewesen. Freudig winkte sie nun dem Luftschiff hinterher, das inzwischen hoch oben davonschwebte und am Horizont bald kaum noch zu sehen war. Dann aber stutzte sie: "Sag mal, wie geht denn das? So ein Luftschiff, das hat doch einen ganz bestimmten Auftrieb; genau nach der Last berechnet, die dranhängt. Die Ballons mit dem Traggas drin, die haben doch eine genau bemessene Füllung für die spezielle Last - und beim Abkoppeln müsste das Schiff doch eigentlich sofort ein Gegengewicht aufnehmen, das genau so schwer ist wie die Nutzlast? Wieso ist es dann aber nicht wie eine Rakete nach oben gezischt?"

Kiro strahlte, denn er wusste des Rätsels Lösung: "Nicci", erklärte er, "das ist schon richtig, wie du sagst. Bisher musste man beim Be- und Entladen immer das Gewicht ausgleichen. Doch es gibt eine Neuerung, die sie erfunden haben in der Luftschiffwerft! Bei kleineren Lasten - wie so einem Windrad zum Beispiel - da benutzen sie als zusätzliches Traggas einfach heiße Luft! Diese neuen Lifter sind spezialbeschichtet. Wenn das Wetter stimmt, dann heizt sich im Inneren des Schiffes die Luft allein durch die Wärme der Sonne auf und kann zusätzlich noch einiges anheben. Die Prallballons, das sind die mit dem Helium drin, die am Bug und am Heck sitzen und dem Luftschiff den Auftrieb geben, die nehmen ja nur einen kleineren Teil des Gesamtvolumens ein; noch dazu, wenn das Luftschiff unter der Maximalhöhe fliegt und die Prallballons nicht voll ausgedehnt sind."

"Ah", machte Nicci, "ich weiß; je höher das Luftschiff steigt, desto praller werden die Ballons mit dem Traggas! Und bei einer bestimmten Höhe, die sich Prallhöhe nennt, da ist Schluss; da sind die Ballons - oder eben die Prallballons - voll ausgedehnt und platzen, wenn man weiter steigt."

"Theoretisch. Praktisch platzen die natürlich nicht, sie haben ein Sicherheitsventil. Doch Traggas entweicht dann, und das Luftschiff verliert seine Auftriebskraft."

"Und die heiße Luft wird beim Abkoppeln kleinerer Lasten einfach oben rausgelassen?"

"Genau! Das sind große Lüftungsklappen, die macht man auf, und schwupps - weg ist die heiße Luft und kommt auch nicht wieder, weil die Klappen einfach offen stehen bleiben. Geht natürlich am allerbesten im Sommer - im Winter muss man eben anders heizen da drinnen, und das ist sehr aufwändig. Da nimmt man dann doch eher immer Gegengewichte. Aber die müssen eben jedes Mal am Boden erst an den Zielort gebracht werden, wo das Schiff seine Ladung löschen soll, und das macht mitunter Mühe in unwegsamem Gelände, auch wenn man als Gegengewicht ja meistens irgendwelche aufpumpbaren Wassertanks nimmt. Mit der heißen Luft haben sie diese Transporte zumindest in der warmen Zeit nun noch preisgünstiger gemacht - ach ja, wenn ich da an die ersten Cargolifter denke, die ich als Kind immer so gerne beobachtet habe..." Kiro seufzte. "Da war das noch recht abenteuerlich. Hab ich zumindest gefunden. Sie haben sich weiterentwickelt, diese Biester...

Naja, und ein bisschen kann man natürlich auch mit den Antriebsgondeln beziehungsweise deren Neigungswinkel machen und das Luftschiff bei leichtem Über- oder Untergewicht nach oben oder unten drücken. Nur um wieder auf das Problem der Gegenlast zurückzukommen! Und wenn ich an die neuen Möglichkeiten denke, die erst die Erfindung deiner Omi da bei solchen Schiffen..."

"Das ist wahr..." Nicci sinnierte über diese Möglichkeiten, verscheuchte diese Gedanken dann aber erst mal wieder aus ihrem Gehirn. "Mann, das war echt Spitze! Ein Windrad mit Luftschiffen... Echt genial, und wirklich eine tolle Überraschung. Und ich habe gar nicht bemerkt, wie du das alles so schnell gemanagt hast."

"Tja, manchmal schläfst du eben doch, Nicci", lachte Kiro, "da habe ich mir dann doch mal deinen Computer ausgeborgt!"

"Na gut, ich verzeihe dir!", lachte sie. "Aber Menschenskind, wovon sollen wir das denn jetzt schon bezahlen so schnell? Soviel Geld haben wir doch noch gar nicht! Das Patent ist doch noch gar nicht..." Nicci hatte plötzlich einen gewaltigen Schrecken bekommen! Was, wenn sie das Patent nicht so bald würde vermarkten können? Schließlich hatte die Omi schon Probleme damit gehabt, und sie stellte ja auch hohe

Ansprüche an einen Nutzer! Mit Schrecken wurde ihr klar, dass die Suche sicher lange dauern würde. Und Kompromisse wollte sie auf diesem Gebiet nicht eingehen, unter keinen Umständen! Das stand außer Frage.

"Ist ein halbes Jahr Zeit genug für dich? Ich habe einen guten Vertrag bekommen, der uns genügend Zeit lässt. Und nicht einmal dann müssen wir alles auf einmal bezahlen, und wir haben sogar viel Rabatt, weil wir es selber installieren!" Nicci machte große Augen. "Kiro, du bist ein Genie! Ich kann das alles kaum glauben. Wenn ich ehrlich bin, so perfekt hätte ich dir das eigentlich gar nicht zugetraut." Nicci biss sich auf die Lippe, so hatte sie das eigentlich gar nicht sagen wollen. Und Kiro guckte etwas verwundert, aber dann lachte er. "Ich weiß, Nicci! Du bist halt so intelligent, dass du andere dadurch manchmal automatisch unterschätzt. Aber es wäre ja auch schlimm, wenn du total perfekt sein würdest. Und mich stört das nicht, wenn du mich nicht bloß lieb hast, sondern eben auch ab und zu mal über mich staunen kannst!"

Nicci wurde ernst. "Geb' ich dir denn das Gefühl, du müsstest mir irgendetwas beweisen?"

"Ach, vergiss es einfach. Du machst nichts falsch." Er gab ihr einen Kuss. "Komm! Lass uns lieber die Kisten aufmachen!" Kiro hatte schon ein Nageleisen in der Hand und war bei der Kiste, wollte sie öffnen. Doch auf einmal spürte er Niccis Hände, die sich sanft von hinten auf seine Brust legten und ihm das Eisen wegnehmen wollten...

Verwundert drehte er sich um - und ließ das Eisen fallen! Denn Nicci klappte gerade mit verlegen-unschuldiger Mine dicht vor seinen Augen ihr Oberteil auseinander. Sie schmiegte sich an ihn, sah ihn mit großen Augen an und flüsterte: "Vorher möchte ich mich aber lieber noch bei dir bedanken, Kiro, so richtig angemessen natürlich! Lass die Kisten warten, bitte; das Nageleisen ist es nicht, was ich jetzt möchte..." Kiro war von diesem Überfall total überrascht. Er stolperte rückwärts und saß plötzlich auf der ersten Kiste, als Nicci schon vor ihm in die Knie ging.

Es dauerte nicht lange, bis Nicci sich durch ihre hemmungslosen Zärtlichkeiten ein Frühstückchen verdient hatte. Ihr "Hunger" war gestillt, als sie sich wieder aufrichtete, um nun zu teilen. Atemlos spürte

Kiro Niccis nasse, verklebte Schnute auf seinen Lippen. Sie wollte ihn gerade rücklings auf die Kiste schubsen, um auf ihn zu krabbeln, da hatte er sie blitzschnell gepackt - und schon lag sie rücklings auf der Kiste! Spürte, wie seine Zunge ihre nackte Haut streichelte und wollte gerade etwas sagen; leise protestieren, als Kiro sie ebenso leise anknurrte: "Halt bloß die Klappe, du kleine, geile Ratte! Du hättest mich lieber nicht vom Arbeiten abhalten sollen!" Nicci schrie leise auf, als sie sich plötzlich mit einem gewaltigen Ruck förmlich aufgespießt fühlte, und zitternd vor Lust schloss sie ihre Augen.

Trotz solcher Ablenkungsmanöver konnte die Installation des Windgenerators schon wenige Tage später erfolgreich beendet werden. Alles war verkabelt und angeschlossen. Nur beim Aufbau des kleinen Rotationsakkumulators, der alle Energie speichern sollte, die man nicht gleich brauchte, hatte Nicci mithelfen müssen. Denn vor allem das Schwungrad war mit fast hundert Kilo sehr schwer, so dass Kiro es unmöglich allein hätte tragen oder gar einhängen und justieren können. Selbstverständlich und zu gern hatte Nicci dabei geholfen, doch ansonsten hatte Kiro sie des Öfteren ermahnt, ihre Diplomarbeit nicht zu vergessen. Und brav hatte sie sich auch auf ihren Hosenboden gesetzt und endlich mit dieser Arbeit angefangen.

Das Thema hatte sie schnell gefesselt; beinahe hatte sie alles um sich herum vergessen, als sie mitten in der Arbeit dann wieder abgelenkt wurde: "Ich bin fertig. Du musst es jetzt an machen!" Als sie aufsah, blickte sie in Kiros Augen, die feierlich leuchteten. Er drückte ihr das Kästchen mit dem roten Knopf in die Hand und zog sie nach draußen, vor die Tür.

"Willst du es nicht lieber machen? Schließlich ist es doch dein Werk. Du hast fast alle Arbeit gemacht, und du hast es prima gemacht!"

"Eben! Deshalb habe ich auch jetzt keine Lust mehr. Mach du mal, schließlich muss ich mich ja auch mal ausruhen. Und du, du freust dich doch auf so was?" Kiro grinste sie an und verschränkte seine Arme vor der Brust. Nicci strahlte ihn an, sagte "Danke" und drückte auf den Knopf, während er das Kästchen noch in der Hand hielt. Beide sahen zu dem gewaltigen Rotor hinauf - und wirklich, ganz langsam setzte er sich in Bewegung! "Oh Mann, das ist ja echt beeindruckend! Und wo ist jetzt der Lichtschalter?"

"Na dort, wo die Lichtschalter meistens sind, neben den Türen!"

Nicci rannte ins Haus und drückte den ersten Knopf, der ihr in die Quere kam - nichts! Aber auch gar nichts passierte! Nirgends flammte ein Licht auf, überhaupt nichts ließ darauf schließen, dass es jetzt hier Elektrizität gab. "Och, was ist denn nun? Da geht doch gar nix!"

Kiro runzelte die Stirn, schlug sich dann mit der flachen Hand an dieselbe und lachte: "Ja, ja, so ist das mit dem Licht. Manchmal brennt's, und manchmal nicht!" Dann rannte er - Nicci hinter sich herziehend - in den Dienstraum. Dort war ja die kleine Schaltzentrale - und natürlich auch der Hauptschalter! Gemeinsam drehten sie ihn um, es machte laut "klack", und schon hörte Nicci aus dem Haus Musik, Lampen gingen an, und alles funktionierte! Auch der Rotationsspeicher setzte sich sofort in Bewegung. Auf kleinen Displays begannen Zahlen zu flimmern, die den Speicherstatus, den Energieinput und den Verbrauch anzeigten, und aus dem Inneren des Gehäuses drang bald ein leises, freundliches Summen, das diesen Raum von nun an immerwährend erfüllen sollte. "Die Sicherung sollte man halt doch zwischendurch auch mal an machen", lachte Kiro, und Nicci umarmte ihn! "Jetzt brauchen wir bloß noch eine vernünftige Heizung für den Winter", jubelte sie, "aber das hat ja noch ein bisschen Zeit! Ja, und - wie viel Strom macht das Windrad nun überhaupt so?"

"Naja, maximal zwanzig Kilowatt. Aber man kann den Kopf mit dem Generator oben austauschen - und dann geht das bis hundert, glaube ich. Denn unser Kopf ist ja ein älteres Modell; noch mit diesen drei Flügeln."

"Wow - zwanzig! Und wenn mal der Wind ein paar Tage nicht weht, dann ist's halt ein bisschen dunkel. Dann nehmen wir wieder die Kerzen und meine kleine Lampe..."

"Nee, Nicci! Guck mal aufs Dach, da kleben auch noch zwei Kilowatt!"

Erstaunt wandte sie sich um: "Mann, wo hast du denn die her? Die Solarzellen habe ich ja noch gar nicht gesehen!"

"Tja, die haben sie kostenlos mitgeschickt, weißt du? Denn sie sind ja schon alt; normalerweise pinselt man ja heute nur noch das Dach mit diesem komischen Zeug oder klebt Folie drauf, wo dann nachher Strom rauskommt. Aber bei unserem ollen Dach..., und sie waren gratis!"

"Toll! Da können wir ja im Winter fast mit dem ganzen Strom heizen."

Kiro lachte wieder, "Ja, Nicci! Wir müssen es ja auch nicht gleich übertreiben mit der Eile. Ich habe da aber auch schon was gehört von so einer Tapete, die heizen kann und dabei nur ganz wenig Strom verbraucht. Infrarot! Und mit deinem Car-Port haben wir dann Energie im Überfluss!"

"Das muss man sich alles vorstellen! Ist das nicht Wahnsinn? Wir haben dann auf einmal Energie im Überfluss - langsam wird es etwas schwierig, bescheiden zu bleiben wie bisher."

"Ich werde dich schon daran erinnern, Nicci! Und du mich auch, einverstanden?"

Sie nickte heftig. "Und ich gehe auch gleich wieder an meine Arbeit!"

Tatsächlich schafften es die beiden, auch in den nächsten Tagen so weiterzuleben wie bisher. Oft sahen sie jetzt zu dem Windrad hinauf, das hoch über ihren Köpfen die Kraft der Natur für sie so verwandelte, dass sie sie nutzen konnten, und dennoch war längst nicht alles vollkommen. Nicht in der Welt um sie herum, nicht einmal hier, in ihrem kleinen Privatparadies.

Als Nicci eines Morgens aus der Tür des Gepäckwagenschuppens trat, hörte sie plötzlich ganz nah ein durchdringendes, herzzerreißendes Schreien! Heftig erschrocken sah sie sich um und erblickte neben sich eine Rauchschwalbe, die auf dem sandigen Boden hockte. Das kleine Tier schrie und schlug verzweifelt mit den Flügeln, rührte sich aber keinen Meter von der Stelle. Nicci trat etwas zurück, um das Tierchen nicht noch mehr zu ängstigen, und da wurde es auch ein bisschen ruhiger. Offensichtlich hatte das Tier Nicci aus irgendeinem Grund vertreiben wollen. Ihr stockte der Atem, und sie musste schlucken, als sie diesen Grund entdeckte; vor der kleinen Schwalbe lag eine andere Rauchschwalbe auf dem Boden! Sie lag auf dem Rücken, ihr Köpfchen war unnatürlich auf die Seite gedreht - sie lebte nicht mehr.

Bei ihrer täglichen Jagd auf Insekten hatte sie die Fensterscheiben des Waggons, die Nicci erst gestern alle frisch geputzt hatte, nicht erkennen können und war in vollem Fluge dagegen geprallt. Und der Zusammenstoß mit diesem unnatürlichen, unsichtbaren Hindernis hatte das Leben des kleinen Vogels gekostet. Sein Genick war gebrochen, jäh war es aus seinem Leben gerissen worden und sterbend zu Boden gefallen, und hatte nun sein Weibchen allein zurückgelassen. Eine Schwalbenewigkeit lang hatten sie ihre Leben miteinander geteilt, hatten gemeinsam ein Nest gebaut, gejagt, Junge großgezogen; und wenn es kalt war, dann hatten sie sich auch liebevoll aneinander gewärmt. In seinem ohnmächtigen, hilflosen und grenzenlosen Schmerz versuchte das einsame Wesen nun, den leblosen Körper gegen Nicci zu verteidigen. Glaubte, dies hätte noch einen Sinn...

Von diesem Anblick zutiefst entsetzt, blieb Nicci fast das Herz stehen. Sie war schuld an dem Unglück dieser kleinen Kreatur! Denn schließlich gehörte ihr ja das alles hier, und sie hatte die Verantwortung für alles, was hier passierte. Immer versuchte sie, alle Dinge so zu gestalten, dass für niemanden irgendein Leid entstehen könnte, alles sollte gut sein - und nun hatte sie doch wieder etwas übersehen, so eine winzige Kleinigkeit. Tief betrübt ging sie wieder hinein. Nicci hatte längst vergessen, warum sie eigentlich nach draußen gegangen war, wie betäubt fühlte sie sich. Längst war ihrem Intellekt eingefallen, wie sie das hätte verhindern können, ganz von allein war es ihr auf einmal eingefallen! Und als sie das bemerkte, erschütterte sie dies noch mehr. "Warum habe ich nur vorher nicht an so etwas gedacht? Es ist doch so einfach; es wäre so leicht gewesen..."

Als Kiro zu ihr kam und sie so sitzen sah, konnte auch er sie nicht trösten. Und als er ihr vorschlug, sofort Greifvogelsilhouetten zu basteln, die er an den Scheiben anbringen wollte, da fiel sie ihm entschieden ins Wort: "Nein! Das muss ich selbst tun, denn es ist meine Aufgabe! Ich habe es verbockt!" Dass es ihm ja ebenso wie ihr nicht eingefallen war, interessierte Nicci dabei gar nicht. Nur sich selbst gab sie die Schuld! Nun musste sie auch selbst dafür sorgen, dass in Zukunft kein Vogel mehr diese Gefahr übersehen würde, und sie setzte sich sofort an ihren Computer. Und sie ruhte nicht eher, als bis sie diese Arbeit beendet hatte - und schon nach einer knappen Stunde hatte sie alle gefährlichen, durchsichtigen Glasfensterflächen in ihrer Umgebung mit bedrohlich aussehenden Vogelschatten versehen. Und jeder dieser Schatten sah sogar anders aus! Erleichtert war sie, als es getan war, doch dann ging sie wieder hinaus, um noch einmal nach der armen Schwalbe zu sehen, für die das alles zu spät kam.

Der kleine Vogel hatte inzwischen wohl die Nutzlosigkeit seines Tuns eingesehen oder war durch ein anderes Tier vertrieben worden; er war nicht mehr da. Der kleine, zarte Leichnam lag verlassen vor ihren Augen. Behutsam hob Nicci ihn auf, betrachtete das seidige, blauschwarze Gefieder und streichelte ganz sanft mit einem Finger über die kleinen, weißen Sprenkel auf seiner Brust: "Es tut mir so Leid, dass ich nicht genug aufgepasst habe..."

Lange, sehr lange hielt sie das kleine, tote Tier in ihrer Hand und war tieftraurig. Dann trug sie es zu dem kleinen Hügel, auf dem an der Nordgrenze des Grundstückes das Windrad stand, und legte das tote Tier ganz behutsam auf ein weiches Grasbüschel. Mit ihren bloßen Händen grub Nicci ein kleines Loch in den sandigen Boden neben dem alten Sanddornbusch. Sie polsterte die Kuhle mit ein paar trockenen Grashalmen aus, die sich im Astwerk des Busches verfangen hatten, und bettete den kleinen Vogel darauf. "Ich verspreche dir, dass ich noch viel mehr auf euch alle Acht geben werde", flüsterte sie mit tränenerstickter Stimme, ehe ihre staubigen Hände den kleinen Körper mit Sand bedeckten. Eine Weile kauerte Nicci noch weinend vor dem kleinen Grab, entdeckte neben sich einen kleinen, hübschen Stein, den sie aufhob und auf den winzigen Hügel legte. Mit einem tiefen Seufzer erhob sie sich dann, um - immer noch sehr nachdenklich - ins Haus zu gehen.

Kiro hatte Nicci in Ruhe gelassen; er hatte gespürt, dass sie diesmal mit ihrem Kummer allein bleiben wollte. Dennoch machte er sich Sorgen und fürchtete, sie könne sich wieder zu sehr in ihre Traurigkeit hineinsteigern. Als er schließlich doch seine Hände sacht auf ihre Schultern legte, zuckte sie zusammen! Sie hatte tatsächlich nicht bemerkt, dass er die ganze Zeit in ihrer Nähe gewesen war. An diesem Abend saßen die beiden noch lange auf der alten Betonfläche vor ihrem Häuschen und ließen die Beine über den Schienen baumeln. Nicci war immer noch traurig, die Sache mit der Schwalbe ging ihr einfach nicht mehr aus dem Sinn.

"Nimm es doch alles nicht so schrecklich schwer, Nicci! Wir können es doch nun eh nicht mehr ändern. Was hältst du davon", und er setzte eine fröhlichere Miene auf, "wenn ich uns jetzt einen Tee mache, und wir dann einfach noch ein wenig hier draußen sitzen bleiben?" Sie nickte nur stumm mit dem Kopf, und so ging Kiro schnell hinein. Er freute sich schon darauf, das Wasser für den Tee endlich mit einem elektrischen Wasserkocher bereiten zu können - niemand musste nun mehr extra Feuer machen! Zwar hatten sie gleich Katalysatoren und einfache Filter für alle Feuerstellen besorgt, aber trotzdem... So schnell - fast beängstigend - war dieser bisher seltene Luxus, Strom zu haben, schon fast alltäglich geworden. Aber Kiro konnte es noch immer genießen, ganz so, als sei es noch immer etwas Besonderes. Nach wenigen Minuten schaltete sich das Gerät ab, und er goss das siedende Wasser über das große Tee-Ei in die uralte, blaue Emaillekanne. Er schnappte sich schnell zwei Tassen, griff auch im Vorbeigehen noch eine alte Decke und ging wieder nach draußen.

Nicci saß noch immer auf ihrem Fleck, sah sich nicht einmal um, als er kam. Gedankenverloren schaute sie über die große Wiese, die beinahe schon ganz von den Abendschatten der großen Bäume eingehüllt war. Nur ganz hinten, wo der Feldweg war und dann gleich wieder der Wald begann, da war noch ein kleiner Streifen Sonnenlicht. Ihr war inzwischen etwas kalt geworden, und sie hatte sich gerade die Hände auf ihre Schultern gelegt, als Kiro sie liebevoll in die Decke hüllte. Jetzt erst drehte sie sich um, und ihr Blick erfreute und erschreckte ihn zugleich! Denn neben ihrer Dankbarkeit fühlte er auch etwas, das ihm Angst machte.

Über den Feldweg liefen gerade zwei Rehe, verharrten in den letzten Sonnenstrahlen und sahen zu ihnen herüber. Mit vorsichtiger Geste zeigte Kiro Nicci die Tiere, doch auch ihr Lächeln konnte die Schwermut in ihren Augen diesmal nicht vertreiben. So blieb Kiro nichts mehr übrig, als ihr ihren Tee zu geben, sich schweigend neben sie zu setzen und vorsichtig seinen Arm um sie zu legen. Nachdenklich sah er sie an, sah den Federchen an ihrem Ohr zu, die sich leicht im Wind bewegten, und die nun auch ihn wieder an die Schwalben erinnerten.

Sie saßen immer noch schweigend, als die Rehe sich schon längst wieder getrollt hatten, die Sonne hinter ihnen untergegangen und es so kalt geworden war, dass auch die Decke, in die sie sich inzwischen beide gewickelt hatten, es nicht mehr vermochte, genügend Wärme zu spenden. Kiro machte sich immer mehr Sorgen um Nicci. Sie war so still wie schon seit langer Zeit nicht mehr. Er versuchte sich damit zu trösten, dass er ihren wahnsinnig komplizierten Charakter sowieso niemals ganz würde begreifen können, aber auch das half ihm nicht viel. Morgen aber, da würde ein neuer Tag sein, ein ganz wichtiger Tag sogar! Und der würde es sicher schaffen, das liebste Wesen, das er sich vorstellen konnte, wieder auf andere Gedanken zu bringen. Dennoch, viel lieber hätte Kiro es selbst geschafft. So viele fantastische Möglichkeiten standen ihnen nun offen, trotzdem beschlich ihn Angst. Er hatte so ein komisches Gefühl, so, als ob bald irgendetwas geschehen würde, etwas Schreckliches, das alles verändern könnte... So ein merkwürdiges Gefühl hatte er noch nie gehabt! Und das machte ihm Angst, er konnte es sich nicht erklären. Es dauerte sehr lange, bis Kiro an diesem Abend endlich Schlaf finden konnte.

Dann war der große Tag herangekommen. Nicci hatte heute den ersten Termin, der mit dem Patent von der Omi zusammenhing. Wollte mit einer Firma über die Verwendung des Patentes verhandeln; ihre Vorrecherchen hatten sehr vielversprechende Informationen gebracht, so dass sie voller Hoffnung war. Total aufgekratzt war sie mit Kiro wieder nach Kethlon gefahren, wo die Firma ihren Sitz hatte, und sehr freundlich hatte man sie empfangen, ihnen gleich das Geld für die Fahrkarten überreicht und sie auch sofort zum allerhöchsten Chef geführt. Mit klopfendem Herzen betraten sie das Büro, und Nicci staunte, als sie sah, wie schlicht - bescheiden gar - es hier doch eingerichtet war!

Hier war nichts, aber auch gar nichts pompös oder angeberisch; im Gegenteil! Der Raum entsprach in seiner schlichten Funktionalität genau Niccis Geschmack, denn trotz seines Zweckes war es hier gemütlich. Sie fühlte sich gleich wohl; viel Grün, ein leise plätscherndes, schlichtes Wasserspiel, einige technische Modelle standen herum, und - ein riesengroßes STAR-TREK-Poster hing an der Wand! All das bestätigte die positiven Gefühle, die Nicci schon bei ihren Vorerkundigungen über die Firma überkommen hatten. Denn auf das Genaueste hatte sie sich informiert. Jede noch so kleine Information hatte sie gesammelt und für sich bewertet, ehe sie auch nur Kontakt aufnahm. Das war viel Arbeit gewesen, viele Firmen hatte sie gecheckt, aber alle waren bisher durchgefallen! Manchmal wollte sie alles schon hinschmeißen, so sehr war sie immer wieder aufs Neue enttäuscht von dem, was sie erfahren musste. Teilweise katastrophal behandelten manche Unternehmen ihre Mitarbeiter; jene Menschen, die schließlich ihre ganze Kraft und ihre Ideen in die Arbeit einbrachten! Man bezahlte die Löhne viel zu spät oder gar nicht, Tariflohn war überhaupt ein Fremdwort - kaum konnten manche ihren Lebensunterhalt bestreiten von dem, was sie als Lohn erhielten. Und die Arbeitszeit war so hoch wie zuletzt vor zweihundert Jahren! Nicci war entsetzt darüber, wie weit verbreitet solche Dinge waren. Sogar sie hatte nicht gewusst, dass es so schlimm war. Mitarbeiter wurden schikaniert, gemobbt und verschüchtert, so dass viele von ihnen im Laufe der Zeit abstumpften, ohne Hoffnung, Träume oder gar kreative Gedanken nur noch vegetierten - das hatte Nicci mit Entsetzen erfahren müssen, als sie sich mit einigen dieser Menschen im Datennetz über ihre Arbeit unterhalten hatte.

Ganz anders war es nun bei dieser Firma. Tariflohn war das Minimum dessen, was die Mitarbeiter hier erhielten! Überstunden waren das, was sie sein sollten; Ausnahmen für Notfälle. Jedem, der hier arbeitete, blieb bei den dreißig Arbeitsstunden in der Woche noch genügend Zeit. Kraft und Zeit für die Freiheit, all das tun zu können, was ihm oder ihr persönlich wichtig war. Es war Zeit zum Lernen, Zeit zum Lieben, und Zeit dafür, sich Gedanken zu machen. Und gerade weil ihnen Freiheit gelassen wurde, niemand Unmäßiges von ihnen erwartete, beschäftigten sich viele Firmenangehörige auch in ihrer Freizeit mit Dingen, von denen die Firma letzten Endes profitierte. Zeiten der Arbeit und des Vergnügens gingen fließend ineinander über, viele konnten und wollten Beruf und Hobby gar nicht mehr richtig voneinander trennen. Die Arbeit war so zu einem wichtigen und wertvollen Teil ihres Lebens geworden; jeder konnte eigentlich kommen und gehen, wann er wollte; er konnte im Büro arbeiten, oder auch daheim. Man konnte auch mal sechzehn Stunden am Stück herunterreiten, wenn man wollte und die Arbeit vielleicht gerade einmal besonders spannend war, und wenn man sich drei Tage gar nicht meldete, so war es auch gut. Denn jeder, der hier arbeitete, war in großem Umfange sein eigener Herr - ihm gehörte automatisch ein Anteil am Unternehmen. Wichtige Entscheidungen trafen alle gemeinsam, und auch die Chefs wurden von den Mitarbeitern aus ihren Reihen eingesetzt - wenn sie denn genug Kompetenz besaßen für die entsprechenden Aufgaben. Qualifikationen auf dem Papier spielten nicht die große Rolle dabei, und irgendein sozialer Status schon gar nicht.

Die Firma kümmerte sich rührend um diejenigen, die einmal krank wurden, oder um die, die wegen ihres Alters nicht mehr so viel leisten konnten. Auch für diese Menschen wurden Möglichkeiten geschaffen, ihr Wissen und ihre Talente einzubringen, wann und wo immer sie dies wollten - Alter hin oder her. Noch mehr kümmerte man sich jedoch um die jungen Menschen, nur leider konnte man einfach nicht alle ausbilden, die sich um eine Lehrstelle bewarben. Doch diejenigen, die Glück hatten und hier lernen konnten, die durften auch sicher sein, dass sie nach ihrer Ausbildung bleiben konnten, wenn sie wollten!

Und nun lernte Nicci einen der Männer kennen, der all dieses mit aufgebaut hatte. Als sie in das Büro traten, fanden sie sich einem richtigen Original gegenüber! Der Mann, der ihr freudestrahlend entgegeneilte und ihr seine Hand zum Gruße bot, war der Inbegriff dessen, was Nicci sich unter einem "verrückten Professor" vorstellte! Er hatte etwas von jenem legendären "Doc Brown" aus den uralten "Zurück-in-die-Zukunft"-Filmen, die sie so mochte. Ja, sie glaubte wirklich, diesem Doc leibhaftig gegenüberzustehen! Brown hieß er allerdings nicht, sondern Puschelmann. Und Nicci hatte diesen Namen von Anfang an gleich so lustig gefunden, dass sie gesagt hatte: "Der muss es sein!" Und dann hatte sie gelacht und Werbesprüche fabuliert: "AGE von Puschelmann heben dir dein Sofa an!", und solches Zeug.

Nun, da sie ihn leibhaftig vor sich sah, da war sie sich wirklich schon fast sicher, dass dieser Mann, diese ganzen Leute hier die Glücklichen sein würden, die das Patent der Omi würden nutzen dürfen! Kiro trat ihr bald auch besänftigend unter'm Tisch vor ihr Schienbein, als ihr Temperament sie zu überschwänglich werden lassen wollte. Sie war begeistert, als sie bald alle drei gemeinsam am Tisch über all ihren Papieren und Dokumenten saßen.

"... und ich will noch wissen, was dieses Unternehmen tut, um unsere Umwelt zu schonen!", fragte sie keck, als sie all das noch einmal durchgefragt hatte, was sie schon wusste durch ihre Nachforschungen. Der alte Professor lachte gutmütig und erklärte ihr geduldig, dass er da einen ganz einfachen Weg ginge. "Wir arbeiten ganz eng mit den Menschen und Organisationen zusammen, die sich den Schutz unseres Planeten auf die Fahnen geschrieben haben", entgegnete er freundlich, "und wenn Sie mich nun auch noch fragen, wie wir das denn bitteschön alles bezahlen - ist auch ganz einfach! Wir arbeiten optimal; das heißt, jeder Mitarbeiter findet Bedingungen vor, die ihn seine Arbeit hier so faszinierend finden lassen, dass er ganz von allein sein Allerbestes tut! Und", fügte er hinzu, "wir schrecken auch nicht davor zurück, Risiken einzugehen. Wir setzen auf innovative Technik, und wir sehen all diese so genannten wirtschaftlichen Hemmfaktoren, als die viele meiner Kollegen aus anderen Firmen soziale und ökologische Belange allzu gern betrachten, nicht als Bremse für uns, sondern als Motiv für unsere Arbeit! Niemand von uns hat sieben Yachten und acht Rolls Royce - ich fahre selber meist Fahrrad", er lachte, "nein. Wir denken da ein bisschen anders. Die Wirtschaft soll, sie muss effizient sein - aber dabei nicht sinnlos Gelder anhäufen für blödsinnigen Schnickschnack für Einzelne. Profit ist nicht unser primäres Streben. Unser Betrieb gehört nur denen, die hier arbeiten; nicht solchen, die nichts tun und bloß viel Geld haben. Die Wirtschaft muss dem Menschen dienen. Dafür haben wir sie mal erfunden! Dies allein ist ihr eigentlicher Zweck; das Dienen. Nicht der Mensch soll der Wirtschaft dienen - umgekehrt soll es sein! Wie bei uns eben. Und trotz unserer - oder gerade wegen unserer Philosophie - sind wir besser als andere. Und schneller als sie. Wir haben fast immer die Nase vorn!"

Nicci und Kiro waren beeindruckt. Sie fielen beinahe um vor Staunen, als der Professor ohne Diskussion Niccis Vertragsentwurf unterschrieb, der alle Bedingungen enthielt, die für Nicci wichtig waren. Nur bei der eigentlich nicht hohen, aber doch für zwei Menschen um ein Vielfaches ausreichenden finanziellen Vergütung, die Nicci jeden Monat haben wollte, schüttelte er nachdenklich mit dem Kopf. Denn diese Forderung war ihm - gemessen am Wert dessen, was Nicci bot - einfach unangemessen. So strich der Professor einfach das Wort "monatlich" durch und schrieb "wöchentlich" hin! Und als Nicci dazu etwas sagten wollte, da meinte er nur, das wäre schon in Ordnung und von allen so beschlossen worden. Nicci guckte ihn bloß entgeistert an, nahm den Stift und unterzeichnete den Vertrag, der nun die Erfindung der Omi in großem Rahmen Wirklichkeit werden lassen würde. So viel Geld würde sie bekommen - noch viel mehr, als sie für ihre Projekte bisher veranschlagt hatte! "Dann müssen wir mit dem Spinnen wohl noch einmal von vorn anfangen!", dachte sie sich insgeheim.

Damit war der geschäftliche Teil vorbei, und der freundliche Professor stellte einem jeden nun ein Glas vor die Nase, das er mit einem seltsamen Gebräu füllte, welches Nicci noch nie zuvor in ihrem Leben gesehen hatte! "Nein danke, aber wir müssen noch fahren! Wenn's auch nur mit dem Fahrrad ist."

Der Professor lachte, "Das können Sie! Es ist keine Spur von Alkohol darinnen. Naja - fast keine...", und er kicherte. Nicci besah sich den Inhalt ihres Glases nun genauer, es war eine trübe, etwas dickere Flüssigkeit, die beinahe wie Blut aussah. Der Professor erhob sein Glas: "Trinken wir auf den Fortschritt! Auf einen Fortschritt, der nicht nur diesen Namen trägt, sondern ihn auch verdient, weil er ein Schritt in eine bessere Zukunft ist..."

"...und wir endlich wirklich fort schreiten! Fort von dieser ganzen Dummheit um uns herum!" Natürlich musste Nicci wieder das letzte Wort haben, und sie stieß gerne an auf so einen Fortschritt. Vorsichtig führte sie das Glas mit dem seltsamen Getränk an ihren Mund - und tatsächlich! Köstlich schmeckte das - nach Kirschen irgendwie und auch nach Kokosnüssen, und es war wunderbar erfrischend.

"Ich komme wieder!", versprach Nicci zum Abschied, "Schließlich möchte ich wissen, wie es vorangeht. Und", sie hob ihr leeres Glas hoch und wackelte damit, "ich will mehr davon! Ist das vielleicht gar - klingonischer Blutwein?"

"Das wird nicht verraten! Und ich möchte auch schwer hoffen, dass ich Sie beide nun öfter mal sehe!", lachte der Professor. "Etwas anderes hätte ich auch nicht von Ihnen erwartet!" Ganz entgegen ihrer sonst respektlosen Art neigte Nicci sogar ein wenig den Kopf, als sie den Raum verließ. Sie wollte diesem bescheidenen und weisen Manne so ihre Achtung erweisen, denn niemand verdiente dies so wie er, fand sie.

Fest hielt sie die Hand ihres Freundes, als sie mit vor Stolz schwellender Brust aus dem Firmengebäude heraustrat, und kaum standen die beiden auf dem großen, biotopartig gestalteten Platz vor dem freundlichen Haus, als sie Kiro auch schon jubelnd um den Hals fiel! Nicci konnte sich nicht daran erinnern, wann in ihrem Leben sie schon so viel Freude empfunden hatte, und in diesem Moment hätte sie wirklich am liebsten die ganze Welt umarmt! Und weil sie das ja nicht konnte, tat sie es halt mit dem liebsten Teil davon - und bald bekam Kiro kaum noch Luft vor so viel Freude!

Sie stiegen erst auf ihre Räder, als sie das Firmengelände verlassen und wieder die öffentliche Straße erreicht hatten. Dort wurde das Leben um sie herum gleich wieder nüchterner und trister. Nicci spürte in sich jedoch immer noch diesen Funken Gewissheit, dass sie nun stark war! Stärker als jemals zuvor - und sie brannte darauf, endlich auch die "großen Dinge" mit zu verändern! Und das nicht nur in winzig kleinen Schritten, wie zuvor, sondern auch in richtig großen!

Kiro fuhr hinter ihr her, denn so - meinte er - könne er besser auf sie Acht geben, ohne dass sie das merkte und sich darüber aufregen könnte. Ihr Weg durch die Stadt war weit, trotz ihres flotten Tempos würden sie eine ganze Weile brauchen, um auch nur wieder in die Nähe des Bahnhofes zu kommen. Aber sie hatten ja den ganzen Tag Zeit. Auf einmal bemerkte er, dass Nicci sich nach ihm umsah, ob er denn auch folgen würde... Doch Kiro sollte keine Zeit mehr haben, sich über diese Geste zu freuen.

Plötzlich tauchte - mitten aus dem Nichts - einige Meter vor Nicci ein kleines, unschuldiges Plastikflugzeug auf. Wie in Zeitlupe schien es in der Luft zu stehen, ehe es schließlich langsam zu Boden sank, weil die Kraft seines Gummimotörchens aufgebraucht war. Nicci hatte den plötzlichen Schrecken in Kiros Augen gesehen und sah wieder nach vorn, als auch schon dicht vor ihr ein kleines Kind auf die Straße rannte! Es hatte nur Augen für sein kleines Flugzeug... Nicci konnte nicht mehr anhalten. Um das Kind nicht mit voller Wucht über den Haufen zu fahren, wich sie auf die Gegenseite aus, obwohl sie noch gesehen hatte, wie ein Auto ihr entgegen und nun genau auf sie zuraste - für Überlegungen hatte Nicci jedoch keine Zeit mehr. Sie riss einfach ihren Lenker herum!

Auch Kiro musste mit aller Kraft bremsen, um noch rechtzeitig vor dem Kind zum Stehen zu kommen. Beinahe hätte sein Rad dennoch das kleine Spielzeug erfasst, das das Kind eben mit zitternden Händen aufhob... Eben wollte er aufatmen, als er dicht vor sich einen dumpfen Knall hörte, der beinahe sein Blut in den Adern erstarren ließ! Der Anblick, der sich seinen entsetzten Augen bot, ließ plötzlich die Zeit stillstehen! Das Kind schaute ihn mit großen, erschrockenen Augen an;

jetzt erst hatte es ihn bemerkt; jetzt, da es sein Spielzeug wiederhatte. Der Knall erschreckte es aufs Neue, und es wandte sich um.

Zwei Augenpaare blickten nun voller Entsetzen auf ein Fahrrad, das schon keines mehr war, als es eben unter den quietschenden Reifen des Autos verschwand. Dicht neben ihnen schoss es gerade vorüber. Die vier Augen schauten auf, und begriffen nicht, was geschah, als sie den zierlichen Körper Niccis durch die Luft wirbeln sahen - es war fast nicht zu hören, als dieser zarte Körper auf der harten Straße aufschlug, um reglos liegen zu bleiben.

"Das träume ich nur! Ich träume..." Kiros Verstand setzte aus in diesem Augenblick, schützte ihn für Sekunden, indem er sich weigerte, diese Wirklichkeit zu begreifen. Von selbst ließen seine Hände das Fahrrad los, das klappernd umfiel - genau in dem Augenblick, als auch das Auto anhielt und es jäh still wurde ringsum. Kiro konnte sich beinahe selbst dabei zusehen, wie er zu dem leblosen Körper auf der Straße hinrannte und neben ihm auf die Knie fiel...

Kaum bemerkte er, dass Niccis Federschmuck von ihrem Ohr abgerissen war, und leichter Wind die bunten Federchen nun die Straße entlang davontrieb. Seine Hände zögerten, ehe sie den regungslosen Leib berührten; so als hätten sie Angst, kaputt zu machen, was eh schon zerstört war. Er sah in ihr Gesicht, und ihre Augen starrten ihn weit aufgerissen an. Doch sie konnte ihn nicht mehr sehen. Da bemerkte er auch, dass Blut ihr aus den Ohren zu rinnen begann, aus der Nase und aus ihrem Mund... Doch inzwischen hatte sein Verstand wieder eine Art Notbetrieb aufgenommen und begann zu reagieren! Das Kind hatte angefangen zu weinen, als Kiros Hände an Niccis Hals griffen und spürten, dass dort kein Puls mehr war - er schrie das Kind an, es solle Hilfe holen. Und tatsächlich rannte es auch fort.

Seine Hände waren das Einzige, was an ihm richtig funktionierte. Und hätte er es gekonnt in diesem Moment, Kiro hätte sich gewundert, was seine Hände nun alles taten; sie legten sich auf die Brust des Wesens vor ihm und fingen an, das Herz zu massieren, das nicht mehr schlug. Sein Mund presste sich auf ihre Lippen und blies ihr seinen Atem in die Lungen, die ihre Aufgabe so plötzlich nicht mehr erfüllten. Er schmeckte das Blut nicht, das an ihrem Mund war und nun auch an seinen Lippen klebte - und die Zeit, die stillstand, wurde zur Ewigkeit!

Aber trotz all seiner Mühe spürte er keinen Funken Leben in den reglosen Körper vor sich zurückkehren, und lähmendes Entsetzen packte ihn: "Sie ist tot! Sie ist - tot..."

Voll übergroßen Schmerzes über das eben Gesehene fuhr das höhere Wesen jäh zurück aus dieser Zeit, die augenblicks wieder - beinahe unauffindbar - in aller übrigen Zeit verschwand. Es musste gar bitterlich und hemmungslos weinen, denn trotz seiner unendlichen Weisheit vergaß es manchmal, dass man seine Gefühle beherrschen muss, will man seinen Gleichmut nicht verlieren. Aber im Moment, da wollte es seine Gefühle! Pure Gefühle wollte es, und alles andere war ihm scheißegal!

Es brauchte einen ziemlich langen Augenblick, ehe es sich wieder gefangen hatte und sein Gleichmut zurückgekehrt war, in welchem es nun wieder reflektieren konnte über das, was es ja irgendwie selbst verursacht hatte - aber wiederum irgendwie auch eigentlich nicht. Es schaute in Gedanken zurück auf dieses unbedeutende, kurze, aber doch so unglaublich zarte, verletzliche Lebewesen; sah, wie viel Geist, wie viel Seele und wie viel Güte und Humor dieses Wesen geschaffen hatte aus sich selbst heraus. Und es dachte daran, wie sehr dieses kleine Wesen doch seine kleine Welt verändert hatte, nur weil es so war, wie es war, und dabei nur ein bisschen konsequent nachgedacht hatte über alles, was um es herum passierte.

Gerade wollte es wieder damit beginnen, mit sich und allem zufrieden zu sein. Doch so sehr es sich bemühte; jene allgegenwärtige, freudige Zufriedenheit, die es so sehr schätzte, wollte sich einfach nicht einstellen! Plötzlich - ohne, dass es selbst das merkte - schlossen sich seine Augen, und es sah Bilder! Bilder, die unmöglich schienen angesichts dessen, was doch geschehen war! Diese Nicci ritt auf einer großen, schwarzen, eisernen Maschine und lachte, winkte fröhlich - dann waren plötzlich andere menschliche Wesen in ihrer Nähe, die emsig werkelten an seltsamen Gebilden aus Holz, Glas und Lehm, und wieder lachte diese Nicci... Fröhlich fuhr dieses grünhaarige Geschöpf plötzlich auf einem Fahrrad - auf Schienen entlang, aber dann, dann war Nicci auf einmal bitterböse, schlug mit der Faust auf einen Schreibtisch und warf einem anderen Wesen einen dicken Aktenordner an den Kopf!

"Seltsam, seltsam", grübelte das höhere Wesen - und dann musste es lächeln. Über sich selbst musste es lächeln, und bald lachte es! Es lachte; lachte so sehr, dass es im ganzen Universum und noch weiter zu hören war! Zuerst, da wusste es gar nicht einmal, warum genau es so lachen musste, aber dann fiel es ihm urplötzlich ein. Es hieb sich kräftig mit seiner Hand an den Kopf und rief: "Mann, bin ich blöd! Wer bin ich eigentlich?" Und es lachte weiter, bis es sich wieder eingekriegt hatte, und sprach feierlich:

"Wer, wenn nicht ich, kann ändern, was immer auch ist?"

Es besah sich aufmerksam seinen Finger, und dann steckte es ihn entschlossen wieder in die Zeit - genau in die Stelle, wo es ihn eben erst herausgezogen hatte. Es würde ganz einfach - ändern, was es gesehen hatte, und was so unausweichlich und endgültig schien...

Denn es hatte gelernt.

Nachwort

Liebe Leseratte,

nun hast du dich also tatsächlich bis zum Ende dieses Buches durchgekämpft und - genau wie das höhere Wesen - die Höhen und Tiefen der letzten Monate von Niccis Leben beobachten können. Da du bis hierher gelangt bist, hast du dich vermutlich nicht gelangweilt, sondern dich vielleicht ja sogar recht gut unterhalten? Vielleicht geht es dir aber auch wie jenen LeserInnen, die nun, an dieser Stelle, etwas verwirrt und - ja, auch beklommen waren darüber, wie real dieses "moderne Märchen" mitunter wirkt? Wenn das so sein sollte - es war Absicht!

Nicci existiert in einer Welt, die unserer nicht unähnlich ist. Nicht nur, dass es auch dort eine Fernsehserie gibt, die STAR TREK[*] heißt und auf ebenso unterhaltsame wie beeindruckende Weise von einem männlichen Menschen namens Gene Roddenberry erdacht wurde. Auch das Helmnot-Theater gibt es in unserer Welt - ebenso wie das Stück KASCH-KA-KOKON, DER ATEM EINER NACHT, das nicht nur in Niccis Welt die Menschen verzaubert. Auch B-1000-s, die gab es einmal, sogar dreiachsige. So gut wie alle anderen Ereignisse und Personen, die sind zwar frei erfunden, und etwaige Übereinstimmungen oder Ähnlichkeiten mit tatsächlich existierenden Persönlichkeiten oder Geschehnissen, die wären rein zufällig...

Kein Zufall ist jedoch, dass die gesellschaftliche Situation, in der Nicci lebt, der in der westlichen Welt des beginnenden 21. Jahrhunderts ähnelt. Tote Dinge sind oft mehr wert als lebende Wesen. Menschen beuten andere Menschen aus und versklaven sie - mit Ketten, die aus vorenthaltenen materiellen Ressourcen bestehen. Menschen glauben, alles zu wissen, alles zu beherrschen - und zerstören dabei alltäglich und leichtfertig die Schätze unserer Welt, die ihre Lebensgrundlage und die aller Wesen dieses Planeten sind. Niemand anders als wir Menschen selbst bringen unsere ganze Spezies - jeden einzelnen von uns, mag er das nun wahrhaben wollen oder nicht - Tag für Tag näher an

---

[*] ™ & © & ® by Paramount Pictures

einen Punkt heran, an dem vieles unrettbar verloren sein wird; in uns und um uns...

Wenn wir nicht aufpassen, werden Menschenkinder in Zukunft - in schon sehr naher Zukunft - mit noch nie da gewesenen Problemen konfrontiert sein, die die gesamte Existenz nicht nur unserer Art, sondern vor allem die der einzigartigen Vielfalt auf unserem Planeten in Frage stellen.

Wenn wir nicht endlich anfangen nachzudenken, anfangen, uns unserer Verantwortung für unsere Welt bewusst zu werden und sie zu tragen, dann kann es gut sein, dass wir sie eines Tages für immer verlieren, diese Welt. Dann kann es gut sein, dass es uns selbst einmal nicht mehr geben wird, so wie es so vieles um uns herum schon heute nicht mehr gibt. Und vor allem wir in den reichen, entwickelten Industrienationen, wir werden dafür verantwortlich sein...

Niccis und unsere Welt sind so verschieden also nicht; gar manches kommt beklemmend vertraut daher. Doch etwas gibt es in Niccis Welt, das in unserer fehlt. Uns hilft kein höheres Wesen, das im Zweifelsfalle unser Schicksal zum Guten wenden wird! Zumindest ist es verhängnisvoll, sich darauf zu verlassen... Denn kein Mensch der heutigen Zeit kann die Existenz eines solchen Wesens auch nur annähernd begreifen. Deshalb sollten wir uns bescheiden mit dem, was wir mit unseren Augen sehen, mit unseren Ohren hören, mit unserem Herzen fühlen und mit unserem Geist erfassen können. Wir Menschen halten unser Schicksal selbst in der Hand. Und selbst, sollte es so ein höheres Wesen doch geben; wer sagt uns, dass es überhaupt Lust hat, uns zu helfen, wenn wir doch jeden Tag selbst unserer Zivilisation ein Ende zementieren - in vollem Bewusstsein, dass wir dies tun? Unsere Arroganz, unsere Ignoranz im aktuellen Ausmaß zu verzeihen und ihre Konsequenzen zu lindern - so vertrottelt kann ein höheres Wesen gar nicht sein! Zumindest sollten wir besser nicht darauf hoffen!

Gott - oder wem immer - sei Dank gibt es aber auch unter uns schon Zeitgenossen, die anders ticken als "die Masse"; Menschen, die etwas von Nicci in sich haben... Menschen, die erkannt haben, dass Dienst für die Gesellschaft nicht in Geldwert gemessen werden kann; die das, was wir so den ganzen Tag tun und für wichtig erachten, aus anderem Blickwinkel sehen. Es gibt Menschen, die heute schon verantwortungsbewusst handeln, auch in unserer Welt! Sie sehen kritisch, was um sie herum geschieht, hinterfragen, was man ihnen erzählt - sie versuchen, ihre Welt aus vielen Perspektiven zu betrachten. Sie üben sich in einer Form des Umgangs mit den begrenzten Ressourcen unserer Welt, die andere Wesen nicht mehr als unbedingt notwendig benachteiligt. Sie leben bescheiden, auch wenn sie anders könnten, wenn sie wollten. Denn sie tragen bewusst die Verantwortung für unsere Welt.

Für alle Menschen, die dies tun; für all die, die einen kleinen, lebendigen Funken von Nicci in sich haben - oder ihn nun entdecken wollen - für diese Menschen ist dieses "Märchen" geschrieben worden.

Steffen de Cassandro